Bobby Schenk
Freiheit hinterm Horizont
Die klassische Weltumsegelung

Delius Klasing Verlag

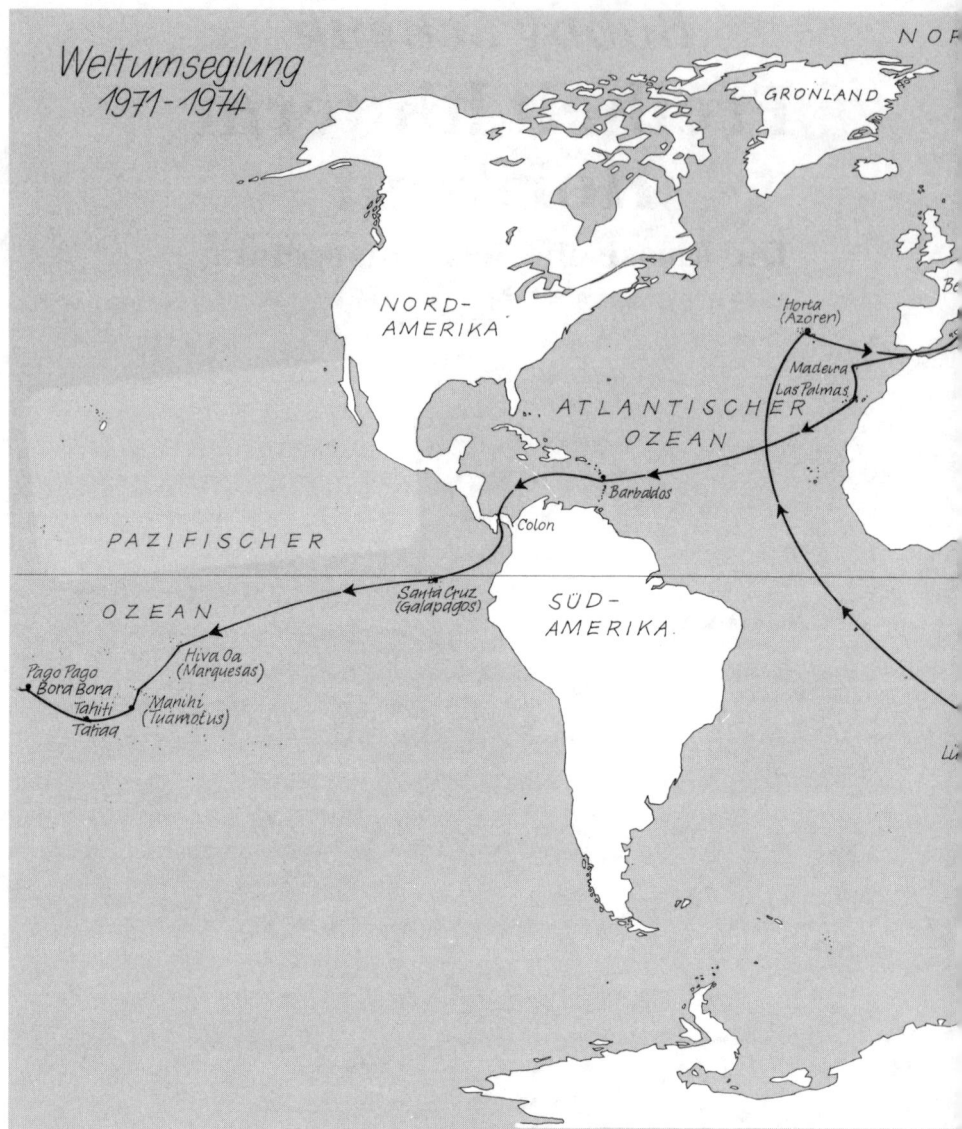

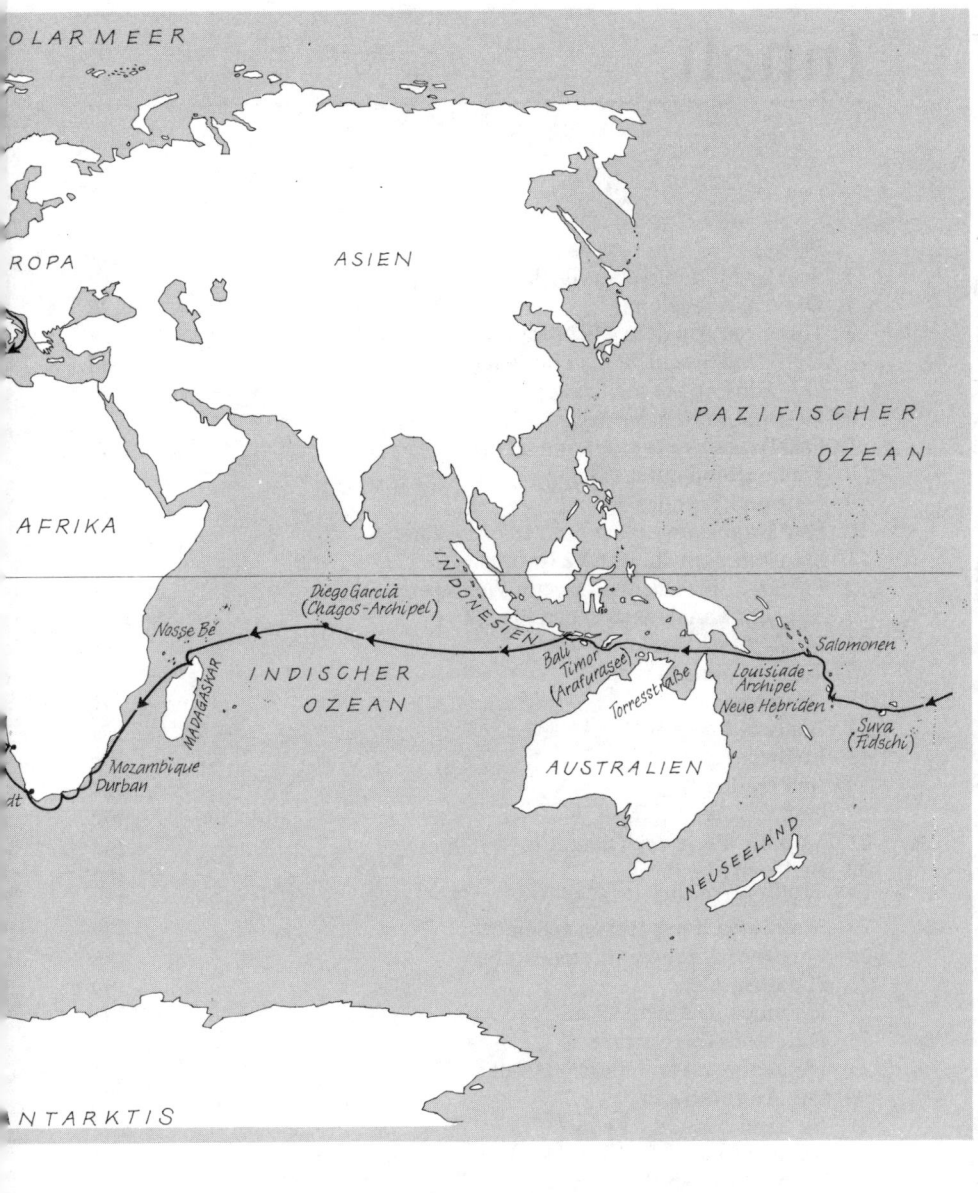

Inhalt

Prolog

Jetzt wurde mir die Bedeutung des Satzes: „Das Blut gefriert in den Adern" klar. Mein Puls schlug spürbar hart und langsam, ich starrte fassungslos auf die kleine Nadel des Öldruckmessers, die sich langsam, aber deutlich erkennbar nach links aus dem gelben Bereich bewegte. Ich nahm die Sauerstoffmaske ab und hörte mich mit ruhiger Stimme, die mir fremd vorkam, sagen: „Carla, ich glaube, wir müssen aussteigen!"

Carla langte auf den Rücksitz und nahm den griffbereiten Notsender, knotete sich schweigend die Sorgleine um das Handgelenk und zog den Reißverschluß des Überlebensanzugs nach oben. Wie lange würden wir überleben? Die Wassertemperatur lag bei schätzungsweise fünf Grad. Ohne schützenden Anzug wäre man nach fünf bis zehn Minuten nicht mehr in der Lage, sich zu bewegen, und nach weiteren 30 Minuten wäre es vielleicht schon aus. Also keine Überlebenschance 500 Meilen von der Küste Nordschottlands entfernt.

Ich blickte zu Carla. Scheinbar gelassen studierte sie die Gebrauchsanweisung für den roten Notsender. Die Antenne war noch umgelegt, in einer Halterung eingefedert. Damit konnten wir eine Verbindung zur Flugkontrolle herstellen, und bis zum Einbruch der Dunkelheit waren es noch gut acht Stunden. Bis dahin konnte es ein SAR-Hubschrauber geschafft haben. Diese Zeit würden wir im Kälteschutzanzug überleben. Auf Carlas Anzug stand in strengen Druckbuchstaben aufgemalt: JUST RELAX – YOU CANNOT SINK.

Ich lauschte auf den Motor. Der Öldruckmesser war viel zu tief im gelben Bereich. Bei einer Drehzahl von 2400 sollte er weit rechts im Grünen sein. Es schien, als würde er stillstehen. Also doch kein Ölverlust! Auf der Windschutzscheibe war kein Ölspritzer zu sehen, die Temperatur war in Ordnung. Ich beruhigte mich, mußte also noch keinen Notruf abgeben. Dazu hatte ich immer noch Zeit. Wenn der gefürchtete Moment da sein würde, wenn also der Motor stillstehen würde, hatten wir aus einer Höhe von 25000 Fuß immer noch rund 25 Minuten Zeit, uns auf die Notlandung vorzubereiten. Die Landung war der kritischste Teil des ganzen Notfalls: Da waren erst mal die Eisbrocken. Wir konnten die Einzelheiten im Wasser tief unter uns nicht erkennen, aber in dieser Gegend, hundert Meilen östlich von Grönland, mußte immer mit massivem Eis im Wasser gerechnet werden. Es schien von hier oben jedenfalls so. Auch die Windstärke und damit die Höhe der Wellen ließen sich nicht schätzen. In fast neun Kilometer Höhe hatten wir rund 60 Knoten Rückenwind, also zwölf Windstärken. Aber davon spürten wir nichts, wir sahen den „Orkan" nur auf unserem Geschwindigkeitsmesser. Bei dieser Drehzahl in Flugfläche 250 mußten wir so um die 200 Knoten „durch die Luft" machen. Ganz schön schnell für eine kleine Einmotorige. Das DME, ein hochgenauer Entfernungsmesser zum nächsten Funkfeuer, zeigte aber 260 Knoten an, also hatten wir einen Jetstream von 60 Knoten. Auf dem Wasser konnte ein ganz anderer Wind, ja sogar Flaute herrschen. Windstille wäre am günstigsten für eine Notlandung, denn bei einer Aufsetzgeschwindigkeit von ungefähr 100 Stundenkilometern wird Wasser hart wie Beton. Das wußte ich schon vom Wasserskifahren. Beim Slalom in den Kurven hast du ungefähr 80 Stundenkilometer drauf. Wenn der Läufer dabei stürzt, dann wird er erst mal zehn, zwanzig Meter auf der Oberfläche dahinschlittern, bis die Speed abgebaut und das Wasser weich genug zum Sinken geworden ist.

Schon bei drei oder vier Windstärken wird es kritisch. Denn wo eine schnittige Segelyacht mit Freude durch das gischtige Wasser pflügt, da segelt ein notlandendes Flugzeug in eine (Wasser-)Hügellandschaft hinein und überschlägt sich wahrscheinlich. Sind wir nicht bewußtlos, dann haben wir – wegen der vollen Tanks – nur ungefähr eine Minute Zeit zum Aussteigen.

Jetzt wäre ich froh, auf unserer THALASSA zu sitzen.

Die Öltemperatur ist noch nicht gestiegen. Wie lange ist es schon her, daß ich den sinkenden Öldruck festgestellt habe? Ein, zwei Minuten vielleicht. Die Drehzahl des Motors und der Manifold-Druck sind leicht, fast unmerklich gefallen. Aber nicht dramatisch, wie es sein müßte, wenn sich ein Unglück anbahnt.

Endlich, endlich bewegt sich die Öldrucknadel wieder nach rechts. Also kein Ölverlust! Vielleicht ein Stückchen Dreck im Öldruckregler? Ich weiß es nicht. Am wichtigsten ist jetzt, daß die Gefahr vorbei ist.

Ich atme tief durch. So hätte ich nicht in den Atlantik gewollt.

Das wievielte Mal überqueren Carla und ich den Atlantik? Nein, ich rechne nicht die Linienflüge dazu. Nur Passagen „aus eigener Kraft" zählen. Aber ist dies „unsere Kraft", wenn ein Lycoming-Motor mit 200 Pferdestärken unser kleines Privatflugzeug über den Atlantik zieht?

Wie ist es beim Segeln? Dort lassen wir den Wind für uns arbeiten. Mit Hilfe der Navigation suchen wir eine unsichtbare Straße über das Wasser, wo der Wind aus einer günstigen Richtung weht. Zu schwach soll er nicht sein, denn dann bläht er nicht mal die Segel; zu stark darf er auch wiederum nicht sein, denn dann könnte er unsere Segel zerfetzen, obwohl diese aus einem für Menschenhände unzerreißbaren Dacron sind. Beim Flugzeug haben wir einen Motor, der auf Knopfdruck startet; einen „Wind" also sozusagen zum An- und Abschalten? Nein, ein natürlicher Antrieb ist ein Benzinmotor nicht. Er will teures Benzin trinken, sonst stellt er den Dienst stotternd ein. Wind, den gibt es umsonst, je nach Laune der Natur reichlich, ja überreichlich. Und für den Segler gilt es, sich diese Naturkraft untertan zu machen, zu nutzen. Das ist der Reiz am Segeln, der Triumph – nein, nicht *über* die, sondern *mit* der Natur.

Das ist es wohl auch, was vor einigen Jahren, als wir mit unserem Segelboot am Chiemsee und am Wagingersee in Oberbayern noch nie durch Salzwasser gepflügt waren, in uns den Wunsch geweckt hat, über den Atlantik zu segeln, über Ozeane zu wandern, die Weltmeere zu bezwingen, ja aus eigener Kraft um die Welt zu segeln: ein nicht wiederholbares Abenteuer, das unser Leben verändert und ihm letztlich einen Sinn gegeben hat. Es hat uns die Auseinandersetzung mit der Natur gelehrt und ließ uns unendlich intensiver die Umwelt erleben, als es mit einem kleinen Flugzeug jemals möglich ist. Daran muß ich jetzt denken, nachdem sich unser Motor über dem Nordmeer so unangenehm zu Wort gemeldet hat.

Andererseits, wie leicht ist es, so im trockenen Cockpit eines hochtechnisierten Fliegers die Weltmeere zu überqueren. Morgens Frühstück in Labrador, nachmittags Scholle in Island. So einfach hat es die Technik heute gemacht. Die Gefahr ist vielleicht die gleiche wie in einem kleinen Segelschiff. Allerdings kannst du nicht mehr viel für dich tun, wenn dich die Technik im Stich läßt, wenn sich der Motor abmeldet. Du setzt dein Leben auf einen Motor, auf eine Pleuelstange sozusagen.

Beim Segeln kannst du fighten, um das Überleben kämpfen. Da hast du dein Leben weitgehend in der Hand. Du kannst es gestalten, bist frei wie ein Vogel, mußt keinen Luftstraßen folgen, mußt nicht deinen Weg nach den Tankstellen einrichten.

10

Ein starkes, gut ausgerüstetes Segelschiff, eine gute Mannschaft und Unternehmungsgeist, das ist alles, was man braucht, um die große Freiheit auf den Weltmeeren zu suchen.

Von diesem größten Segelabenteuer berichtet mein Buch.

1 Seeklar
für den großen Teich

16. November – erstes Jahr der Weltumsegelung

Gestern abend, wann sonst, fiel mir die Plombe aus dem Zahn. Ausgerechnet am Abend vor der Atlantiküberquerung. Schmerzen habe ich keine. Wird schon klappen. Dann kann ich immer noch in Westindien zum Doktor gehen. Wenn aber die Schmerzen unterwegs kommen? Tagelang diese pochenden Schmerzen in der Schläfe, vor denen ich schreckliche Angst habe, noch mehr als vor dem Zahnarzt? Was macht man dagegen auf hoher See?

Carla als Apothekerin ist zuständig für medizinische Fragen. In diesem Punkt sind wir auf die Weltumsegelung ganz gut vorbereitet. In der Bordapotheke ist von der Schmerztablette bis zum Morphium alles enthalten, was im Notfall hilft. Wir konnten zu diesem Thema kaum etwas Brauchbares in der Literatur finden. Denn die medizinischen Probleme einer Weltumsegelung sind anders als beim Küstensegeln. Sicher, es gab ein paar Veröffentlichungen über Medizin an Bord. Aber da, wo es spannend wurde, kam in den Büchern der Rat: „Achtung! Innerhalb 24 Stunden zum Arzt!"

Auf See bist du dein eigener Arzt, ob du es gelernt hast oder nicht. Wenn du dir unter dem brechenden Großbaum das Bein zerquetscht hast, dann fragst du nicht lange, ob Morphium unter das Betäubungsmittelgesetz fällt und nur nach Verschreibung durch den Arzt benutzt werden darf.

Wir hatten einen verständigen Arzt gefunden, der uns mit allem Notwendigen versorgte, sogar mit Ampullen für eine Kurzzeitnarkose. Einige andere Ärzte hatten offenbar nicht die notwendige Phantasie, sich Situationen vorzustellen, in denen kein Arzt erreichbar war. Immer wieder kam die Phrase: „So schnell wie möglich zum Arzt!"

Unser Freund, ein Chirurg, lehrte uns, notfalls einen vereiterten Nagel zu entfernen, wo die Spritze zur lokalen Betäubung anzusetzen war und so fort. Nur den Glauben an den berühmten Sanitäter im Krieg, der im Kugelhagel nach Funkanweisung eines Arztes den Blinddarm entfernt, den nahm er uns: „Die Story kommt immer wieder in den tollsten Versionen auf. Einmal spielt sie sich im Krieg ab, einmal wird in der Kapitänskajüte bei Petroleumlicht operiert. Jetzt ist wohl bald ein Raumschiff dran. Alles Unsinn!"

Wir ließen uns den Blinddarm entfernen. Daß die Zähne aufwendig saniert wurden, war trotz meiner fast panischen Angst vor dem Zahnarzt eine Selbstverständlichkeit. Und ausgerechnet jetzt saß ich am Abend vor dem Start zur geplanten Atlantiküberquerung da, mit der Plombe in der Hand und einem großen Loch im Zahn.

Ohne Schmerzen, aber mit viel Grübeln verging die Nacht fast ohne Schlaf. Am Morgen siegte die Vernunft, und ich ließ mir im Real Club Nautico von Las Palmas die Anschrift eines Zahnarztes geben. Innerhalb weniger Minuten brachte er die Sache in Ordnung, und ich fuhr erleichtert zum Hafen zurück. Carla wartete schon am Beiboot. Sie hatte noch frischen Proviant gekauft, denn schließlich lag vor uns nicht ein Wochenendtörn, sondern *die* Atlantiküberquerung. Wochenlang hatten wir schon Vorräte eingekauft und unsere THALASSA in Schuß gebracht. Aber jeden Tag fiel uns etwas Neues ein. Schließlich hatten wir auf diesem Gebiet keine eigenen Erfahrungen, und Berichte über solche Unternehmungen gab es damals kaum, jedenfalls nicht in Deutschland.

Zwar segelten wir schon ein paar Jahre, nicht nur auf unserem heimatlichen Chiemsee, sondern auch im Mittelmeer oder in der meist friedlichen Ostsee. Wir hatten alle Segelscheine erworben und fraßen uns durch alle Segelbücher. Aber deren Inhalt reichte meist nur bis zu den Shetlandinseln oder bis Spitzbergen, Ziele vor der Haustür Deutschlands sozusagen. Für uns war die bevorstehende Ozeanpassage etwas ganz Neues. Nervös, wie wir waren, wollten wir alles so perfekt wie möglich vorbereiten. Denn – das ahnten wir – auf dem Meer kann soviel Unerwartetes passieren, daß man sich auf die bekannten Probleme ganz besonders sorgfältig vorbereiten sollte. Seit vierzehn Tagen waren wir „fertig" zum Lossegeln, und trotzdem fiel uns noch jeden Tag etwas Wichtiges ein. Langsam begriffen wir, daß eine Yacht nie wirklich fertig ist, und so zwangen wir uns, einfach ein Abreisedatum festzusetzen. Das war eben der 16. November.

Schweigsam ruderten wir unter den riesigen Hecks der stinkenden koreanischen Fischerflotte hindurch und erreichten das Feld der Yachten, die ruhig in der leichten Dünung rollten, wie sie eigentlich immer im Hafen von Las Palmas atmet. Sie spiegelten sich auf der ölglänzenden Wasseroberfläche. Ein ruhiges Bild, das aber täuschte. Wenige Tage zuvor hatten die Yachten mit einer riesigen Dünung ums Überleben gekämpft. Zwanzig, dreißig Meter lange Seen hatten ihren Weg unerwartet in die breite Einfahrt zwischen den beiden riesigen Molen gefunden. Fast alle Anker brachen unter dem Druck der Dünung aus, was nicht weiter verwunderte, denn der Ankergrund war miserabel, wie man beim Tauchen leicht mit eigenen Augen feststellen konnte.

Im Hafenhandbuch stand zwar der Hinweis: „Schlechter Ankergrund". Aber wo hätten die Yachtleute sonst hinsollen? Sie wollten den Atlantik überqueren, und auf den Kanarischen Inseln gab es keine andere Möglichkeit, ausreichend

Proviant zu bunkern. In Las Palmas wurden Obst und Gemüse im Überfluß angeboten. Auf dem Markt gab es sogar ganz trockenen Speck, der sich bestimmt lange halten würde, wenn man ihn während der Reise in die Wanten hängte. Und das Wichtigste: Alles war billiger als irgendwo sonst. Nicht einmal in Gibraltar war es so billig gewesen, von der schlechten Auswahl ganz abgesehen. Schließlich mußten die Yachtleute mit jeder Pesete rechnen. Es gab unter ihnen niemanden, der mit lockerer Hand einkaufen konnte. Keine Yacht hatte eine bezahlte Mannschaft. Und wenn neben dem Eigner noch ein weiteres Mannschaftsmitglied an Bord war, dann war es meist ein Hitchhiker zur See. „Hand gegen Koje" lautete der Vertrag, der mit Handschlag geschlossen wurde. Häufig wurde aber nur der Vertragsteil „Koje" erfüllt, wenn die Yacht erst ein paar Tage unterwegs war und wegen des Passats nicht mehr zurückkonnte, um den Parasiten wieder auszubooten.

Mit den Yachties hatten wir hier wochenlang auf Reede gelegen, hatten sie kennen und meist schätzen gelernt. Fast alle würden wir in Westindien oder, genauer gesagt, in Barbados, dem nächsten Inselchen in den Antillen auf der anderen Seite des Ozeans, wiedertreffen. Ein paar Tage später wollten auch sie auslaufen, und an Weihnachten würde hier auf dieser Reede, die für uns fast schon so etwas wie unser Dorf geworden war, keine einzige Yacht mehr liegen. Der Besitzer des Speedbootes im königlichen Yachtklub durfte dann wieder ungestört im Hafen seine Freundin auf Wasserskiern rumschleppen, und die anderen Segler aus dem Klub konnten ihre Vereinsmeisterschaften im Jollensegeln austragen. Neun Monate lang würde die Reede wieder den manchmal etwas hochnäsigen Mitgliedern des Real Club gehören, und wenn im nächsten Herbst die ersten Segelyachten von Madeira oder vom Mittelmeer rüberkamen, konnten sich die Spanier erneut auf den Mitgliederversammlungen streiten, ob man den Yachtleuten nunmehr endgültig verbieten sollte, ihre Beiboote an die Stege des Klubs zu hängen, oder ob man es – wieder einmal – ein Jahr lang mit den eigentlich ganz netten Leuten von den Weltreiseyachten versuchen sollte.

Aber das interessierte uns jetzt nicht mehr, denn zu diesen Inseln würden wir in den nächsten vier Jahren nicht wieder kommen. Danach hatte sich möglicherweise schon alles geändert. Vier Jahre lang sollte unsere Weltumsegelung dauern, vielleicht wurden auch ein paar Jahre mehr daraus. Zeit hatten wir, soviel wir wollten, denn wir hatten unsere Berufe aufgegeben. Eine Rückfahrkarte in das bürgerliche Leben besaßen wir nicht mehr. Alles, was wir besaßen, war die THALASSA und auf der THALASSA. Das machte unsere Vermögensverhältnisse ziemlich übersichtlich.

Mit dem Zug hatten wir die THALASSA nach Jugoslawien gebracht. Von dort waren wir ein halbes Jahr lang durch das Mittelmeer gegondelt, um dann schließlich zum erstenmal den Bug in den Atlantik hinauszustrecken: Richtung Madeira. Das war unsere ganze Langstreckenerfahrung, aber kaum jemand in Deutschland hatte damals mehr. Zwei Hamburger, Elga und Ernst-Jürgen Koch, hatten gerade als erstes deutsches Ehepaar in bewundernswerter Weise die Welt umrundet, aber sie kamen nach Deutschland zurück, als wir schon auf dem Weg ans Mittelmeer waren. Wir konnten keinen Kontakt mehr zu ihnen aufnehmen. Carla und ich waren das zweite Paar aus Deutschland, das dieses große Abenteuer wagte. Wie Pioniere konnten wir kaum auf Erfahrungen anderer zurückgreifen.

Entsprechend nervös waren wir, als wir rudernd am weißen Heck unseres schnittigen Kunststoffkreuzers anlangten. Carla und ich hievten das leichte Plastikbeiboot über die Reling und legten es umgekehrt auf das Dach der THALASSA. Während

Carla das Bötchen atlantikfest zurrte, ging ich zum Vorschiff, nahm die Kette aus dem Rad des mickrigen Ankerspills und verholte die Yacht mit langsamen Zügen vorwärts, bis der Bug unseres zehn Meter langen Kreuzers über dem Anker stand. Das heißt, ich vermutete ihn dort, ganz sicher war ich nicht. Denn falls die Kette unter einem Felsen hakt, merkt man dies erst, wenn sich der Anker nicht rührt. Das war uns in den letzten Tagen häufig passiert, als wir wegen des bösartigen Schwells im Hafen die THALASSA wieder und wieder verlegen mußten. Aber jetzt waren wir über dem Anker. Ich merkte es gleich nach den ersten Hebelbewegungen am Ankerspill.

Unsere Acht-Millimeter-Ankerkette war gerade noch so leicht, daß wir das mechanische Spill nicht einsetzen mußten, solange wir nicht das Gewicht des Ankers zu bewegen brauchten. Dann konnte ich die Kette mit den Händen langsam auf das Deck ziehen. Handschuhe benutzte ich dabei nicht, denn mit bloßen Händen spürte ich gleich, was der Anker am Hafengrund vorhatte, und konnte mich darauf einstellen. Manchmal – wenn der Anker lange auf Grund lag – hingen kleine, kaum sichtbare Muscheln an der Kette und verursachten böse, blutende Schnitte in der Haut. Trotzdem, an Handschuhe wollte ich mich gar nicht erst gewöhnen, das schien mir zu pomadig. Wer hat schon mal einen Fischer mit Handschuhen gesehen?

Als der Anker frei war – die Kette hing senkrecht nach unten und ließ sich wieder mit den Händen ziehen –, blickte ich auf das Teak-Stabdeck am Vorschiff. Von der Kette bröckelte der pechschwarze Mud vom Hafengrund. Ich ärgerte mich nicht, denn auf dem Atlantik würden so viele Seen über das Vorschiff schwappen, daß wir bestimmt kein Stäubchen Dreck auf dem Deck nach Westindien brachten. Vielmehr fragte ich mich nachdenklich, wann der Anker sich wieder in den Grund graben würde. Und wo? Was würde dazwischen

Fähnrich 34
10,25-m-Seekreuzer
aus Kunststoff

Länge über alles	10,25 m
Länge Wasserlinie	7,15 m
Breite über alles	3,07 m
Tiefgang	1,48 m
Verdrängung	5,55 t
Ballast	2,16 t
Segelfläche	44,50 m^2
Konstrukteur	A. Miglitsch
Werft	Bölte-Werft, Rendsburg

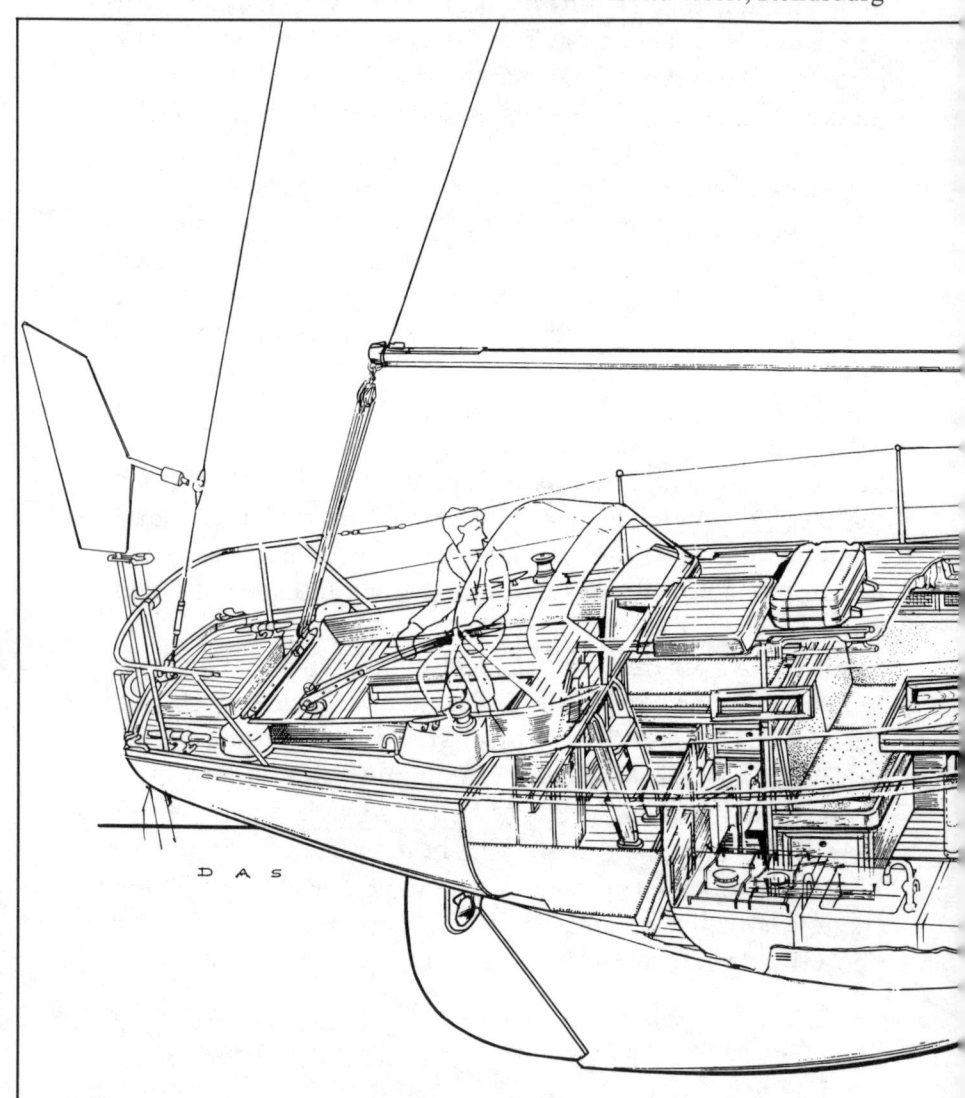

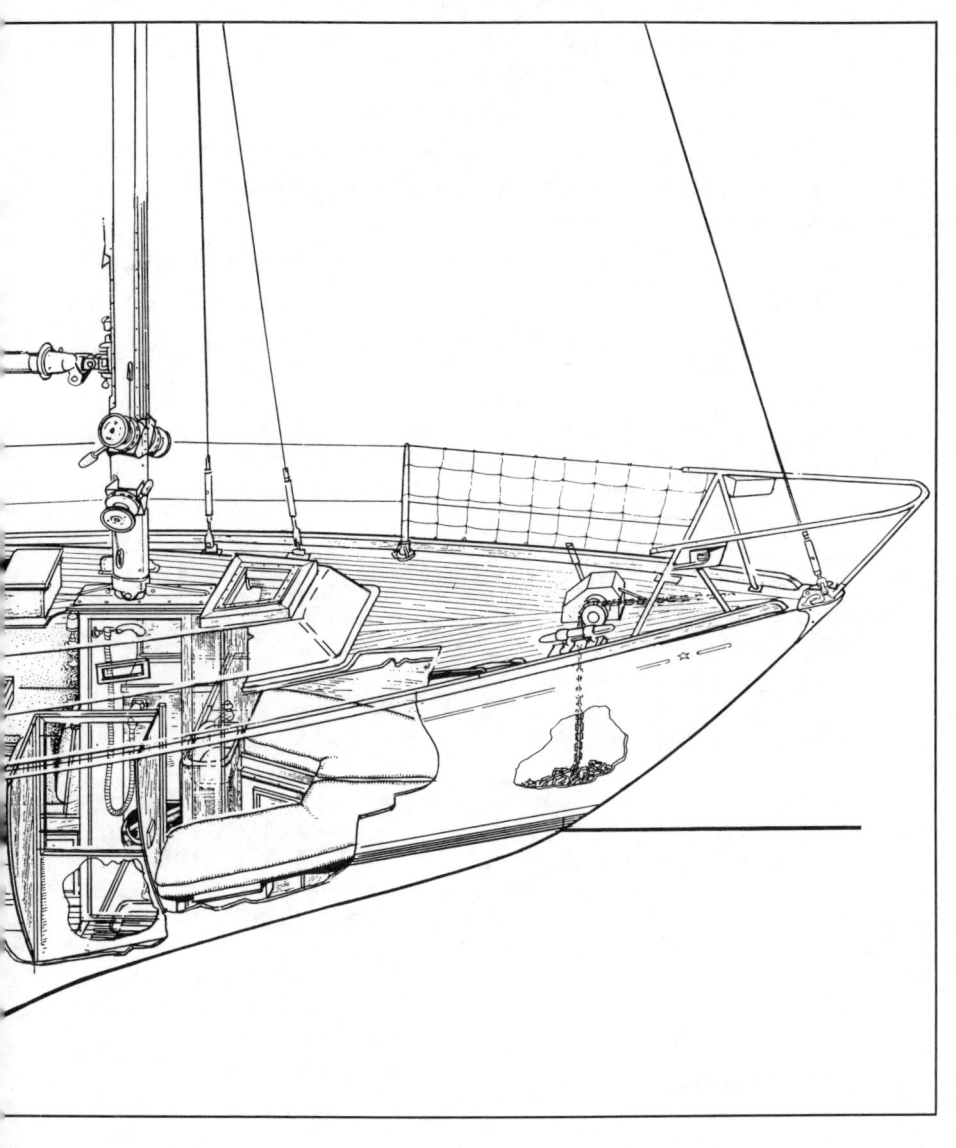

alles passieren? Würde er vielleicht gar nicht mehr auf Grund gehen?

Langsam trieb die THALASSA bei dem leichten Wind im Hafen breitseits weg, obwohl schon das Großsegel gesetzt war. Carla fiel noch etwas mehr ab, denn ohne Fahrt voraus läßt sich eine Yacht nicht lenken – oder, wie der Seemann sagt: Es ist kein Ruder im Schiff. Als das Groß den Wind von achtern fühlte, nahm die THALASSA Fahrt auf, gerade soviel, daß wir knapp am Heck der schwedischen Yacht TOSABITEN vorbeisegeln konnten. Wir waren frei, das heißt, zur Hafenausfahrt hatten wir noch rund 500 Meter Platz, wo wir in Ruhe die Genua, ein großes Vorsegel, setzen und den Anker aufräumen konnten. Als wir dann zwischen den beiden riesigen Molen die erste Dünung verspürten, waren wir seeklar. Seeklar für den Atlantischen Ozean, für die Weltumsegelung.

2 Die Angst segelt mit

Auch die längste Reise beginnt mit der ersten Seemeile. Wenn vor dem Bug 2700 Seemeilen* liegen, dann sollte man sich diese riesige Entfernung erst gar nicht vergegenwärtigen, sondern nur die zurückgelegten Meilen im Kielwasser zählen. Eine Segelyacht läuft – je nach Größe (der Seemann sagt: „Länge läuft") – unter günstigen Verhältnissen etwa sieben Knoten (oder dreizehn Stundenkilometer). Auf dem Ozean aber interessieren mehr die Meilen, die von Mittag zu Mittag zurückgelegt werden, also die Strecke in 24 Stunden. Wenn man es genau nimmt, dann sind es jeden Tag ein wenig mehr als 24 Stunden, weil Schiffsmittag (das ist der Zeitpunkt, an dem die Sonne am höchsten steht, die Yacht also eingeholt hat) jeden Tag ein wenig später ist. Das macht bei einer Weltumsegelung von Ost nach West nur ein paar Minuten pro Tag aus. Wenn das Schiff aber den Globus ganz umrundet hat, dann ergibt dieser tägliche Gewinn am Ende doch 24 Stunden, also einen ganzen Tag. Weil man aber bekanntlich in der Natur kaum etwas ohne Gegenleistung geschenkt bekommt, muß man an der Datumslinie für diesen Tag Gewinn dadurch bezahlen, daß man das Datum um eben diese 24 Stunden verstellt.

Aber an die Datumslinie, die auf der anderen Seite des

---

* Für Nichtsegler: Nehmen Sie die Seemeilen mal zwei, dann haben Sie ungefähr die Kilometer. Wer es genau wissen möchte: Eine Seemeile ist 1,85 km lang. Die Geschwindigkeit eines Schiffes wird in Meilen pro Stunde, präziser gesagt, in Knoten angegeben. Acht Knoten sind also acht Seemeilen pro Stunde.

Erdballs, bei den Fiji-Inseln, von Nord nach Süd verläuft, dachten wir auf der ersten Meile nach dem Hafen von Gran Canaria noch nicht. Wir rechneten unsere Reisedauer nach Westindien aus. Gelegentlich würden wir mit sieben Knoten dahinbrausen, bei vier bis fünf Windstärken, also bei gerade soviel Wind, daß es für unsere größten Segel nicht zuviel sein würde. Wenn dann noch der Wind schräg von hinten oder gar von der Seite einkam, dann hatten wir die sogenannte Backstagsbrise, und unsere THALASSA würde ihre Höchstgeschwindigkeit erreichen.

Der größte Teil dieser Atlantiküberquerung verläuft im Passatwind, ein Wind, der wegen seiner Gleichmäßigkeit berühmt ist. Die Kanaren liegen noch nicht im Bereich der Passatwinde. Je nach Jahreszeit beginnen die Passatgürtel ungefähr 500 Meilen südlich der Kanarischen Inseln. Das bezogen wir in die Törnplanung mit ein. Wir würden versuchen, den Passat im Süden so bald wie möglich zu erreichen. Dann konnten wir die meiste Zeit alle Segel setzen. Obwohl die Passatwinde als die gleichmäßigsten Winde auf dem Erdball gelten, flauen sie gelegentlich ab. In den Windkarten, Karten also, in denen seit hundert Jahren die Erfahrungen der Segelschiffskapitäne niedergelegt sind, ist für die Passatzone im Nordatlantik eine Flautenhäufigkeit von bis zu drei Prozent angegeben. Dann geht also die Geschwindigkeit der Yacht durchs Wasser auf Null zurück.

Die Gefahr, einen ausgewachsenen Sturm zu bekommen, ist weniger wahrscheinlich. Aber rechnen sollte man damit. Wenn dieser aus der falschen Richtung bläst und zu heftig ist, wird man alle Segel runternehmen und sich „vor dem Sturm" treiben lassen. Im ungünstigsten Falle können also sogar hart ersegelte Seemeilen wieder verloren gehen. Zum Schluß wird man froh sein, eine Durchschnittsgeschwindigkeit von circa vier Knoten gesegelt zu sein, was ein Etmal, eine 24-Stunden-Strecke also, von gerade einhundert Seemeilen ergibt. 27

Tage über den Atlantik ist ein Richtmaß! Alles, was darunter liegt, ist ein Geschenk der Natur.

Langsam entschwand am späten Nachmittag die Insel, die fast zwei Monate unsere Heimat gewesen war. Jetzt blickten wir zum Horizont, in Erwartung eines neuen Ankerplatzes – auf der anderen Seite des Ozeans.

Genau vor einem halben Jahr hatten wir in München die Zelte abgebrochen, Versicherungen gekündigt, die Jobs aufgegeben, die Wohnung ausgeräumt, Freunde und Bekannte zurückgelassen. Erst vor sechs Monaten? Wir dachten immer seltener an „zu Hause". War dies noch unsere Heimat, oder war unser Zuhause nunmehr die THALASSA mit ihren zehn Metern Länge und drei Metern Breite? Kann eine Schale aus Plastik mit 3000 Meter Wasser unter dem Kiel überhaupt so etwas wie eine Heimat sein? Ein Heim, das ständig ächzt und rollt, wenn es sich seinen Weg durch die Wellen sucht?

Solange wir an der Insel entlang fuhren, bekamen wir vom richtigen Wetter draußen nicht viel mit. Der Wind war zwar fast genauso stark, wie am gestrigen Abend auf unserem kleinen tragbaren Fernseher in der Wetterkarte vorhergesagt, aber die See gaukelte uns zu gutes Wetter vor. In dieser kurzen Entfernung zur Küste konnte sich der Seegang noch nicht voll entwickeln, und unsere kurze Atlantikerfahrung sagte uns, daß draußen mehr Seegang stehen würde.

So war es auch. Als wir endlich um die Südosthuk von Gran Canaria herum waren und sich der Kompaß so um die 230 Grad (Kurs Südwest) einpendelte, wurde es schnell ungemütlich. Die Sonne stand schon tief und hatte keine Kraft mehr, uns zu wärmen. Mit salzig-klammen Händen zogen wir unsere Faserpelze und darüber das Ölzeug an. Nach einem Sundowner war uns nicht zumute.

Nicht, daß es mir schlecht gewesen wäre, aber besonders gut fühlte ich mich nicht. Ich bat Carla um eine Seekrankheitstablette. Mir war bewußt, daß diese Tabletten den großen Nachteil hatten, müde zu machen, was man gerade dann nicht brauchen kann, wenn man Wache gehen muß und zudem an diesen Lebensrhythmus nach zwei Monaten im Hafen nicht gewöhnt ist. Das schlimmste Übel für mich ist immer noch, seekrank zu sein. Nicht an mir, aber an Mitseglern habe ich erlebt, wie diese Geißel der Seefahrer zuschlagen kann. Sie macht aus willensstarken Seemännern stöhnende und kotzende Opfer, die tagelang die Koje nicht mehr verlassen. Ein Lebenszeichen von ihnen hat man nur dann, wenn sie sich gelegentlich zum Eimer vor der Koje hinunterbeugen. Es ist kein Gerücht, daß besonders Geschlagene allen Ernstes versuchen, über Bord zu springen, um ihr Leiden zu beenden.

Nein, nur das nicht! Lieber ein wenig Apathie und Müdigkeit! Wenn die ersten paar Tage ohne Opfer durchgestanden sind, ist man seefest für den Rest des Törns. Bis der Hafen mit seinem süßen Leben wieder alles verweichlicht.

Wir teilten die Wachen ein. Wenn man den Abend durch langes Aufbleiben etwas streckt, dann ist die dunkle Nacht nur acht Stunden lang. So versuchten wir es mit Vier-Stunden-Wachen. Vier Stunden wachen, vier Stunden schlafen, vier Stunden mit dem Schlaf kämpfen, vier Stunden Tiefschlaf. Zu lange zum Wachbleiben, zu kurz zum Schlafen. An diesem ersten Abend trat Carla großzügig die erste Wache an mich ab. Sie ist nicht so empfindlich gegen die Seekrankheit, vielleicht auch etwas willensstärker. Ich war jedenfalls dankbar, denn die erste Wache ist wesentlich leichter.

Sie begann nach dem Abendessen. Üblicherweise wird auf der THALASSA am Abend immer groß gegessen, also eine richtige warme Mahlzeit mit Wein oder Bier. Am ersten Tag jedoch wird alles vermieden, was uns, auch Carla, in die Nähe der Seekrankheit bringen könnte. Dazu gehören hauptsächlich lange Aufenthalte in der heißen Pantry, wo sich die Küchendünste mit dem Geruch des Petroleumofens und des Spi-

24

ritus mischen. So ist es praktisch, sich am ersten Tag auf See mit ein paar vorbereiteten Broten zu begnügen.

Trotzdem – so richtig schmecken wollte es nicht. Mißmutig kauten wir auf unseren Broten herum und schauten mißtrauisch zum Himmel, der im Licht der sinkenden Sonne allmählich ergraute. Bald konnten wir die mäßige See nicht mehr sehen, sondern nur noch rauschen hören. Wir hatten die Windfahnensteuerung eingekuppelt und beobachteten den Kompaß. Um zehn Uhr begann meine Wache, aber Carla konnte nicht schlafen und setzte sich noch etwas zu mir ins Cockpit. Hinter dem Klappverdeck – manche sagen bildhafter „Kinderwagenverdeck" – saßen wir gut gegen den kalten Wind geschützt. Trotzdem waren wir froh über das Ölzeug. Es stieg zwar keine See ein, das passiert auf einem zehn Meter langen Segelboot nur bei wirklich schlechtem Wetter, aber die Luftfeuchtigkeit nahm schlagartig zu, als die Sonne hinter den Horizont gesunken war. Die Minuten, die Carla jetzt noch nicht schlafen konnte, gingen von ihrer Schlafzeit ab – ein Nachteil dieser Wacheinteilung für sie –, während ich die Kurzweil ihrer Gesellschaft hatte, was meine Wache verkürzte.

Die See war spürbar rauher geworden, als ich um eine Minute vor zwei Uhr nach unten ging, um Carla zu wecken: „Du bist dran!" Den Luxus, daß das Cockpit für eine Minute unbesetzt war, leistete ich mir; so gewann ich eine Minute Schlaf mehr, und in dieser kurzen Zeitspanne würde schon kein anderes Schiff gefährlich in unsere Nähe kommen.

Ich bin mir nicht ganz sicher, ob das Drängen in die Koje ausschließlich der Müdigkeit entsprach oder ob es so etwas wie eine Flucht in den Schlaf war. Denn sofort weg war ich nicht. Die See war unruhig und aufregend. Häufig hörte ich Querläufer – und fühlte sie. Sie rauschten etwas lauter und bösartiger als die normale See: „Schschschschtt..." Dann prallten sie mit einem dumpfen Knall seitlich gegen das Vorschiff, die Yacht wurde einen Moment aus der Längsrichtung gerissen.

Jetzt in der Koje ließ der Druck im Magen nach. Flach ausgestreckt liegend ist man gegen die Seekrankheit besser gefeit. Bildete ich mir zumindest ein. So hat jeder sein eigenes Rezept gegen diese böse, erniedrigende Krankheit. Und jedes Rezept hilft, wenn man daran glaubt. Denn die Seekrankheit hat eine starke psychische Komponente.

Selbst wenn man übermüdet ist, fällt es in den ersten Tagen nicht leicht, auf der rollenden Yacht Schlaf zu finden. Vor allem dann nicht, wenn der Wind von achtern kommt. Dann wirkt das Meer zwar relativ friedlich, weil die Yacht die Wellenhöhen nicht mühsam ersteigen muß, sondern die Seen mit dem Schiff in gleicher Richtung laufen. (So scheint es, denn in Wirklichkeit ist die Wellenbewegung nur ein gleichmäßiges Auf und Ab der Wasserteilchen). Weht der Wind von hinten, dann hat andererseits die Yacht keine Stütze durch die Segel und rollt hin und her. Und mit ihr der Schläfer in der Koje, wenn er sich nichts einfallen läßt. Ich bin sicher, daß alle Segler der Welt instinktiv auf die gleiche Lösung gekommen sind wie ich, um das Rollen im Schlaf zu vermeiden, obwohl ich dazu noch nie in irgendeinem Buch einen Hinweis gefunden habe.

Aber im Erste-Hilfe-Kurs, den wir zur Vorbereitung auf die Weltumsegelung besucht hatten, lernten wir, daß ein angewinkelter Oberschenkel einen Schwerverletzten nicht in die erstickungsförderliche Rückenlange rollen läßt. So versuchte ich jedenfalls in meiner Koje einzuschlafen.

Ich wußte nicht, ob ich nicht schlafen konnte oder das nur träumte. Ich versuchte an etwas anderes zu denken als an den Atlantik, aber wenn meine Gedanken gerade anfingen, aus unserer engen Kajüte wegzuwandern, dann traf uns eine besonders starke (oder war es nur eine besonders laute?) See, und ich wußte sofort wieder, daß unter mir ein paar tausend

Meter Wasser lauerten. Ich versuchte die Zeiten zwischen den Schlägen der Seen zu zählen, so wie man vielleicht zum Einschlafen Schafe zählt. Manchmal kam ich bis zehn, manchmal dauerte es nur fünf Sekunden, bis es wieder gegen das Vorschiff krachte. Manchmal schien es in rauschender Fahrt wie in einem Lift nach unten zu gehen, und ich wartete lange – so glaubte ich – auf das Ende der Talfahrt.

Als ich die Augen wieder aufschlug, sah ich oben durch den Niedergang grauen Himmel. Aber es war kein Nachthimmel, sondern ein unfreundlicher, böser Schlechtwetterhimmel. Ich beugte mich aus der Koje und sah Carla in ihrem gelben Ölzeug mit zerzaustem Haar im Cockpit sitzen. Um den Hals hatte sie ein Handtuch geschlungen, damit überkommendes Wasser nicht unter ihr Ölzeug lief. Sie saß oben in Luv – gesichert gegen Überbordgehen mit der Lifeline, die sie im Cockpit an einer speziellen Öse eingepickt hatte – und zog gerade mit beiden Händen an der Nirosta-Pinne, die nicht etwa in der Schiffsmitte lag, sondern ca. 20 Grad nach Luv zeigte. Daran erkannte ich, daß wir viel zuviel Segel oben hatten. Die THALASSA war luvgierig und offensichtlich kaum zu halten. Das war sicher auch der Grund, warum sie nicht mehr an der Selbststeueranlage hing.

Carla hatte bemerkt, daß ich endlich aufgewacht war. Natürlich hatte sie – trotz meines Verbotes – mich zwei Stunden länger schlafen lassen. „Hier draußen ist ganz schön was los!" schrie sie herunter. „Du wirst nach oben kommen müssen!"

Am liebsten hätte ich mich gleich wieder in meine Koje verkrochen, den Oberschenkel angewinkelt und das Gesicht in die Decke vergraben. Wie gerne hätte ich mich jetzt gedrückt, aber schließlich konnte ich Carla nicht alleine da oben lassen. Ich wußte nicht, wie lange sie schon am Steuer saß, aber ein paar Stunden waren es sicher. Das war so ein Moment, in dem ich unsere Idee von der Weltumsegelung verwünschte.

Auch daheim ist es lästig, wenn frühmorgens der Wecker

zur Arbeit ruft. Aber was erwartet einen schon? Heiße Dusche, kurzer Fußweg zur S-Bahn – unterm Regenschirm, wenn es ganz schlimm kommt –, und 30 Minuten später sitzt man im Büro und stellt zum Arbeitsbeginn den Datumsstempel ein. Wieder ein Tag eines Beamtenlebens weiter!

Und was erwartete mich hier auf dem Ozean? Allein das Ankleiden war schon eine Qual. Die Hose wurde im Sitzen angezogen, denn auf einem Bein stehen war nicht drin. Ich wäre durch die Kajüte geflogen. Das Ölzeug war noch trokken. Wirklich schlimm wurde es erst dann, wenn man sich in nasse Kleider zwängen mußte. Mein Magen meldete sich, also schnell an die frische Luft!

Oben ein Rundblick, tiefe Atemzüge gegen das mulmige Gefühl im Magen. Allmählich kam der Überblick zurück. „Wie läuft es?"

Also, die THALASSA war zu luvgierig, denn sonst hätte Carla nicht so stark an der Pinne zerren müssen; die Selbststeueranlage konnte es andernfalls schaffen. Die Segel mußten hinten verkürzt, das Groß also gerefft werden! Das würde der Yacht die Tendenz nehmen, in den Wind zu schießen.

Ich blickte zum Kompaß. Carla sah meinen entsetzten Blick und erklärte fast entschuldigend: „Der Wind hat gedreht, ich hab' mitdrehen müssen, um eine Halse zu vermeiden. Die Passatsegel wären vom Kurs her das richtige. Aber bei diesem Wind?"

Wir ließen sie im Sack.

3 Törn nach Amerika – Schiffbruch vor Afrika?

Beim Hochseesegeln mit kleiner Mannschaft sind tatsächlich die Vorwindkurse das Problem. Ganz anders als der Segellaie also vermuten würde. Unsere modernen Yachten zeichnen sich dadurch aus, daß sie „hoch an den Wind" gehen können. Sie werden zwar nicht direkt gegen den Wind segeln, doch bis zu einem Winkel von 30, 40 Grad zur Windrichtung läßt sich auch Weg nach Luv erarbeiten. Das ist ein großer Vorteil gegenüber den Segelschiffen vergangener Jahrhunderte, die fast nur vor dem Wind segeln konnten. Sie mußten sich die geeignete Route für ihre Reise suchen. Das war meist nicht die kürzeste Strecke, sondern ein Umweg. Dafür waren die Winde dort so günstig, daß die Reisezeit erheblich besser wurde, als sie gewesen wäre, wenn man den direkten Weg zum Ziel genommen hätte. Kolumbus hat hinüber nach Amerika die Passatroute, also unsere Route, gewählt, weil er mit achterlichen Winden rechnen konnte. Für die SANTA MARIA wäre es aber unmöglich gewesen, auf der gleichen Route zurückzusegeln. Deshalb hielt sich Kolumbus auf der Rückreise weit oben im Norden, um auf der Höhe der Azoren in den Genuß der dort herrschenden Westwinde zu gelangen.

Warum suchen wir aber in unseren Yachten mit den guten Am-Wind-Eigenschaften immer noch die gleichen Routen, die schon unsere Vorväter wählten? Die Antwort kennt jeder

Segler, der schon mal versucht hat, mit einer modernen Yacht auf hoher See tage- oder gar wochenlang am Wind zu segeln. Es wird zu mühsam, zu anstrengend, immer nur gegenan zu bolzen: eine Tortur für Schiff und Mannschaft, wobei sicher die Besatzung der schwächere Teil ist. Auf unseren Binnenseen und geschützten Küstengewässern ist dies anders. Dort setzt die Yacht nicht in eine anrollende See mit Krachen ein. Dort gibt es keinen großen Unterschied in den Schiffsbewegungen, je nachdem, auf welchem Kurs die Yacht segelt. Am Wind wird sie schiefer liegen, also mehr Krängung haben als vor dem Wind. Aber sie liegt ruhig. Das ist der gewaltige Unterschied zum Ozeansegeln. Kurzum, die tollen Segeleigenschaften, auf die moderne Bootskonstrukteure so stolz sind, haben für die Ozeansegler nur ganz begrenzten Wert. Wir müssen uns wie vor ein paar Jahrhunderten unseren Weg nach den vorherrschenden Windrichtungen suchen. Und dort werden die vielgerühmten Vorteile moderner Yachtkonstruktionen zum Nachteil. Es ist, als hätten unsere Yachten verlernt, vor dem Wind zu segeln. Die schwierigsten Segel werden für den einfachsten Kurs benötigt, nämlich wenn man sich vom Wind treiben läßt.

Wer kennt nicht die herrlichen bunten Vorsegel, die meist auf Fotografien zu sehen sind? Aber gerade die Spinnaker sind am schwierigsten zu segeln, vor allem dann, wenn man nur eine zahlenmäßig kleine Mannschaft zur Verfügung hat. Und wenn so ein Ballon mal oben ist und mit den zahlreichen Leinen etwas schiefläuft, wenn eine sich im Mast in einem Block verklemmt, dann herrscht höchste Gefahr. Dann wird es viel zu riskant für eine schwachbemannte Yacht auf hoher See mit ihren heftigen Schiffsbewegungen. Auch muß ein Spinnaker ständig mit den Leinen getrimmt werden, damit er nicht einfällt, und dazu ist die Selbststeueranlage außerstande. Die kann nur Kurs halten, wenn nicht allzuviel Druck auf dem Ruder ist.

Um die Nachteile eines Spinnakers auszugleichen, fahren viele Weltreiseyachten spezielle Vorsegel, die unkompliziert – sogar für die Selbststeueranlage – zu segeln, aber meist um so umständlicher zu setzen sind. Man hofft dabei, daß die Winde auf hoher See nur selten drehen und sich auch in ihrer Stärke selten verändern. Der große Nachteil solcher Passatsegel besteht darin, daß sie den fahrbaren Kurs zum Wind sehr beschränken. Es ist zwar nicht so, daß die Winde auf hoher See – ungestört von Landmassen – allzu schnell die Richtung wechseln, nein, sie tun es meist ganz zaghaft und nahezu unmerklich, sondern der Kurs zum Ziel auf der anderen Seite des Atlantiks liegt häufig in einem Grenzbereich. Wenn dann der Wind ganz geringfügig dreht, liegt der Kurs zum Ziel schon nicht mehr an. Und es heißt Segel wechseln.

Niemand wechselt gerne die Segel. Niemand verläßt gerne das schützende Cockpit. Aber manchmal läßt es sich halt nicht mehr vermeiden. Dies war so ein Moment. Auf dem Kurs, den wir gerade segelten, machten wir keinen Boden gut nach Westindien. Wir liefen nämlich quer zum Wind. Carla sagte mir, wir seien schon drei Stunden diesen Kurs gelaufen, doch ich hätte so tief geschlafen, daß sie mich nicht wecken wollte.

Jetzt bemerkte ich, daß um uns herum kein Land mehr zu sehen war. Es müßte eigentlich gleichgültig sein, wenn man ein paar Stunden nicht weiterkommt. Aber das ist im höchsten Maße unseemännisch. Doch was heißt schon seemännisch? Alles, was einer sicheren Überfahrt dient, ist seemännisch. Und wenn man für ein paar Stunden neue Kräfte sammeln kann, so ist das ja wohl im höchsten Maß gute Seemannschaft. Ich mußte an zwei Engländer denken, die ein Jahr zuvor über den Atlantik gesegelt waren. Auf den Kanarischen Inseln hatte man sie vor der Atlantiküberquerung gewarnt und leise durchblicken lassen, sie seien ja wohl schon etwas zu alt für einen so großen Törn. Wochenlang, ja monatelang hörte man nichts mehr von ihnen. Endlich, nach achtzig Tagen, liefen sie auf der anderen Seite des Atlantiks ein. Sie zeigten sich verwundert über die neugierigen Fragen, wo sie gesteckt hätten. Für sie war es die selbstverständlichste Sache der Welt, jeden Abend die Segel herunterzunehmen, zu Abend zu essen und seelenruhig – nach dem Setzen einer starken Laterne – in die Koje zu gehen, um am anderen Tag, nach einem ausgiebigen Frühstück natürlich, weiterzusegeln. Schlechte Seemannschaft? Bestimmt nicht, wenn man mal davon absieht, daß nachts niemand Wache gegangen ist.

Ich quälte mich nach unten zu meinem kleinen Kartentisch, der ungefähr die Größe eines Ausklapptischchens in einem Intercity-Zug hatte. Von hier unten konnte ich auch auf die Logge blicken und die zurückgelegten Seemeilen ablesen. Auf meinem Übersegler, einer Karte, die im wesentlichen Wasser und an den Rändern noch ein wenig von Europa und Amerika zeigte, war der Strich mit den zurückgelegten Seemeilen viel zu kurz, um einen Sinn zu ergeben. So griff ich nach der Karte, wo noch die ganze Inselgruppe der Kanaren enthalten war, und trug dort mit Dreieck und Zirkel die abgelaufenen Seemeilen an. Doch kaum blickte ich auf die Karte, war ich wie elektrisiert. An das hatte ich, weiß Gott, nicht mehr gedacht.

Nach meinem gegißten Schiffsort in der Karte waren wir nicht etwa irgendwo auf dem Atlantik, sondern dabei, auf eine Sandbank vor Afrika zu rumpeln. Ich schoß wie der Blitz nach oben und warf das Ruder herum. Jetzt war keine Zeit mehr, darauf zu achten, ob der Bullenstander zunächst noch umgesetzt werden mußte oder nicht. Viel konnte nicht passieren, höchstens eine Leine brechen, aber das war besser, als die THALASSA auf einer Sandbank im Ozean zu verlieren.

Als die Yacht langsam durch den Wind drehte, hatte ich Zeit, den Horizont nach Landmarken oder Brechern abzusuchen. Es war nichts auszumachen. Das Wasser schien mir einen leichten Stich ins Grüne zu haben, aber das konnte auch Einbildung sein. Oder waren wir vielleicht schon mitten zwischen den Sandbänken? Der Alptraum eines jeden Hochseeseglers!

An diese Gefahr hatte ich gar nicht mehr gedacht. Achtlos hatte ich die Karten der Kanaren in das Kartenschapp geschoben, sobald wir im Westen den Horizont sehen konnten. Dabei liegt Afrika an dieser Stelle keine 40 Seemeilen von den Kanaren entfernt. Wir wären nicht die erste Yacht gewesen, die dort auf eine Sandbank gebrummt wäre. Wie hatten wir uns vor der Abfahrt über die Geschichte der SEAWIND amüsiert! Uns konnte so was natürlich nicht passieren! Dachten wir...

Die SEAWIND war eine Hippieyacht. Der amerikanische Konstrukteur hatte hübsch aussehende Trimarane entworfen und war von seinen Bootsbauideen so überzeugt, daß er mit priesterhafter Begeisterung versuchte, seine Entwürfe an den Mann zu bringen. Und er fand Gehör, vor allem bei jungen Leuten, die knapp bei Kasse waren. Die nahmen seine Ideen vom billigen Wohnen auf einem schnellen Schiff, das mit Windeskraft, also kostenlos, um die Welt segelt, dankbar auf, und bald gab es Hunderte von Hippies, die mit ihrem Anhang Sperrholzkisten à la Piver zusammennagelten. Daß man ein bißchen auch vom Handwerk des Segelns verstehen muß, bevor man sich auf die Weltmeere wagt, das hatte man ihnen verschwiegen. Auch die langhaarigen Typen von der SEAWIND machten sich darüber nicht allzu viele Gedanken. Die Reise nach den Kanaren war ohne Zwischenfälle verlaufen, was sollte also noch passieren? Schwierig schien ihnen die Segelei nicht, eher langweilig.

Auf den Kanaren konnte man spottbillig kleine Stereoanlagen erwerben. Das war es, was die Leute auf der SEAWIND bei den langen Nachtwachen vermißten: Popmusik. Die Hippies bauten so eine Stereoanlage recht und schlecht auf ihrem Trimaran ein. Die riesigen Lautsprecherboxen wurden im Cockpit links und rechts vom Kompaß festgeschraubt. Die herumliegenden Kabel verwurschtelten sich bei jeder Halse mit der Großschot, aber das schien an Bord niemand zu stören. Frohgemut lief man zur Atlantiküberquerung aus, die aber schon nach zwei Tagen zu Ende war – auf eben jenen Sandbänken vor der afrikanischen Küste. Stur hatten die Piveranhänger den geraden Kompaßkurs Richtung Antillen gesteuert. Aber in Wirklichkeit lagen keine 260 Grad an, wie der Kompaß ihnen vorgaukelte, sondern ein ganz anderer Kurs. Durch die starken Magneten in den Lautsprecherboxen wurde der Kompaß nämlich ganz erheblich abgelenkt – Deviation nennt der Seemann das –, und statt nach Amerika steuerte der Trimaran gerade auf die Sandbank. Bevor der Tri ganz zerbrach, konnten die musikalischen Seefahrer abgeborgen und gerettet werden.

Eben jene Sandbänke waren schon immer berüchtigt und haben auch in der Kunst ihren Niederschlag gefunden. Dort strandete nämlich vor rund zwei Jahrhunderten ein Segelschiff namens MEDUSA. Das wäre noch nicht bemerkenswert, denn Schiffe sind in jener Zeit, als Menschenleben nicht viel zählten, oft auf See geblieben, ohne daß dies besonders vermerkt worden wäre. Die MEDUSA wurde sofort von der Brandung zu Kleinholz zerschlagen. Ein großer Teil der Menschen ertrank. Einigen der Schiffbrüchigen gelang es, aus den herumtreibenden Trümmern und Rettungsgeräten ein Floß zu bauen, auf das sie sich retten konnten. Sie trieben viele Tage umher, ohne von einem anderen Schiff entdeckt zu werden. Schließlich ging das Wasser aus. Es muß zu schlimmen Szenen gekommen sein unter diesen verzweifelten Menschen, von denen einige alles, aber auch alles, zu ihrer eigenen Rettung unternahmen. Als das Floß schließlich gefunden wurde, traf man nur noch wenige Überlebende an.

Die Szenen, die sich auf diesem Floß abspielten, haben einen zeitgenössischen Maler derart angeregt, daß er nach langem Studium dieser Geschichte schließlich ein Kolossalgemälde schuf, das heute im Louvre in Paris hängt. Der Titel des Gemäldes lautet: Das Floß der MEDUSA.

All das schoß mir jetzt durch den Kopf, als ich langsam die THALASSA auf den anderen Bug brachte. Ich drückte Carla die Pinne in die Hand und schaltete mit einem Griff nach unten in der Navigationsecke das Echolot ein. Aber es zeigte keine Untiefe an. Also waren wir doch noch ein Stück von den Sandbänken entfernt. Glück gehabt, aber verdient hatte ich das nicht. Ich hatte mich nicht viel besser angestellt als die Hippies mit der Stereoanlage. Wenn man von Europa nach Amerika segeln möchte und an der Küste Afrikas Schiffbruch erleidet, dann muß man nicht mehr viel erklären, das spricht für sich. Ich wurde mir bewußt, daß mein C-Schein gar nichts über meine Qualitäten als Seemann aussagte. Ich würde noch viel lernen müssen, bis wir die Welt umrundet hatten.

4 Der Wind liest nicht die Pilot-Charts

1. Dezember – erstes Jahr der Weltumsegelung

Mittags stellte ich die Position fest: 19 Grad 59 Minuten Nord und 30 Grad 13 Minuten West. Wir waren im Passat, das heißt, wir waren in der Gegend, wo der Passat hätte wehen müssen. Das war unsere Taktik: von den Kanaren möglichst schnell nach Süden, um den Passat zu finden! Aber wir bekamen jetzt langsam Zweifel, ob diese Überlegung richtig war, denn der Passat blies bei weitem nicht so, wie er – nach den Büchern – sollte. Nur selten war ein typischer Passattag dabei, also vier bis fünf Windstärken aus dem östlichen Quadranten und ein blauer Himmel, mit weißen Wölkchen betupft, eben den typischen Passatwolken, die jeder wiedererkennt, der sie schon einmal auf offener See gesehen hat.

Meistens hatten wir unregelmäßige Winde, sogar einen Tag mit ausgeprägten Gegenwinden hatte es vor drei Tagen gegeben. Sicher war es weiter im Norden auch nicht ungünstiger. Vielleicht hatten doch die Segler auf den Kanaren recht gehabt, deren laut verkündetes Rezept es war, direkt Kurs auf Barbados zu nehmen. Denn wie heißt es unter den erfahrenen Seeleuten? Der Wind liest nicht die Pilot-Charts.

Wir schwammen hinter unserem Zeitplan her, der ein Durchschnittsetmal von 100 Meilen, also 27 Tage bis Barbados, vorsah. Aber noch konnten wir es schaffen, wenn nur endlich der Passat gekommen wäre! Schon tagelang spürten wir eine lange Dünung aus Ost, die vielleicht den Passat ankündigte. Die See ist immer schneller als der Wind.

Die Stimmung an Bord war gut. Schon längst hatten wir die Angriffe der Seekrankheit überstanden. Wenn die Sonne draußen zu stark blendete, konnte ich sogar unten in der Kajüte lesen, ohne den unguten Druck im Magen zu bekommen.

Wir hatten uns jetzt gut eingelebt. Der Bordbetrieb war zur Routine geworden. Aber die Wachen belasteten uns immer noch, obwohl wir eine Selbststeueranlage hatten, die recht gut funktionierte, eine damals neue Erfindung des englischen Obersten „Blondy" Hasler. Viele Segler haben schon versucht, etwas zu erfinden, was sie von der Sklaverei des Rudergehens befreit. Aber da es nur wenige Langfahrtsegler gibt, ist auch der Ideenreichtum begrenzt. Die Anlage von Hasler war noch ziemlich unerprobt. Als erste Deutsche fuhren wir so ein Ding auf dem Atlantik. Wir fühlten uns manchmal etwas als „Pioniere", denn es bedurfte doch einer ständigen Spannerei von Gummistropps, um die Anlage so zu entlasten, daß sie mit dem Ruderdruck fertig wurde.

Bis jetzt hatten wir noch kein anderes Schiff getroffen, trotzdem gingen wir regelmäßig Wachen. Denn wir konnten es uns nicht leisten, die vorgeschriebenen Lichter, nämlich Rot und Grün am Bug vorne, zu führen. Auch das war eine neue Erfahrung. In unseren heimatlichen Gewässern ist eine Nachtfahrt gewöhnlich die Ausnahme, die viele Segler nur selten erleben. Man fährt meistens morgens los und ist am Abend wieder im Hafen. Ganz selten wird die Nacht durchgesegelt, und spätestens tags darauf kann im Hafen die Batterie nachgeladen werden. So fällt es kaum auf, daß die Positionslampen richtige Stromfresser sind. Aber uns fiel auf, daß in der dritten Nacht der Schein der roten und grünen Lampe nicht einmal mehr das Wasser vorne am Bug erleuchtete. Der Blick auf das Voltmeter zeigte nur noch zehneinhalb Volt an: das Ende unseres Stromvorrats.

Nachträglich war uns alles klar: Die Lampen verbrauchten nun mal pro Stunde circa zwei Ampere, und in der Batterie waren – wenn man ehrlich und die Batterie schon ein paar Jahre alt ist – nur 50 Ampere drin. Zu Hause macht man sich über den Stromverbrauch keine Gedanken, höchstens darüber, daß die nächste Stromrechnung wieder etwas teurer wird. Auf dem Schiff aber kann es passieren, daß plötzlich kein Strom mehr da ist.

Sicher, wir hatten unseren Hilfsmotor, einen Diesel mit 16 Pferdestärken. Aber wir hätten zehn Stunden Laufzeit unserer doch recht unruhigen und lauten Maschine gebraucht, um eine total leere Batterie wieder aufzufüllen. Das war nicht drin, denn den wertvollen Diesel – 70 Liter hatten wir dabei – benötigten wir in Landnähe oder um aus den Schiffahrtslinien zu entkommen.

Wir mußten uns was anderes einfallen lassen. Auf Gran Canaria hatten wir uns eine billige Petroleumlampe gekauft. So eine, wie sie auch in Spanien an den Straßenbaustellen zur Absicherung verwendet werden. Es gibt Yachties, die es als Sport ansehen, diese Lampen nicht zu kaufen, sondern zu klauen.

Nach unserem Lehrgeld mit dem Stromverbrauch benutzten wir die Petroleumlampe zur Kenntlichmachung der THALASSA. Sie brannte mit einem Docht, und der kleine Petroleumtank unter dem Brenner reichte für zwei Nächte. So sparsam war die Lampe, aber so sparsam waren auch ihre Leistungen. Wir wußten es, gestanden es uns aber nicht ein: 100 Meter von der THALASSA entfernt war die Lampe nicht mehr auszumachen. So segelten wir wie ein Geisterschiff durch die Nächte des Atlantiks.

War dies nicht gefährlich? Den hauptsächlichen Sinn unserer Nachtwachen sahen wir darin, den Horizont aufmerksam zu beobachten, ob nicht irgendwo die Lichter eines Schiffes auszumachen waren. Aber mitten im Passatgürtel fahren keine Dampfer. Nicht daß es kein Handelsschiff gibt, das von den Kanaren nach den Antillen läuft. Aber die dampfen viel weiter im Norden. Die können es sich leisten, ja müssen es aus wirtschaftlichen Gründen, direkt auf dem Großkreis (der kürzesten Verbindung zwischen zwei Punkten auf der Erdoberfläche) Richtung Westindien zu fahren.

Trotzdem – Fischereidampfer halten sich nicht an Schifffahrtsrouten, die suchen den Fisch dort, wo sie die besten Anzeigen ihrer Echoschreiber bekommen. So kann es also immer vorkommen, daß ein Licht am Horizont auftaucht. Wenn die Nacht sehr klar ist und ohne Mond, dann kann schon mal ein Stern oder auch ein Planet am Horizont so tief stehen und trotzdem noch so hell leuchten, daß man ihn mit einem Dampferlicht verwechselt. Im Fernglas wird man dann die nähere Umgebung um das „Dampferlicht" nach Rot oder Grün absuchen, denn die farbigen Positionslichter haben eine erheblich geringere Reichweite als die hohen weißen Lichter. Erst wenn man sicher ist, daß es sich um ein Schiff handelt, wird man die Positionslichter einschalten.

Segelschiffe haben auch im Zeitalter der Riesentanker gegenüber allen anderen Schiffen auf hoher See Vorfahrt. Aber es wäre töricht, sich darauf zu verlassen. Wer einmal die mannshohen Lichter Rot und Grün auf einem Dampfer gesehen und mit unseren kleinen Funzeln verglichen hat, der wird kein allzu großes Zutrauen zu unseren Positionslichtern und zu deren Warnfunktion haben. Deshalb verließen auch wir uns nicht auf unser Vorfahrtsrecht, sondern änderten den Kurs schon sehr früh so, daß die Frage nach der Vorfahrt erst gar nicht aufkam.

Bleibt die Frage, ob es nicht zu einem Zusammenstoß zweier Segelyachten kommen kann, die sich beide darauf verlassen, daß andere Schiffe Lichter gesetzt haben und deshalb frühzeitig gesehen werden. Mir ist kein Fall bekannt, bei dem es auf der Passatroute zu einer Kollision zweier Segelschiffe gekommen wäre. Denn man wird es immer mit einer Yacht zu tun haben, die ungefähr den gleichen Kurs läuft. Es ist so gut wie ausgeschlossen, daß ein Segler aus Amerika nach Europa gegen den Passat segelt. Wenn aber der Kurs einer anderen Yacht ungefähr parallel zum eigenen Kurs ist, dann wird die Annäherung so allmählich vonstatten gehen, daß der andere schon viele Stunden vorher, also noch am Abend, gesehen werden kann.

5 Das Trinkwasser wird knapp

12. Dezember – erstes Jahr der Weltumsegelung

Das Logbuch für diesen Tag:
> *1000: SE 1, KpK 275, ein Viertel bewölkt.*
> *1500: Mittagsposition 16 Grad 50 Minuten N, 45 Grad 46 Minuten W.*
> *Etmal 70 sm, rwk 270.*
> *Entfernung nach Barbados 831 sm, rwk 254.5.*
> *Flaute, Scheißsegeln, Scheißpassat!*
> *Wal vor der* THALASSA *aufgetaucht.*
> *2030: Motorenprobe, Regler funktioniert schlecht.*
> *2300: Flaute.*
> *Trinkwasser wird knapp!*

Nunmehr war klar, daß wir für unsere Atlantiküberquerung einen negativen Rekord aufstellen würden. Ausgerechnet die THALASSA, die am Chiemsee das schnellste aller Kajütboote war! Aber ohne Wind segelt auch das schnellste aller Segelboote nicht. Der Passat hatte uns im Stich gelassen. Die Windkarten hatten wochenlange Flauten gar nicht in der Statistik. Die Natur läßt sich halt nicht in Bücher pressen.

Sorgen bereitete uns der Trinkwasservorrat. In unseren Haupttank gingen ungefähr 250 Liter und in die Extratanks, vier durchsichtige Plastikkanister, jeweils 20 Liter. Wir hatten bis dahin ziemlich sorglos Wasser gebraucht, weil wir im Notfall immer noch auf die restlichen 80 Liter zurückgreifen konnten. Nicht daß wir täglich mit Süßwasser geduscht hätten, nein, wir geizten eher mit dem Wasser aus unserem Kunststofftank. Zähneputzen, kleine Körperwäsche, Kochen und Trinken, das war alles. Besonders Carla brachte ihre Opfer, wenn sie versuchte, sich die Haare mit Salzwasser zu waschen. Ich hatte einige Tricks herausgefunden, wie man Süßwasser sparen konnte. Zum Waschen nahmen wir statt Seife ein Haarwaschmittel. Das schäumte in Salzwasser fast so stark wie Seife in Süßwasser. Deshalb hatten wir auf den Kanaren erst gar nicht versucht, Salzwasserseife aufzutreiben.

Sogar Wäsche, im wesentlichen Handtücher, wuschen wir in Salzwasser. Es dauerte zwar lange, bis das Wäschestück in der Sonne trocknete, aber wenn man es soweit hatte, konnte man durch mehrfaches Aufschlagen auf die Backskiste das meiste Salz herausklopfen. Anschließend fühlte es sich fast so weich an wie mit Süßwasser gewaschen. Zum Trinken aber und zum Teekochen benötigten wir unbedingt Frischwasser. Um Nudeln oder Kartoffeln zu kochen, konnten wir uns mit Süß- und Salzwasser halb und halb begnügen, bei Kaffee und Tee aber durfte Salzwasser nicht zugemischt werden.

Bei soviel Sparsamkeit waren wir ziemlich vor den Kopf gestoßen, als wir merkten, daß wir Trinkwasserprobleme hatten. Als ich mir einmal morgens zum Zähneputzen mit der Handpumpe Wasser holen wollte, saugte die Pumpe Luft. Zunächst fluchte ich, weil ich sie für schon wieder undicht hielt, aber dann erinnerte ich mich an die eigenartige, bräunliche Färbung des Trinkwassers in den letzten Tagen. Algen bleiben nämlich am Tankboden liegen und stören erst dann das Aussehen des Wassers, wenn es schon sehr tief angesaugt wird. Die Pumpe war also nicht defekt, vielleicht war im Tank gar kein Wasser mehr vorhanden.

Ich hob das große Bodenbrett hoch, legte mich auf den Bauch und öffnete mit einem Ringschlüssel das Mannloch zum Reinigen der Tanks, indem ich circa 30 Muttern losdrehte. Eine schwierige Arbeit beim Rollen des Schiffes, denn wenn eine Schraubenmutter durch meine Finger rutschte, war sie beim nächsten Überlegen der THALASSA weg. Als ich den Deckel endlich von der schleimigen Gummidichtung ablöste und mit der Taschenlampe auf den Tankboden blickte, sah ich die Bescherung. Da schwappte nur noch eine braune Brühe am Boden des Tanks, keine zwei Zentimeter waren mehr drin.

Wo war das Wasser hingekommen? Offensichtlich hatten wir unseren Verbrauch, vor allem während der langanhaltenden Flauten, gehörig unterschätzt. Wir hatten große Mengen Wasser getrunken, als in der Kajüte manchmal 40 Grad Hitze herrschten. Das Wasser hatte zwar ungefähr 29 Grad, war also so „kalt" wie das Meer, aber es wirkte ganz gut gegen den quälenden Durst. Wir hatten eine eigenartige Limonade erfunden. In das Wasser kamen ein Löffel Tangpulver mit Orangengeschmack und ein Tropfen Tabasco.

Die Entdeckung des leeren Tanks beunruhigte mich zunächst nicht besonders, denn schließlich hatten wir noch 80 Liter Wasser in den Plastikkanistern in der Backskiste. Ich wuchtete den ersten Kanister heraus, aber kaum hatte ich ihn ins Cockpit gestellt, sah ich auch schon die Bescherung. Die

Wände hatten eine bräunliche Farbe angenommen. Algen! Ich öffnete den Deckel und sah statt klarem Wasser nur noch eine grün-braune, unappetitliche Brühe. Als Trinkwasser sicher nicht mehr zu genießen. Der nächste Kanister sowie der dritte und vierte waren nicht besser.

Jetzt wurde die Lage ernst. Das vorhandene Süßwasser war zum Trinken ungeeignet. Zum Waschen konnten wir es im Notfall noch verwenden. Ein schwacher Trost! Ein echter Notfall lag allerdings nicht vor, denn schließlich hatten wir noch eine Menge Konserven an Bord, in denen genügend Flüssigkeit vorhanden war, um uns noch einige Zeit vor dem Verdursten zu bewahren. Aber wohl war uns nicht bei dem Gedanken, nun für den Rest der Überfahrt auf Tee und Kaffee verzichten zu müssen. Warum gab es eigentlich keinen Tee oder Kaffee fertig in Dosen?

Schlimm war, daß wir nicht einmal dann mit einer einigermaßen schnellen Überquerung rechnen konnten, wenn wir jetzt fünf Tage guten Wind bekommen würden. Denn unser Unterwasserschiff war stark mit Entenmuscheln bewachsen. Wir merkten das an unserem Geschwindigkeitsmesser.

Ich hatte keine Lust zu tauchen und die Muscheln abzukratzen – der Haie wegen. Und so zockelte die THALASSA weiter.

6 Gestirne weisen den Weg

16. Dezember – erstes Jahr der Weltumsegelung

Die Mittagsposition gab uns die verbleibende Entfernung nach Barbados immer noch mit 704 Meilen an. Ich verstand jetzt die Mannschaft von Christopher Kolumbus, die in diesem Stadium anfing zu meutern. Die wußte ja nicht einmal, daß in einer bestimmten Entfernung Land auf sie wartete. Eine ungeheure Belastung für die Männer, von denen sicher einige noch glaubten, die Erde sei eine Scheibe und jeden Moment könne man über den Rand hinunterfallen. Die Fähigkeit von Kolumbus, in diesem Stadium die ausgezehrten Seefahrer zu beruhigen, ist sicher höher einzuschätzen als sein seemännisches Können.

Kolumbus wird bewundert, weil er mit so einfachen Mitteln zu seinen Zielen fand. Dabei wird häufig übersehen, daß der Entdecker Amerikas über die besten Navigationsmethoden seiner Zeit verfügte.

Der wesentliche Unterschied zur Navigation von Kolumbus und der Schiffsortbestimmung auf der THALASSA lag nicht darin, daß wir einen besseren Kompaß oder einen genaueren Sextanten hatten; nein, der große Vorteil war ein ganz primitiver Radioempfänger – made in Japan –, den ich von einem Inder in Gran Canaria nach langem Feilschen für 100,- DM erworben hatte. Damit konnte ich nämlich mit Hilfe eines Zeitzeichensenders in Colorado/USA meine Armbanduhr sekundengenau einstellen. Und so, wie es zur Bordroutine gehörte, mittags, wenn die Sonne am höchsten stand, den Sextanten herauszuholen, so war es Brauch, vor dem Abendessen auf der kleinen Skala die Nadel des Transistorradios so lange hin und her zu drehen, bis auf zehn oder fünfzehn Megahertz das gleichmäßige „Tack... Tack... Tack..." ertönte. Kurz vor der vollen Minute sagte dann in deutlichem Englisch eine Stimme die genaue Greenwichzeit an. Die volle Minute verkündete ein durchdringender heller Piepston.

Manchmal war der Empfang auch so schlecht, daß man die Stimme nicht verstehen konnte. Dann hielt ich mein Ohr ganz nahe an den Lautsprecher, bis ich mindestens den Piepston hörte. Das reichte, denn meine Uhr ging selten von einem zum anderen Tag um mehr als drei Sekunden falsch.

Kolumbus konnte nur die Breite seines Schiffsortes bestimmen. Denn zur Ortsbestimmung auf See gehört nun mal die genaue Uhrzeit, und die hatte Kolumbus nicht. Aber für die Breite gibt die Natur den genauen Zeitpunkt vor. Da ist ein mechanischer Zeitmesser nicht nötig. Die Breite kann nämlich nur dann gemessen werden, wenn die Sonne auf dem höchsten Punkt ihrer Bahn steht. Das ist in einem Winkelmeßinstrument wie dem Sextant oder dem Oktant sehr gut zu erkennen. Aber der Nachteil dieser Methode ist eben, daß damit nur festgestellt werden kann, wie weit das Segelschiff im Süden oder im Norden steht. Kolumbus konnte seinen Mannen niemals sagen, wie weit sie schon gekommen waren (das konnte er höchstens anhand der abgelaufenen Zeit schätzen) oder wie weit sie noch segeln mußten – weil er nicht über die genaue Zeit verfügte.

Denn allein auf Grund der exakten Zeit kann auch – mit verschiedenen Rechenmethoden – die geographische Länge der Schiffsposition bestimmt werden. Es hat unzählige – vergebliche – Versuche und Untersuchungen gegeben, wie auch ohne genaue Zeit die Länge bestimmt werden könnte. Dies ist die Quadratur des Kreises in der Navigation.

Ich war mir meines Standorts sicher, obwohl ich keine Gelegenheit hatte, die Schiffsposition zu überprüfen. Den genauen Beweis für die Güte meiner Navigation würde ich erst erhalten, wenn die kleine Insel Barbados am Horizont auftauchte. Falls meine Berechnungen nicht stimmten, dann kam diese Gewißheit zu spät.

Woher nahm ich mit meiner geringen Erfahrung in Navigation die Gewißheit des richtigen Schiffsorts? Die Messung war einfach. Mit dem Sextant wird nur der Winkel zwischen dem Horizont und dem Unterrand der Sonne gemessen. Mit dem am Sextanten abgelesenen Winkel geht es dann in spezielle nautische Tafeln.

Die wichtigste Tafel ist das Nautische Jahrbuch, das jedes Jahr neu erscheint. Wie ein Kalender. Tatsächlich ist es auch nichts anderes als ein Kalender, nur daß darin nicht allein Sonnenaufgang und Untergang stehen, sondern für jeden Zeitpunkt eines Tages auch die genaue Position eines Gestirns am Himmel.

Das Prinzip der Navigation mit Hilfe der Gestirne ist einfach, nur die Rechnerei mit Logarithmen etwas umständlich. Aus dem Nautischen Jahrbuch lese ich heraus, wo die Sonne steht. Wenn ich meinen Standort weiß, kann ich sogar ausrechnen, unter welchem Winkel im Sextanten ich sie sehen müßte.

Genausogut aber kann ich auch meinen Schiffsort ausrechnen, wenn ich in die Rechnung mit dem gemessenen Winkel eingehe.

Manchmal war das Wetter so schlecht, daß ich die Sonne nicht entdecken konnte; gelegentlich wurde der Seegang so hoch, wenn auch selten, daß der Horizont nicht zu sehen war. Aber dies dauerte nie den ganzen Tag. Carla saß dann stundenlang im Cockpit und beobachtete aufmerksam den Himmel, bis sie mich hinaufrief: „Die Sonne kommt!"

Ich war mir meiner Berechnungen gewiß. Es paßte alles bestens zusammen, ich vermutete nicht den geringsten Fehler in meiner Navigation. Das System der Navigation mit den Gestirnen ist so sicher, daß auch Meßfehler höchstens eine Ungenauigkeit von vielleicht zehn Seemeilen verursachen können.

Trotzdem wird immer wieder von Fällen berichtet, in denen unerfahrene Yachtleute auf der anderen Seite des Ozeans wegen schlechter Navigation auf Riffe gelaufen sind oder Barbados gar verfehlt haben. Der erste Fehler ist meist darauf zurückzuführen, daß sie die Insel zwar ausgemacht hatten, aber dann unvorsichtig und möglicherweise auch falsch mit Hilfe von Peilobjekten an Land weiternavigiert haben. Die Himmelskörper sind an derartigen Fehlleistungen nicht schuld.

Wenn aber jemand an Barbados vorbeigesegelt ist, dann sicher nur deshalb, weil er sich die ganze lange Atlantiküberquerung vor der Navigation gedrückt hat und sie dort nicht geübt hat, wo Fehler selten Konsequenzen haben, nämlich auf hoher See. Wenn er sich dann endlich dazu durchringt, auf der anderen Seite des großen Ozeans mit der Astronavigation zu beginnen, ist er zu ungeübt, um fehlerfrei rechnen zu können. Traurige Seemannschaft!

Eine Belastung ist die Navigation nicht. Selten benötigt ein Geübter länger als zwanzig Minuten, um zu einem fertigen Schiffsort zu kommen. Ich war jedenfalls froh, daß ich den Herrn Navigator spielen und so dem Küchendienst aus dem Weg gehen konnte.

7 Die Trinkwasser- produktion scheitert

17. Dezember – erstes Jahr der Weltumsegelung

Jetzt waren wir bereits einen Monat lang unterwegs. Die anderen Atlantiküberquerer lagen vielleicht schon in Barbados vor Anker, selbst einige von denen, die nach uns losgesegelt waren. Wir wußten es nicht. Wir hatten ja keinen Kontakt zur Außenwelt. Einen Sender besaßen wir nicht. Und ein Schiff, das eine Nachricht hätte weitergeben können, hatten wir bis jetzt nicht getroffen. Die Welt, in der wir lebten, war klein geworden. Ich konnte ihre Größe ausrechnen. Denn wir schwammen auf einer Scheibe Wasser, die vom Horizont eingegrenzt wurde. Von der Astronavigation wußte ich, daß der Horizont ungefähr drei Seemeilen, also fünf Kilometer weg war. Jeder Schüler kann es nachrechnen: Die Kreisfläche, auf der wir schwammen, war somit rund 80 Quadratkilometer groß.

Das fehlende Trinkwasser ging uns doch mehr an die Nieren, als wir geglaubt hatten. Man sagt, daß der Mensch 30 Tage ohne Nahrung überleben kann, aber nur drei Tage ohne Wasser. Wasser hatten wir genug, die ganze Welt um uns herum war Wasser, aber eben kein trinkbares. Oft schon ist behauptet worden, in der Not, also nach einem Schiffbruch, könne der Mensch auch mit Meerwasser überleben. Aber genauso oft haben Verunglückte das Gegenteil erfahren müssen, wenn sie diesen falschen Aposteln glaubten. Auch auf dem Floß der MEDUSA hat ein Teil der Schiffbrüchigen in der Verzweiflung Salzwasser getrunken. Keiner von ihnen hat überlebt. Deshalb ist der Fall MEDUSA auch in der Medizin Gegenstand zahlreicher Untersuchungen geworden, weil hier zum erstenmal die Theorie vom Salzwassertrinken in tödlicher Weise widerlegt wurde. Trotzdem tauchen von Zeit zu Zeit immer wieder verantwortungslose Halbwissenschaftler auf, die diesen Unsinn von neuem behaupten.

Häufig regnete es, am Horizont hingen düstergraue Wolken, und gelegentlich fuhr ein Blitz dazwischen. Wir hatten eine Wasserauffanganlage vorbereitet. Sie bestand aus einem Kunststoffeimer am Ende des Großbaumes. Wenn wir das Großsegel etwas andirkten, dann bildete es einen tiefen Bauch, in dem sich Regenwasser sammelte. Die Ergebnisse dieser Wasserbereitung waren allerdings enttäuschend. Denn es regnete trotz des dunklen Himmels immer nur so kurz, daß sich höchstens ein paar Liter sammelten. Diese waren aber ungenießbar, denn das Wasser hatte auch alles Salz aus dem Segel gewaschen, das vom überkommenden Seewasser zurückgeblieben war. Es hätte länger, ausdauernder regnen müssen, um wirklich reines Trinkwasser zu produzieren. Tatsächlich konnten wir keinen einzigen Liter Wasser vom Himmel trinken. Einmal hätte es vielleicht gereicht. Wir lagen in der Flaute, als sich uns langsam ein richtig satter Regenschauer näherte. Aber – ich hatte so was an Land noch nicht erlebt – die graue Wand blieb höchstens ein oder zwei Meter vor dem Bugkorb stehen und bewegte sich keinen Zentimeter mehr auf uns zu. Ich ging nach vorn und konnte beim Vorbeugen fast die Hand in den massiven Regenguß halten, aber das Teakdeck unter mir zeigte keine Wassertropfen an.

Nicht gerade aus Not, mehr aus Neugierde begann ich darüber nachzudenken, ob ich an Bord Süßwasser herstellen könnte. In Büchern über das Überleben auf See werden ja eine Reihe von Rezepten zur Trinkwassergewinnung in der

Rettungsinsel angeboten. Aber ob sich die Autoren klar darüber sind, wie wirklichkeitsnah ihre Vorschläge sind? Da wird zum Beispiel empfohlen, über einem salzwassernassen Lappen ein Stück Plastik zu befestigen. Im gleißenden Sonnenlicht soll das Salzwasser verdunsten, der Dunst würde hochsteigen, sich auf der Unterseite der Plastikplane als Süßwasser niederschlagen und könne dann mit einem Becher eingesammelt werden. Nach diesem Prinzip wollte ich Trinkwasser herstellen, wobei ich es erheblich besser hatte als ein Schiffbrüchiger in der Rettungsinsel. Schließlich stand mir ein ganzes Arsenal von Werkzeugen und sonstigen Hilfsmitteln zur Verfügung.

Also setzte ich den Petroleumofen in Gang, was in der ohnehin heißen Kajüte gleich zu Schweißausbrüchen führte. Optimistisch erwärmte ich den ganz großen Drucktopf (ohne Deckel) mit Salzwasser. Als dies zu brodeln begann, spannte ich – wie einen Regenschirm – eine aufgeschnittene Plastiktüte über den dampfenden Topf, wobei ich eine Rinne in die Plastik formte. Dann wartete ich geduldig auf die ersten Wassertropfen. Aber ich merkte bald, daß sich überall in der Kajüte Wasserdampf absetzte, bloß nicht auf der Unterseite der Plastiktüte – zumindest war es so wenig, daß ich die Feuchtigkeit kaum sehen konnte. Enttäuscht stellte ich das Bierglas aus der Hand, das ich schon in der Hoffnung auf das erste selbstproduzierte Süßwasser bereitgehalten hatte. Ich konnte mir ausrechnen, daß ich für einen Liter Frischwasser mindestens drei Liter Petroleum benötigte, und so beendete ich das Experiment, ohne auch nur genug Wasser gewonnen zu haben, um es auf seine Süßwassereigenschaften abschmecken zu können. Ich beschloß, in Zukunft Frischwasser als wirklich kostbares Naß zu schätzen. Wir mußten uns mit dem Gedanken abfinden, bis zum Ende der Atlantiküberquerung auf Tee und Kaffee zu verzichten und die Zähne mit spanischem Bier oder mit Tonicwasser zu putzen.

50

Am Abend dieses Tages passierte zum erstenmal auf der Atlantiküberquerung etwas wirklich Aufregendes. Ich spielte am Radio herum und hörte plötzlich Steelband-Musik. Das war Westindien. Wir waren schon so nahe dran, daß uns die Ätherwellen aus Barbados erreichten. Der tägliche Sundowner schmeckte uns doppelt gut.

8 Weihnachten unter Palmen

20. Dezember – erstes Jahr der Weltumsegelung

Noch 265 Seemeilen nach Barbados. Zwei Tage mit gutem Wind und ein sauberes Unterwasserschiff hätten dafür unter „normalen" Umständen gereicht. Aber was heißt in der Natur schon normal? Normalerweise hätten wir jetzt, am 33. Tag der Atlantiküberquerung, schon längst in Barbados sein müssen.

Bei der Verpflegung hatten wir – mit Ausnahme des Trinkwassers – bisher keine Probleme gehabt. Doch eine Kühlmöglichkeit vermißten wir. Wir besaßen einen elektrischen Kühlschrank, aber das war der nutzloseste Gegenstand an Bord. Sein Magnetverschluß war nicht einmal stark genug, um die Tür geschlossen zu halten, wenn die im Schrank verstauten

Konserven bei Lage dagegen drückten. Nicht daß er defekt gewesen wäre. Aber wir hatten einfach nicht genügend Strom, um ihn zu betreiben. Wenn man zu Hause seinen Kühlschrank gewöhnt ist, der jahrelang – gelegentlich summend – leise vor sich hinarbeitet, kann man gar nicht ermessen, wieviel Energie notwendig ist – das klingt paradox –, um dem Kühlgut die Wärmeenergie zu entziehen, also sein Bier abzukühlen. Aber das kalte Bier fehlte mir nicht einmal zu sehr; an das warme spanische Cervezza hatte ich mich gut gewöhnt. Viel mehr ging uns ein frisches Stück Fleisch ab.

Mit Konserven waren wir gut eingedeckt. Die heutigen Konserven sind auch recht schmackhaft, wenn man alle Vierteljahre eine öffnet. Ißt man aber fast jeden Tag Corned beef aus der Dose, dann merkt man den großen Unterschied zum Frischfleisch sehr schnell.

Das Obst hatte auch nach einem Monat noch nicht gelitten. Zumindest die Äpfel, die sicher noch länger gehalten hätten. Die Zitronen waren frisch wie aus dem Geschäft. Carla hatte jede einzelne Zitrone in Stanniolpapier eingewickelt. Eier waren ebenfalls noch so gut, daß sie sich prima zu Pfannkuchen verarbeiten ließen. Wir hatten sie in Gran Canaria legefrisch auf einem Bauernhof in den Bergen besorgt und anschließend jedes einzelne mit Vaseline eingerieben und so konserviert. In einem alten englischen Buch über die Hochseesegelei hatten wir diesen Geheimtip zur Ernährung auf Ozeanyachten entdeckt, einen Erfahrungsschatz!

23. Dezember – erstes Jahr der Weltumsegelung
Aus dem Logbuch der THALASSA:

> *1000: Große Enttäuschung – E 1-2, wolkenloser Himmel, Logge 22.*
> *1200: BB-Batterie leer, Maschine an bis 1300. Alles bis auf Lichtmaschine o. k. Stand B-Uhr 58s*

52

Wetterbericht Barbados: sonnig, Schauer, Wind bis 20 kn.

1345 sichtet CC 2 Strich Stb. Land.

Kommt in Sicht, verschwindet wieder und taucht wieder auf.

Gegißter Schiffsort: 13 Grad 13 Minuten Nord, 58 Grad 57 Minuten West.

1600: Mittagsposition 13 Grad 09 Minuten Nord, 59 Grad 07 Minuten West.

Etmal 92 sm, rwk 259 Grad.

Logge: 32, Strom 1.15 kn aus N.

29 sm nach Bridgetown.

2200: E 1. Die Nacht über terrestrisch bis 7 Seemeilen vor Carlisle Bay, dann mit Maschine.

Einfahrt nicht gefunden, weil Tonne Blz gr. 5s gefehlt hat.

Beigedreht vor Carlisle Bay bis

24. 12.

1000 dann eingelaufen. TOSABITEN *ausgemacht und geweckt.*

Anker auf 9 Meter. 50 Meter Kette. Alles o. k.

Welch ein Heiliger Abend! Wunderschön Bucht + Wasser. In der Stadt ganz schlechte Einkaufsmöglichkeiten. Post ist eine Menge da, vor allem 2 Tonbänder von Mutti und Weihnachtspäckchen. Wahnsinnige Preise. 4 Dollar für ein Tonband per Einschreiben, 15 Dollar für ein Telegramm. 1 Apfel ein Dollar. Gegrilltes Huhn gegessen.

Rückblickend muß ich etwas lächeln, wenn ich diese Logbucheintragungen lese. Denn vieles würde ich heute anders betrachten. Das beginnt schon mit einem navigatorischen Detail. Daß eine bestimmte Tonne nicht da war, obzwar vielleicht in unseren Seekarten eingezeichnet, ist in keiner Weise ungewöhnlich. Unsere Ausbildung war sicher nicht schlecht, doch in Westindien nach einer Tonne zu suchen, ist überflüssig, und geradezu falsch ist es, aus dem Fehlen von Seezeichen irgendwelche Schlüsse zu ziehen. In derartigen Gewässern, fern vom europäischen Sicherheitsdenken – und auch vom knöchernen Beamtentum –, sind menschliche Navigationshilfen höchst unzuverlässig. Man sollte sich nur an der Landschaft, am Küstenverlauf, an der Wasserfarbe und an der Anzeige des Echolots orientieren. Wenn dann noch eine Tonne in das Gesamtbild paßt, um so besser. Deshalb ist es auch überflüssig und somit unnötig teuer, dort die neuesten Seekarten zu benutzen, ausgenommen vielleicht Hafenpläne nach erheblichen Umbauten. Die zuverlässigsten Navigationshilfsmittel befinden sich immer noch zwischen den Ohren.

Klar, daß uns das grüne Wasser der Carlisle Bay verzauberte, der Geruch nach Palmen und der laute nächtliche Gesang der pfeifenden Frösche. Aber eine richtige Bucht ist die Carlisle Bay gar nicht, eher eine riesige Reede. Sie öffnet sich nicht nur nach einer Seite, sondern nur in einer Himmelsrichtung liegt das Ufer. Trotzdem bietet die Carlisle Bucht einen sicheren Ankerplatz. Auf den Passat hier kann man sich verlassen. Immer wehen die „Trade Winds", wie die Leute auf Barbados sagen, aus der gleichen Richtung.

Es bedurfte einiger Gewöhnung, sich auf einer so offenen Reede (manchmal ankerte ein riesiger Passagierdampfer, die QUEEN ELISABETH II, keine hundert Meter von uns entfernt) wohlzufühlen. Der Verstand wußte zwar, daß von der offenen See kein Schwell und kein Seegang kommen würden, der europäische Seglerinstinkt aber wehrte sich noch dagegen.

Und die erwähnten „schlechten" Einkaufsmöglichkeiten? Hier mußten wir im Lauf unserer Weltumsegelung einiges dazulernen. Die Auswahl in den Geschäften war nämlich groß-

54

artig, verglichen mit den anderen englischsprachigen Inseln in Westindien oder auch im Pazifik, und armselig, verglichen mit unseren Einkaufsmöglichkeiten in Hamburg oder München. Aber die Erkenntnis, daß Deutschland eines der reichsten Länder der Welt ist und daß die Schaufenster dieses Wohlstandes die riesigen Kaufhäuser in den Großstädten sind, kam später noch, als wir mit der Armut der Welt häufig konfrontiert wurden.

Bei 35 Grad im Schatten feierten wir Weihnachten. Wir waren zufrieden, lag doch die erste Etappe unserer Weltumsegelung hinter uns. Nun wußten wir, daß unsere THALASSA seetüchtig genug war, einen großen Ozean zu überqueren. Auch die Etmale konnten sich sehen lassen. Am besten Tag war sie 169 Seemeilen gelaufen, was einem Schnitt von 7 Knoten entspricht. Dabei verheimliche ich nicht, daß sicherlich ein Knoten auf das Konto eines Schiebestroms ging. Vom Strom waren wir enttäuscht, denn nach den Windkarten („Pilot-Charts") hätten wir einen viel stärkeren Strom haben müssen. Aber das war eigentlich logisch: Nachdem uns der berühmte Nordostpassat im Stich gelassen hatte, blieb auch der Strom aus. Strom entsteht dort durch den Antrieb des Windes, der nach mehreren Tagen soviel Wassermasse an der Oberfläche in Bewegung geweht hat, daß schließlich daraus der Weststrom von ein bis zwei Knoten wird.

Unser ungewöhnlichstes Etmal hatten wir am 4. Dezember, nämlich elf Seemeilen, und zwar in die entgegengesetzte Richtung. Bei totaler Flaute hatten wir alle Segel vom Mast genommen. Das Etmal hätte deshalb null sein müssen, wenn kein Strom gesetzt hätte. Aber offensichtlich war die Natur launisch und ließ einen Strom nach Osten von einem halben Knoten unsere THALASSA narren.

Mit einer Segeldauer von 37 Tagen waren wir die zweitlangsamste Yacht in diesem Winter. Ich verglich mein Logbuch mit dem der deutschen Yacht ORION, einem Schiff aus derselben Werft wie die THALASSA, nur drei Fuß kürzer als unser Fähnrich 34. Die Kollegen waren einen Tag nach uns gestartet und hatten uns nach zwölf Tagen eingeholt, als wir beide in einem Flautenloch liegenblieben. ORION und THALASSA waren zu der Zeit nur 30 Seemeilen voneinander entfernt. Dann erwischte die ORION eine Brise, mit der sie offensichtlich weiterkam. Die THALASSA blieb in diesem riesigen Flautenloch weitere acht Tage hängen und kam neun Tage nach der ORION in Barbados an.

Die Jungs von der ORION hatten den Vorsprung gut genutzt und schon einige wertvolle Beziehungen hergestellt, vor allem zum Barkeeper in dem großen Hotel am Strand. Am Heiligen Abend ruderten sie in ihrem Badeboot rüber zur THALASSA und brachten ein Weihnachtsgeschenk. Es war eine selbstgebastelte Styroporbox, so groß wie eine Schuhschachtel. Als wir sie öffneten, schrien wir vor Begeisterung auf. In der Box lagen zwei Dosen Coca-Cola, vollständig bedeckt mit Eiswürfeln. Nicht so labriges, durchsichtiges Zeug kurz vorm Schmelzen, sondern schönes milchiges Eis, mindestens zehn Grad kalt und ausreichend, um für den Abend noch eine Flasche spanischen Sekts zu kühlen. Fröhliche Weihnachten in Westindien!

Wenn ich aufgefordert würde, schnell fünf Begriffe zu nennen, die meine Eindrücke von Westindien wiedergeben, dann würde ich spontan sagen: Rum, Korallen, Steelband, Palmen, unfreundliche Schwarze. Tatsächlich waren die Leute in Westindien für uns eine große Enttäuschung, speziell auf den englischen Inseln. Sie waren unfreundlich und zeigten offen ihren Haß gegen die Weißen, wobei wir nicht so recht wußten, ob wir über die Primitivität mancher Schwarzer lachen oder traurig sein sollten. Einmal kam uns auf der Straße ein junger Mann mit farbiger Pudelmütze über dem krausen Haar entgegen, spuckte vor uns aus und schrie uns an: „Afrika den Afrikanern!"

Als wir gerade die Bank verließen, wo wir ein paar Dollar eingetauscht hatten, und auf der Treppe unser Geld nachzählen wollten, da lief so ein kleiner schwarzer Steppke von vielleicht zwölf Jahren heran, versetzte mir einen Stoß in den Bauch und versuchte, mir die paar Banknoten aus der Hand zu reißen. Als ihm dies nicht gelang, lief er, mit heller Stimme fluchend, davon. Ein schwarzer Polizist, keine zwanzig Meter entfernt, verfolgte die Szene grinsend und ging langsamen Schritts weiter. Das waren die negativen Seiten von Westindien.

9 Haie und Yachties

Von der Natur waren wir begeistert, vor allem von der Unterwasserwelt. Gleich bei unserem Ankerplatz in der Carlisle Bay war ein Riff, zu dem wir fast jeden Tag hinausschwammen. Stundenlang ließen wir uns auf dem Wasser treiben und betrachteten von der Oberfläche aus durch die vergrößernde Taucherbrille das Leben unter Wasser. Ich hatte gar kein Verlangen, meine Tauchflasche herauszuholen, denn was ich sehen wollte, bekam ich auch von oben vor die Maske.

„Gibt es hier Haie?" Ich glaube, wohl jeder Segler stellt beim ersten Schnorcheln in den Tropen diese Frage. Eine natürliche Angst scheint vor diesen Fischen zu bestehen. Warum? Es wird immer wieder behauptet, daß es zwar 200 Arten Haie gibt, daß aber davon nur fünf oder sechs den

Menschen angreifen und deshalb gefährlich sind. Doch wenn man viele sogenannte Haiexperten gefragt hat, dann läßt sich nur eindeutig feststellen, daß Haie auf solche Regeln nicht festzulegen sind. Sicher, es gibt trägere Arten und solche, die schon deshalb ungefährlich bleiben, weil sie ihr Maul nicht weit genug aufmachen können, um größere Stücke Fleisch zu reißen. Auf manchen Inseln in den Tropen machen sich die Einheimischen einen Scherz daraus, indem sie ihre Kinder in flache Wasserbassins in der Dorfmitte springen lassen, wo es vor Haifischen nur so wimmelt, zum Entsetzen der Besucher, deren Herz vor Angst um die Kleinen fast stehenbleibt. Nur langsam beruhigen sich die Gemüter dann wieder, wenn die Kinder an die Oberfläche kommen, in den Händen – wie ein Schaukelpferd – einen der bräunlichen Haie. Sie sind ganz harmlos.

Andererseits ist jeder Hai gefährlich, der sein Maul weit genug aufreißen kann und angreift. Ob er nun zu den sogenannten „Man Eaters", also Menschenfressern, gehört oder nicht. Denn wenn er auch den Schwimmer nicht auf der Stelle tötet, so ist meist schon ein größerer Gewebeverlust, etwa in Form eines weggerissenen Stücks Oberschenkel, tödlich.

Alle Rezepte gegen Haiangriffe haben eines gemeinsam: Beispiele, bei denen sich die Haie an die Spielregeln *nicht* gehalten haben. So wird diesen Räubern nachgesagt, sie kämen nicht in Ufernähe in seichtes Wasser. Ich habe in der Südsee mehrere Menschen getroffen, deren fehlender Unterschenkel der Gegenbeweis war.

Nächste Regel: Der Hai greift nie ohne Vorwarnung an. In Samoa schwammen zwei Taucher mit Flasche in ungefähr 20 Meter Tiefe, als der eine zu seinem Kameraden blickte und in dessen Rücken einen fast vier Meter langen Tigerhai langsam herankommen sah. Der Taucher versuchte, das Opfer zu warnen, aber das hatte keine Zeit mehr, sich über die Gesten seines Freundes zu wundern. Der Hai griff von hinten an und riß den Kopf des Tauchers weg, bevor er mit ruhigen Stößen weiterschwamm.

Aber ich kenne auch einen Fall, den ich nicht geglaubt hätte, wenn ich ihn nicht selbst erlebt hätte: Auf einer kleinen Südseeinsel stand am Paß eine Fischfabrik, wo der von Fischerbooten angelandete Fang zu Konserven verarbeitet wurde. Die blutigen Abfälle wurden ins Wasser geworfen, so daß sein Türkisblau einen Schimmer ins Rosa bekam. Wenn man sich über den Rand des Beiboots beugte, konnte man zwischen den Abfällen, die in die Tiefe schwebten, Dutzende von braunen Haifischleibern sehen, die sich um die Fischbrocken rauften. Manchmal forderten die Dorfkinder – Bengels von acht bis zehn Jahren – uns auf, eine Münze ins Wasser zu werfen. Sie machten sich einen Spaß daraus, mitten unter die Haie zu springen und die Münzen rauszuholen. Die Haie, manche von ihnen über zwei Meter lang, ignorierten die Kinder. Prustend brachten die Jungen das Geld zurück, denn in Polynesien wird nicht gebettelt. Sie benötigten die Münzen nur deshalb, weil ihr Glitzern die Suche im Wasser erleichterte.

In Fort de France, der Hauptstadt von Martinique – diese französische Hauptinsel in Westindien liegt circa 100 Meilen westlich von Barbados – kamen während unseres Aufenthalts jeden Tag große Oceanliner mit einer Unzahl von Touristen herein. Sie hatten nur ein paar Stunden Aufenthalt in Martinique, und so galt es, innerhalb dieser kurzen Zeit den Besuchern möglichst viele Dollars aus der Nase zu ziehen. An Land war das recht leicht, den Besuchern saß das Geld in den Taschen ziemlich locker. Aber viele waren an Bord geblieben und wurden von jungen Schwarzen angebettelt, die mit Ruderbooten zum Ozeanriesen herausgekommen waren. Die Touristen warfen Münzen ins Wasser, und die Jungen sprangen ihnen nach und tauchten sie heraus, bevor sie unwiederbringlich in der Tiefe verschwanden. Während unseres Aufenthalts wurde bei diesem „Spiel" ein Zwölfjähriger von einem riesigen Hai zerrissen, der plötzlich aus der Tiefe heraufgeschossen kam. Auf der Reede von Fort de France gäbe es keine Haie, hatte man uns erzählt.

Einer der wenigen Yachtleute, die wirklich ein hautnahes Erlebnis mit einem Hai hatten, war der österreichische Abenteurer Wolfgang Hausner. Aber den kann man ohnehin nicht als Durchschnitts-Yachty bezeichnen. Wolfgang und ich sind beste Freunde, deshalb wird er es mir auch nicht verübeln, wenn ich ihm einen ausgesprochenen Hai-Tick attestiere. Wenn andere Yachties bestimmte Gewässer beim Schwimmen und Schnorcheln mieden, so war Wolfgang richtig scharf darauf, genau dort ins Wasser zu gehen. Wenn andere Yachties schon mal den schüchternen Versuch machten, vom Beiboot aus sicherer Entfernung einen kleinen Hai zu harpunieren, da sprang Wolfgang gleich ins Wasser.

So konnte es auch nicht ausbleiben, daß er einmal in wirkliche Gefahr kam. Es war bei den Perlas-Inseln nahe Panama, als Wolfgang wieder mal auf Haijagd war und sich auch tatsächlich ein kapitaler Bursche von einem Tigerhai näherte; neugierig oder aus Freßlust schwamm er um Wolfgang herum. Wolfgang war mit einer Harpune und einem sogenannten Powerhead ausgerüstet. Das ist ein kleiner zigarettenlanger Aufsatz, der auf die Harpunenspitze geschraubt wird und eine Sprengpatrone enthält. Diese Waffe wurde in Australien zur Haiabwehr entwickelt. Wenn der Angegriffene mit der Harpunenspitze gegen einen Hai stößt, soll die Patrone explodieren und den Hai durch die plötzliche Druckwelle bewegungsunfähig machen. Jedenfalls in der Theorie, denn in der Praxis mangelt es an Gelegenheiten, das auszuprobieren.

Als der Hai auf Wolfgang zuschoß, rammte ihm der die Harpune gegen den Körper, und die Sprengladung wurde tatsächlich ausgelöst. Der Hai aber war bei weitem nicht so in seinem Wohlergehen beeinträchtigt, wie die Erfinder des

1 Die THALASSA, ein deutscher
10 Meter 30 langer Kunststoff-
kreuzer

2 Der „Salon" der THALASSA. An
Steuerbord ist die Pantry mit
einem Petroleumofen.

3 Im Panamakanal muß für jede
   der vier 50 Meter langen Leinen
   ein Linehandler bereitstehen,
   damit auch bei den starken Stru-
   deln die Thalassa in der Mitte
   gehalten werden kann.

4 Captain Bell lotst uns im Gatunsee durch den Bananenweg.

5 Aus der San-Miguel-Schleuse
   ein Blick zurück. Der Atlantik
   liegt hinter uns.

6 Die Tide reicht gerade, um die THALASSA trockenfallen zu lassen. Es ist nicht nur ein Kampf gegen das steigende Wasser, sondern auch gegen Mosquitos.

7 Karl Angermeyer vor seinem Haus in Santa Cruz, Galapagos

8 Der Minirochen

9 Endlich wieder Süßwasser, die Wäsche wird am Bach gewaschen.

10 Tiere auf Galapagos sind hand-
zahm wie dieser Landleguan.

12 Tiere auf Galapagos haben
keine Angst vor dem Menschen.

14 Seelöwen spielen in der Badeleiter.

11 Blaufüßiger Tölpel

13 Galapagosschildkröte

15 Das Seehundjunge hat mir
einen Film geklaut.

Powerhead sich das vorgestellt hatten; er ließ keineswegs von Wolfgang ab. Nach dem ersten instinktiven Fluchtreflex kam er in weitem Bogen zu Wolfgang zurück und begann diesen immer enger zu umkreisen. Sein Maul bewegte er kauend, wohl schon im Geist seine Beute schmeckend. Selbst Wolfgang, den sonst kaum etwas erschüttern konnte, wurde sich nun der tödlichen Gefahr bewußt. Er versuchte hastig, einen neuen Powerhead auf das feine Gewinde seiner Harpunenspitze zu schrauben, während der Hai immer näher kam.

Wolfgang schaffte es. Als der Tigerhai zu seinem letzten Angriff ansetzte und mit weit aufgerissenem Maul auf Wolfgang zugeschossen kam, da war der Österreicher wieder verteidigungsbereit. Er rammte die Harpune dem Hai, der sich zum Reißen fast auf den Rücken gedreht hatte, in den Bauch. Das überlebte der Raubfisch keine Sekunde.

Es gibt Fotos von dem Burschen, die seinen furchteinflößenden Anblick unter Wasser ahnen lassen. Über drei Meter lang war er, ehrlich gemessen. Wenn man sich vorstellt, daß unter Wasser alles um ein Drittel größer wirkt, wird klar, welch gute Nerven Wolfgang Hausner brauchte, um in diesem Moment einen neuen Powerhead auf seine Harpune zu drehen.

10 Der Traum vom süßen Nichtstun zerplatzt

Wir waren nicht unglücklich, daß wir in Westindien keinen einzigen Hai gesehen hatten. Nur einmal erschreckte uns ein Barrakuda, der unbeweglich zehn Meter entfernt im Wasser stand und starr zu uns auf dem Riff herüberblickte. Langusten, die Yachtleute früher als *den* Leckerbissen von Westindien gerühmt hatten, sahen wir höchstens mal im Schaufenster eines Restaurants in Martinique. Essen konnten wir keine einzige, denn unser Budget erlaubte einen Restaurantbesuch nicht.

Damals kamen wir mit unserem Limit, das wir uns auferlegt hatten, nämlich zehn Mark am Tag, gut zurecht. Aber wir durften nicht übersehen, daß wir die meiste Zeit auf hoher See zugebracht hatten, wo die Ausgaben gleich null waren. Ich möchte nicht verschweigen, daß ein erheblicher Teil unserer Ersparnisse für Bier aufgewendet wurde. Nicht daß wir soviel soffen, doch unsere billigen Bierreserven aus Spanien neigten sich nun dem Ende zu, und das Bier in Westindien war teuer, zwei Mark pro Dose.

Rum war billig und gut. Aber dafür ist Westindien ja berühmt. Punsch, eine Mischung aus Fruchtsäften und einem erheblichen Teil Rum, ist dort das Nationalgetränk schlechthin. Auch auf der THALASSA stieg der Verbrauch daran. Ganz ehrlich: Beim Segeln ist es schwierig, Antialkoholiker zu sein oder zu bleiben. Selbst wenn man sich vornimmt, keinen Alkohol zu trinken, muß man ihn doch an Bord haben. Denn einer der Reize beim Fahrtensegeln ist nun mal die Geselligkeit, das Kennenlernen anderer Menschen. So trifft man sich auf dem Ankerplatz abends gewöhnlich auf einem der Boote und kann dann gar nicht anders, als bei derartigen Besuchen seinen Gästen ein paar Drinks anzubieten.

Auch tagsüber ist es nicht unüblich, sich unter dem Sonnensegel im Cockpit zu unterhalten, sich am türkisblauen Wasser ringsum zu freuen und – natürlich – etwas zu trinken. Um es beim Namen zu nennen: Yachtleute gehen eben keiner geregelten Tätigkeit nach. Aber ist dies nicht einer der ganz wichtigen Gründe, warum wir dieses Leben gewählt haben?

Auch das mußten wir in Westindien lernen: Das ständige In-der-Sonne-Liegen, das Faulenzen, das Dahingleiten unter weißen Segeln auf glattem Wasser – Dinge, von denen wir bei der Reisevorbereitung geträumt hatten –, all das findet nicht statt. Eine geregelte Arbeit hatten wir zwar nicht, aber man macht sich Illusionen, wenn man glaubt, auf einer die Welt umsegelnden Yacht gäbe es im Hafen nichts zu tun. Eine Pflichtenliste findet sich wohl auf jedem Schiff. Die Maschine muß ständig gewartet werden, die Segel müssen nachgenäht werden, weil sie bei der Atlantiküberquerung gelitten haben, und ständig ist irgend etwas zu malen.

Mit unserer Kunststoffyacht THALASSA waren wir gut dran, denn die wenigen Hölzer an Deck, mehr der Schönheit dienend als der Notwendigkeit, waren rohes Teak und bedurften keiner speziellen Pflege. Wenn sie auch im Lauf der Zeit anwitterten und mancher Besucher an Bord meinte: „Ihr solltet mal was für euer Holz tun!"

Aber genau aus dem Grund hatten wir Teak gewählt, damit wir uns das Lackieren ersparen konnten. Mahagoni dagegen muß ständig unter einem Schutzlack gehalten werden, nicht nur damit es seine Schönheit nicht verliert, sondern damit es nicht kaputtgeht. Auch wenn es heute – im Gegensatz zu den frühen Tagen der Yachtsegelei – gute Lacke auf Kunststoffbasis gibt, kommt man doch nicht darum herum, spätestens dann, wenn der Lack abblättert, die Reste mühsam abzukratzen und mehrere neue Schichten aufzubringen. Und das ist in der sengenden Sonne der Tropen ungefähr alle sechs Monate der Fall. Früher, als jeder, der sich eine Yacht leisten auch eine Mannschaft bezahlen konnte, war das kein Problem.

Heute finden sich auf den Ankerplätzen, wo sich Weltreiseyachten treffen, nur noch ganz selten Schiffe mit bezahlter Mannschaft. Denn deren Eigner sind meist nur an den schönen Seiten des Yachtlebens interessiert, und das spielt sich auf Reede selten ab. Schon allein die Tatsache, daß es keine Stege oder Piers gibt, an denen Yachten anlegen können, hält viele davon ab, solch unbequeme Plätze anzulaufen. Es ist nicht jedermanns Sache, für jede kleine Besorgung mit dem Beiboot an Land zu fahren, vielleicht sogar im Schwell naß zu werden. Und es hat meist einen Grund, warum es dort keinen Kai, Pier oder Steg gibt. Unmittelbar am Ufer ist oft die Brandung so stark, daß man dort gar nicht an einer Pier liegen könnte. Ein Schwell von nur einem Meter hebt auch die Yacht um einen Meter und läßt sie wieder absinken. Sie müßte mit dicken Fendern abgefedert werden, um Schäden zu vermeiden. Vom ständigen Lärm der quietschenden Fender ganz zu schweigen.

Wenn eine Yacht auf Reede liegt, müssen weitere Nachteile in Kauf genommen werden. Es gibt keinen Netzstrom, so daß beispielsweise eine Klimaanlage nicht betrieben werden kann. Das größte Hindernis für ein bequemes Bordleben ist aber der fehlende Süßwasseranschluß. Auch große Yachten haben nur einen beschränkten Süßwasservorrat, der wegen badefreudiger Gäste nicht weit reicht, vor allem, wenn Damen nach jedem Schwimmen ihre Haare mit Süßwasser nachspülen wollen. Es ist Tatsache, daß ein Wasservorrat, der bei sparsamem Verbrauch auf hoher See einen Monat lang reicht, auf dem Ankerplatz bei sorglosem Umgang mit Frischwasser keine zwei Tage vorhält. Nur wer schon einmal versucht hat, Wasser selbst zu destillieren, weiß, welch köstliches Naß ganz gewöhnliches Frischwasser ist.

11 Den Fahrplan diktiert die Natur

Januar – erstes Jahr der Weltumsegelung

Aus dem Logbuch der THALASSA:

24. Januar
Beim Tauchen gewesen. Sehr schön, aber keine größeren Fische zum Schießen. ORION *bringt noch einen „Spiegel" zum Lesen und zwei Zylinder für unsere Petroleumlampe, dann fahren sie ab.*
Carla macht Passatfock fertig und Windsack. Abends wollen wir Hühnchen kochen, aber auf der Dose ist weißer Schaum, wir werfen sie weg. Auf der nächsten Dose = ebenfalls dasselbe. Wir werfen sie wieder weg und essen Spaghetti.

25. Januar
Wir verlegen unseren Ankerplatz und gehen vor ein
kleines Fischerdorf in der Grande Anse de Arlet.
Nachmittags Landgang. Nettes Fischerdorf. Aber be-
reits Privatstege. Der laut Seehandbuch „weiße" Sand
ist voll mit schwarzem Öl.

Unsere Tage in Westindien waren gezählt, was wir letztlich nicht bedauerten. Sechs Wochen hatten wir hier verbracht, jetzt wollten wir weiter. Für ein Leben in Westindien waren wir nicht von zu Hause ausgestiegen, das wußten wir nun.

Die Zeit drängte. Da nimmt man sich für eine Weltumsegelung vier Jahre, liegt fast zwei Drittel davon auf Ankerplätzen herum und bekommt trotzdem Terminschwierigkeiten. Das ist einfach zu erklären: Es gibt – zumindest nach der Wetterstatistik in den Windkarten – problemlose Strecken, die man fast zu jeder Jahreszeit sorglos segeln könnte, aber auch Ozeanüberquerungen, die zu bestimmten Jahreszeiten wegen der Hurrikangefahr ausgesprochen gefährlich und deshalb unbedingt zu meiden sind. Wenn man all diese Erkenntnisse, die auf den Erfahrungen tausender von Seeleuten und Passagen beruhen, alle unter einen Hut bringen möchte (das ist ein Gebot der Seemannschaft), ergibt sich ein Fahrplan für die Weltumsegelung, den die Natur diktiert.

Die Weltumsegelung sollte auf der Passatroute – also immer entlang des Äquators von Ost nach West –, nach Möglichkeit im jeweiligen Windsystem verlaufen. Es gibt auf großen Seestrecken immer zwei Passatsysteme, und zwar nördlich und südlich des Äquators, ganz grob gesagt jeweils zwischen dem fünften und dem zwanzigsten Breitengrad. Kritische Zeiten beziehungsweise Gegenden sind jeweils die Westseiten der großen Ozeane im Sommer, wegen der dort herrschenden Hurrikane. Um den fertigen Fahrplan zu erhalten, muß also „rückwärts" gerechnet werden.

Die Torresstraße kann wegen der widrigen Monsunwinde nur im Juni und das gefürchtete Kap der Guten Hoffnung, die Südspitze von Afrika, wegen der Winterstürme nur im südlichen Hochsommer, also im Januar oder Februar, passiert werden.

Da wir im Herbst des vierten Jahres der Weltumsegelung wieder daheim im Mittelmeer sein wollten, mußten wir das Kap der Guten Hoffnung also im Januar oder spätestens im Februar des dritten Jahres runden.

Wegen der Orkane auf der Westseite des Indischen Ozeans blieben uns zur Überquerung nur August oder September im dritten Jahr der Weltumsegelung. Dies war gerade noch rechtzeitig vor Einbruch der Hurrikansaison und ließ uns reichlich Zeit, von Afrika etwas kennenzulernen.

Dann konnten wir also die Torresstraße im Juni des dritten Jahres der Weltumsegelung durchqueren, dem „idealen" Monat dafür, so es in diesem Riffgewirr überhaupt einen idealen Monat gab.

Dazu aber mußten wir Neuseeland im März des zweiten Jahres verlassen. Wenn wir ins Große Barriere-Riff liefen, konnten wir uns dort noch länger umsehen. Falls wir von Australien gleich nach Norden segelten, konnten wir noch ein paar sehr selten angelaufene, fast unbekannte Inseln in der Südsee – westlich von Fiji – besuchen.

Nach Neuseeland mußten wir spätestens im November des zweiten Jahres laufen. Das war wichtig, denn die Hurrikansaison in Fiji beginnt manchmal, wenn auch sehr selten, schon Anfang November.

Wenn wir aber Fiji schon wieder im November verlassen mußten, dann blieb uns für die Südsee, den Höhepunkt unserer Weltumsegelung (wenn man den alten Berichten früherer Entdecker wie James Cook und Captain Wallis glauben durfte), nicht allzuviel Zeit. Jedenfalls nicht soviel Zeit, daß wir zu Lasten der Südsee in Westindien bleiben wollten. Der

Abfahrtstermin von Martinique war insofern günstig, als die stürmische Karibik, also das Meer zwischen den Karibischen Inseln und Panama, im Januar die niedrigste Sturmhäufigkeit des ganzen Jahres hatte. Genau passend konnten wir dann im „Idealmonat" März von Panama nach den Galapagosinseln auslaufen. Diese Strecke kennt zwar kaum Stürme, andererseits aber haben Yachten auf den 1100 Meilen von Panama nach den Galapagos-Inseln schon Monate auf See zugebracht, weil jeglicher Wind ausgeblieben war.

12 Panama – Flaschenhals zweier Weltmeere

29. Januar – erstes Jahr der Weltumsegelung

Die Segelei nahmen wir jetzt schon lockerer als zu Beginn der Weltumsegelung. Als wir noch in Europa waren, wurde nur streng nach Buch gefahren. Da wurde zum Ankeraufgehen unter Segeln der Bullenstander gesetzt und das Groß backgestellt, damit der Bug nach dem Ausbrechen des Ankers ja nach der richtigen Seite abfiel. Dann hatte man einigermaßen die Gewähr, auch nach der richtigen Seite loszusegeln: eine

Notwendigkeit auf unseren engen Ankerplätzen in Europa, wo nur wenige Meter entfernt schon eine Pier oder eine andere zerbrechliche Yacht lauert.

In einer kleinen Bucht auf der Westseite von Martinique, die für ein paar Tage uns ganz allein gehörte, brachen wir zur Überquerung der Karibischen See auf. „Bucht" ist vielleicht etwas übertrieben, denn genaugenommen war der Ankerplatz, wie schon die Carlisle Bay vor Bridgetown auf Barbados, nach drei Seiten offen. Aber, und das allein zählte, zur Windseite hin lag die Küste. Und so konnten wir es uns auch leisten, den Anker raufzuholen, obwohl weder die Maschine lief noch ein Segel gesetzt war. Ja, nicht einmal die Persenning über dem aufgetuchten Großsegel war schon abgedeckt. Langsam trieb die THALASSA – etwas breitseits zur leichten Brise – auf das offene Meer hinaus.

Sobald die treibende Yacht ein klein wenig Fahrt aufgenommen hatte, spürte ich etwas Ruder und konnte sie so – immer noch ohne Segelantrieb – vor den Wind legen. Wir waren so nahe am Ufer, daß der Seegang uns nicht erfaßt hatte, was die mühselige Arbeit auf dem Vorschiff erheblich erleichterte. Nach einer halben Stunde hatten wir die beiden Passatbäume in der richtigen Position am Mast und zogen die Passatfocks, zwei gleichgroße blaue Spezialvorsegel für den Vorwindkurs, mit der Winde hoch.

Dort blieben sie während der ganzen Überquerung. Schon fünf Meilen von Martinique entfernt erfaßte uns der volle Passat, der uns bis Panama nicht mehr verließ. Endlich erlebten wir diesen berühmten Wind so, wie es sein sollte! Tagaus, tagein hielt er mit steifen fünf bis sechs Windstärken drauf, und schon nach zehn Tagen hatte die THALASSA die 1100 Seemeilen durchpflügt. Als wir frühmorgens in Panama einliefen, war die Persenning auf dem Großbaum seit Westindien nicht ein einziges Mal entfernt worden.

Daß wir die Segelei nun lockerer nahmen (man könnte

auch sagen, leichtsinniger wurden) hätte uns fast das Leben gekostet. Ein nächtlicher Fastzusammenstoß mit einem Bigship vor Panama kam gerade noch rechtzeitig als Schuß vor den Bug. Ein Seemann, der den Respekt vor der See verliert und ihre Gefahren nicht mehr ernst nimmt, lebt riskant.

Panama sollte für uns nur Durchgangsstation auf dem Weg in die Südsee sein. Doch wie meist, wenn man nichts Besonderes erwartet, wurden wir angenehm überrascht. Uns begeisterte die Atmosphäre in dem kleinen amerikanischen Yachtklub auf der Atlantikseite, in San Cristobal. Er lag gegenüber einer riesigen Pier, wohin Tag und Nacht riesige Schiffe von manchmal bis zu vier Schleppern bugsiert wurden. Die Schlepper, der eine am Bug, der andere am Heck des Biggies, verständigten sich untereinander durch laute Hupsignale. Die Leute vom Yachtklub erklärten uns manchmal stolz, ihre Pier sei die geschäftigste der Welt. Auch wenn mitunter unser Schlaf darunter litt, nicht nur wegen der Hupsignale, sondern weil die Yachten im Klub in gleißendes Scheinwerferlicht getaucht wurden, fanden wir diese Atmosphäre aufregend. Nur wenn beim Betanken eines der großen Schiffe ein paar Liter (oder waren es ein paar Tonnen?) Schweröl überliefen, wurde es unangenehm, denn dann bildete sich um die Yachten ein schmieriger, dunkelbrauner Film. Er wurde zwar durch die Strömung schnell wieder hinausgespült, an den Schiffen ließ er jedoch immer einen breiten Streifen am Wasserpaß zurück.

Der Yachtklub war rein amerikanisch, ich kann mich nicht entsinnen, dort jemals Panamesen gesehen zu haben. Er besaß ein schönes Restaurant direkt an den Bootsstegen, wo die meisten Yachties sich schon um fünf Uhr nachmittags trafen, zur „Happy Hour". Diese Einrichtung soll zum Trinken animieren, denn während der Happy Hour kosten Getränke nur die Hälfte. Das Restaurant war ohnehin preiswert, aber die Yachtleute ließen sich dieses Sonderangebot nicht entgehen.

70

Die Trinkerei unter den Seeleuten konnte ganz schön auf die Bordkasse gehen, selbst wenn man versuchte, sich zurückzuhalten. Es war nämlich üblich, grundsätzlich ganze Runden zu spendieren, auch wenn einem die anderen Yachtleute wildfremd waren.

Selbstverständlich wurde erwartet, daß sich die Freigehaltenen anschließend revanchierten. Jeder kann leicht ausrechnen, daß dies ein teurer Spaß wurde, wenn zehn bis fünfzehn Yachtleute zusammenkamen. Auch besonders gesund war dieser Brauch nicht, wirklich davon profitieren konnte nur der Wirt. Aber Spaß machte es allemal, und zum Kennenlernen der anderen war diese Einrichtung ideal. Selten war die Trinkerei innerhalb der Happy Hour beendet, meistens ging die Veranstaltung nahtlos in das Abendessen über. Und wo Amerikaner sind, gibt es auch Steaks, aber was für welche!

Die Amerikaner hielten Ordnung in ihrer Kanalzone. Aber kaum wurde diese verlassen – dazu mußte man nur über das Bahngeleise gehen –, fiel man unter die Räuber. Das ist nicht übertrieben. Selten verging ein Tag ohne Überfall. Bevor wir nach Colon zum Einkaufen gingen, legten wir deshalb Uhr und sonstigen Schmuck ab. Ganz Vorsichtige deponierten ihr Bargeld unter der Schuhsohle. Die Leute von Panama hatten sich an gelegentliche Hilferufe in den Straßen längst gewöhnt. Das Bild einer durch die Hauptstraße laufenden zerlumpten Gestalt, gefolgt von einem hinterherhechelnden Polizisten, war nicht ungewöhnlich.

Eines Tages erschien ein schwerbewaffneter Polizist auf der THALASSA, der durchaus Verständnis für die Räuber zeigte. „Was soll ein Familienvater von fünf Kindern mit einem Monatsgehalt von 30 Dollar schon anderes machen?" fragte er uns.

Der eigentliche Grund für seinen Besuch aber war, daß ich in meiner Erklärung für die Einwanderungsbehörden unter „Firearms" angegeben hatte: „Beretta, 38er spezial." Die wollte er sehen. Er meinte, er müsse sich erst überlegen, ob ich sie an Bord behalten könne.

Waffen auf einer Yacht sind nichts Ungewöhnliches. Denn es ist eine Sache, in einem zivilisierten Land zu leben, mit Polizeibeamten an jeder Straßenecke, und eine andere, sich auf einem menschenleeren Meer herumzutreiben, wo der nächste Polizist 3000 Kilometer entfernt ist. Ganz Kluge wenden gegen Waffen an Bord ein, daß sie im Notfall – beim Überfall auf einem Ankerplatz etwa – ohnehin keine Chancen mehr hätten und sich mit einer Waffe in der Hand nur selbst gefährden würden. Oder daß sie gegen schwerbewaffnete Piraten – moderne Seeräuber verfügen nicht selten über Granatwerfer und Maschinengewehre – von vornherein auf verlorenem Posten stünden.

Es wird immer Fälle geben, in denen auch die beste Bewaffnung nutzlos ist. Auf Feuergefechte mit schwerbewaffneten Piraten konnten wir uns sowieso nicht einlassen, denn wir waren ja nicht dafür ausgebildet, auf Menschen zu schießen. Es gab aber auch Fälle, und das waren die häufigeren, in denen sich zum Beispiel auf einem einsamen Ankerplatz zerlumpte Gestalten mit rostigen Macheten der Yacht näherten. Hatte ich dann eine Schußwaffe in der Hand, war ich, jedenfalls solange die Typen in ihrem Boot noch 20 oder 30 Meter entfernt waren, derart überlegen, daß die Gauner es sicher nicht wagten, die Bordwand zu erklimmen. In Westindien kamen ein paar schwarze Gangster mit Messern an Bord einer Yacht und hieben dem Skipper, der sich wehrte, den Arm ab. Seine Frau wurde vergewaltigt. Nie wäre es zu dem Verbrechen gekommen, wenn der Skipper eine Schußwaffe gehabt und sie den ungebetenen Besuchern rechtzeitig gezeigt hätte.

Es ist jedermanns eigene Entscheidung, ob er Schußwaffen mitnehmen möchte. Es gibt für beide Entscheidungen gute Gründe. Meistens kann man aber zwischen den Argumenten gar nicht abwägen, weil eine Schußwaffe in Deutschland für künftige Weltreisende legal nicht erhältlich ist. In Amerika gibt es solche Schwierigkeiten nicht, da kann jedermann im Versandhandel tödliche Waffen ordern. Dementsprechend starren die meisten amerikanischen Yachten geradezu vor Waffen. Übertroffen wurden sie aber alle von Wolfgang Hausner, der auf seinem Riesenkatamaran von 17 Metern Länge unter anderem eine Handgranate mitführte. Allerdings hatte er sie so gut versteckt, daß er sie nicht mehr fand. Aber Wolfgang hat gute Nerven. Mich würde es verrückt machen, wenn irgendwo unter meinem Hintern eine Handgranate läge.

Ich hatte versucht, mir noch in Deutschland einen Waffenschein zu besorgen und dem Beamten die Situation ausführlich erklärt. Als ich schließlich fertig war mit der Aufzählung aller nur denkbaren Situationen, in denen eine Waffe lebenswichtig sein konnte, fragte er schließlich: „Und in Deutschland benötigen Sie die Waffe also gar nicht?"

Natürlich lief ich voll in seine Falle. Nachdem ich verneint hatte, erklärte er mir – sichtlich erleichtert –, daß ich dann auch keinen Waffenschein bekäme, denn der gelte nur in Deutschland.

In Italien hatte ich mir dann schließlich die Beretta gekauft. Das war einfach, denn gegen Vorlage des Ausweises konnte dort jeder eine Schußwaffe kaufen, vorausgesetzt, er verließ unmittelbar darauf das Land mit der Waffe, was auch kontrolliert wurde. Als wir den Anker beim Ablegen schon an Bord hatten, winkte mich ein italienischer Polizist an Land noch einmal zu sich, um sich die Waffe zeigen zu lassen.

Auf der gesamten Weltumsegelung hatte ich wegen der Waffe niemals Schwierigkeiten mit den Behörden. Manchmal mußte ich sie für die Dauer des Aufenthalts abgeben, manchmal wurde sie von den Behörden an Bord in ein Schapp gesperrt, das sie versiegelten. Nur in Panama hätte ich um ein Haar Ärger bekommen.

Nach dem Besuch des Polizisten an Bord beschloß ich nämlich, das Problem loszuwerden, und ging nach Colon mit meinem Seesack. Auf der Polizeiwache wurden die dunkelhäutigen Beamten bleich, als ich die Beretta aus meinem Seesack holte und auf den Tisch des Hauses legte. Nie und nimmer hätte ich mit der Waffe durch die gefährlichen Straßen Colons marschieren dürfen, meinten sie, das sei strengstens verboten. Eine kleine Polizeieskorte brachte mich wieder zur THALASSA, wo die Beretta versperrt und versiegelt wurde.

Noch ein paarmal erschienen Polizisten auf unserer THALASSA. Der Grund war nicht die Waffe, sondern Charly Kosmos. Charly war ein etwa dreißigjähriger Grieche, was aber kaum jemand erkannte, denn er war strohblond. Wie wir Yachties alle war er über See nach Panama gekommen, aber nicht mit einer kleinen Yacht, sondern mit einem Tanker unter griechischer Flagge. Er war schon zum achten Mal hier.

Aus welchem Grund Panama auf Charly eine solche Anziehungskraft ausübte, wußte niemand. Er selbst sprach auch nie darüber. Üblicherweise blieb der Grieche ein paar Monate und verschwand dann wieder für ein Jahr. Er besaß im Yachtklub viele Freunde. Vor allem die Kanallotsen, meist selbst Segler mit einer kleinen Jolle im Panama Yacht Club, mochten Charly, was verwunderlich war, denn sonst haben amerikanische Beamte eigentlich keine Schwäche für Gesetzesbrecher. Nicht daß Charly ein Verbrecher gewesen wäre, nein, sein Vergehen bestand im illegalen Aufenthalt in Panama. Er kam nämlich in der Regel, ohne erst die Einwanderungsbehörde zu fragen.

Charly mochte Beamte grundsätzlich nicht, und seine Grundsätze waren unumstößlich. Die Älteren im Klub konnten gar nicht mehr zählen, wie oft Charly schon hier gewesen war. Meist erschien er im Frühjahr, blieb drei bis vier Monate und verschwand dann wieder ohne große Abschiedszenen. Häufig verließ er Panama auf einer Yacht, die ihn mitnahm. Und meistens flog er schon in Galapagos wieder von Bord.

74

So nett Charly nämlich war, so unerträglich konnte er nach ein paar Tagen werden. Er war ein blendender Erzähler. Nachdem er offensichtlich sein halbes Leben auf irgendwelchen Schiffen zugebracht hatte, wußte er den meisten Yachtleuten, die in Panama noch im ersten Drittel ihrer Weltumsegelung steckten, immer jede Menge Neues zu erzählen. Sein Fehler war, daß er seine Stories für die besten der Welt hielt und selten ein Ende fand. Das war im Panama Yacht Club noch einigermaßen zu ertragen, denn man konnte einfach das Restaurant verlassen. Das mußte jedoch frühzeitig geschehen, denn Charly ließ es sich nicht nehmen, mit den letzten im Restaurant verbliebenen Seglern noch auf deren Yacht zu gehen, um dort seine Geschichte fortzusetzen. Nicht selten fand er erst ein Ende, wenn schon alle an Bord eingeschlafen waren. Doch deshalb war er nie beleidigt.

Trotzdem war Charly gerade wegen seiner Stories und Sprüche bei allen im Hafen beliebt. Sein auf unzähligen Törns zwischen Panama und Galapagos zusammengetragenes Wissen wurde von den noch unsicheren Yachties förmlich aufgesogen.

Nur die Polizisten mochten Charly nicht, weil er sich illegal in Panama aufhielt. Aber so oft die Polizei auch unangemeldet im Yachtklub erschien, Charly war jedes Mal rechtzeitig unauffindbar. Nicht daß der listige Grieche stets eine Warnung gesteckt bekam, nein, er hatte für solche Gefahrensituationen einen eigenen Instinkt entwickelt. Immerhin war er jahrelang vor den Behörden auf der Flucht, aber erwischt wurde er nie.

Charly „lebte" auf einer der Yachten. Ein Kanallotse, der für ihn eine Schwäche hatte, stellte ihm seine Yacht zum Übernachten zur Verfügung. Früh schon konnte man Charly in der Dusche des Yachtklubs treffen, denn er verließ jeden Morgen die Yacht seines Freundes und trieb sich im Hafen herum. So wie auch die Insassen eines Obdachlosenheims jeden Morgen rausgeschmissen werden und sich erst am Abend wieder blicken lassen dürfen. Charly war sozusagen ein Seestreicher.

Einmal konnte ich meine Neugierde nicht mehr unterdrükken und fragte ihn (so eine Frage ist typisch deutsch), was er denn von Beruf sei. Seine Antwort war kurz und vielsagend: „Beruf? Ich hasse Berufe!"

Das brachte seine Einstellung zum bürgerlichen Leben auf den Punkt. Allmählich aber kam Charly uns verdächtig vor. Schon einige Zeit hatte er uns nämlich nicht mehr von seinem Heimatdorf Trikofon in Griechenland, „wo mittags hell und leise die Kirchenglocken rufen", vorgeschwärmt; seine Reden kreisten immer mehr um die Schönheiten von Galapagos, wonach er sich angeblich sehnte. Es wurde klar, daß er beabsichtigte, mit uns nach Galapagos zu segeln. Endlich kündigte er dies auch mit Worten an, die keinen Widerspruch duldeten: „Was haltet ihr davon, wenn wir alle zusammen die Angermeyers besuchen?"

Das war das allerletzte, was wir wollten. Wir mochten den netten Kerl, aber schon auf dem ersten Stück unserer Weltumsegelung hatten wir schlimme Stories von Seglern gehört, die eine Crew, meistens irgendwelche umherziehenden jungen Leute, mitgenommen hatten. Nicht ein einziges Mal war das wirklich gutgegangen. Es ist nämlich ganz was anderes, Leute auf eine Regatta von ein paar Tagen mitzunehmen, als ein oder zwei Bordgenossen auf eine lange Ozeanüberquerung.

Häufig handelt es sich nicht einmal um Segler, so daß die erste Woche zum Anlernen der unwissenden Landratten draufgeht, wenn die Mannschaft nicht gerade seekrank ist. Im Endeffekt kommt für den Skipper dann meistens mehr Arbeit dabei heraus, als wenn er auf eine Mannschaft von vornherein verzichtet hätte.

Das größte Problem beginnt aber häufig im Hafen. In den

meisten Ländern gibt es nämlich schon zu viele Ausländer, und die Furcht wächst, daß man die Leute nicht mehr loswird und sie durchfüttern muß. So verlangen die „Immigration Officers" häufig, daß eine Yacht mit derselben Besatzung das Land wieder verläßt, mit der sie angekommen ist. Es besteht also die Gefahr, daß die Crew, die nur mal nach Galapagos mitsegeln wollte, bis tief in den Indischen Ozean mit an Bord bleibt. Das wußten wir, und so war uns gar nicht wohl bei dem Gedanken, daß Charly uns eines Tages fragen würde, ob wir ihn nach Galapagos mitnehmen würden. Doch Charly stellte diese Frage nie, vielleicht verbot ihm das sein natürliches Taktgefühl, und eines Tages war er wieder verschwunden.

13 Mit dem Kanal-lotsen in den Pazifik

Die Behörden verlangten von jeder Yacht, die durch den Kanal wollte, eine Besatzung von vier Mann, neben dem Lotsen (der an Bord sein mußte) und dem Skipper. Vier Leinen mit je 50 Meter Länge waren als Ausrüstung vorgeschrieben.

Die Kanalbehörden vermieteten sogenannte „Line Handlers", wenn die Mannschaftsstärke einer Yacht nicht ausreichte. Aber kaum ein Yachty hatte genügend Geld, um auf dieses kommerzielle Angebot zurückzugreifen. Lieber half man sich untereinander aus. So kamen die meisten zu mehreren Kanalpassagen.

Wir hatten kaum Informationen, wie sich die Kanalpassage ungefähr abspielen würde. Nur in einem alten englischen Buch, das gleich nach dem Zweiten Weltkrieg geschrieben worden war, standen einige Hinweise. Aber die Tips galten noch für die Zeit, als in Panama alle Schiffe, auch die wenigen Yachten, wie Berufsschiffe behandelt worden waren. Vielleicht hatte sich jetzt etwas geändert, denn schließlich fuhren zunehmend amerikanische Yachten durch den Kanal, wenn sie von der Ostküste zur Westküste verlegen wollten.

Deshalb meldete ich mich gleich, als im Yachtklub auf dem Schwarzen Brett eine Crew für die Passage gesucht wurde. Kitty und Scotty hießen die netten Amerikaner, die auf ihrer BEBINKA, einem Kunststoffschiff von ähnlicher Größe wie die THALASSA, durch den Kanal wollten. Kitty kochte noch am Abend das gesamte Essen für die Passage, denn immerhin mußten sechs Personen versorgt werden. Der Lotse hatte sich für vier Uhr morgens angesagt. Um drei Uhr dreißig holte ich in der echt amerikanischen Bar des Yachtklubs (24 Stunden geöffnet, an sieben Tage in der Woche!) kostenlose Eiswürfel, die wir auf mehrere Kühltaschen und Thermoskannen mit besonders breiter Öffnung (das Eis hielt darin zwei Tage) verteilten.

Als die BEBINKA im Morgengrauen zur ersten Gatunschleuse motorte, saß unser Lotse, ein etwa vierzigjähriger sportlicher Texaner, hinten auf der Reling und sprach Unverständliches in sein Walkie-talkie. Vor sich auf dem Schoß hatte er eine Liste mit allen Schiffen, die durch den Kanal geschleust wurden. Es waren 21, die BEBINKA eingeschlossen. In weiteren Spalten standen ihre Tonnage und Höchstgeschwindigkeiten. Die BEBINKA nahm sich neben einem russischen Tanker mit vierzigtausend Tonnen und fünfzehn Knoten mit ihren 3,8 Tonnen und sechs Knoten doch recht bescheiden aus.

Unser Lotse saß ruhig da und beobachtete die verwirrenden gelben, roten und grünen Lichter um uns herum. Es war einiges los, und Skipper Scotty wurde doch ziemlich nervös – wie wohl jeder Yachty in dieser Situation. Aber unser Lotse, selbst Segler, kannte natürlich seine Yachtleute und deren Probleme. Plötzlich wurde seine Stimme etwas bestimmter, und er gab kurz das Kommando: „Zwei Strich Backbord, volle Kraft voraus!"

Ehe wir's uns versahen, glitten hoch über uns schon die Mauern der ersten Schleusenkammern vorbei, und wir liefen in die Gatunschleuse ein. Schon schrien schwarze Hafenarbeiter von den Schleusenmauern herab: „Paßt auf eure Köpfe auf!"

Im selben Moment schossen pfeifend kleine Kugeln auf uns zu, die eine Leine durch die Luft zogen. Mit solchen Wurfleinen wird in allen Häfen der Welt gearbeitet, aber für uns war das neu. In den tischtennisballgroßen Kugeln befanden sich kleine Bleistücke, die mit Tauwerk umknotet waren. Fünfzig Meter weit konnte damit eine Leine geworfen werden.

Alle vier Wurfleinen landeten in unserem Rigg. Dann waren wir mitten drin in der Kanalpassage, und alles, was wir uns in der Bar des Yachtklubs erzählt hatten, mußte jetzt unter Zeitdruck in die Praxis umgesetzt werden. An Vorschiff und Heck waren je zwei Panamaleinen mit einem Durchmesser von 16 mm vorbereitet – nicht etwa in einfachen Buchten, da wäre die Gefahr zu groß gewesen, daß es Kinken gab. Nur ein sorgsames Legen von Achten garantierte glattes Auslaufen.

An jede der Wurfleinen wurde jetzt mit zittrigen Fingern die Panamaleine angesteckt, und die Arbeiter oben auf der Schleusenmauer holten sie ein. Dann legten sie die großen

Palsteks um je einen Poller und setzten sich drauf. Einer der Schwarzen zündete sich eine Zigarette an. Ihn langweilte das, er machte es jeden Tag. Wir aber waren – außer dem Lotsen – immer noch nervös, obwohl wir jetzt erstmalig Zeit hatten, uns umzusehen.

Vor uns lag ein Bigship, das immer noch langsam von Lokomotiven in die Gatunschleuse hineingezogen wurde. Im Prinzip arbeiteten sie genau wie wir mit vier Leinen, nur daß sie die eigene Maschine nicht benutzen durften, sondern am Ende jeder der vier Leinen eine Lokomotive hängen hatten. Laut dröhnte eine Stimme aus den zahlreichen Lautsprechern und dirigierte die Lokomotiven herum. Nur ganz selten nahm der Tanker auf Befehl seines Lotsen die Maschine zu Hilfe, um die Loks zu unterstützen. Dies war auch der Moment, da unsere kleine zerbrechliche Yacht unter seinem Heck besonders gefährdet war.

Wir fuhren unsere Panamaleinen aus der Hand, wobei wir natürlich durch mehrfaches Legen um einen Poller oder eine Winsch vorher die Last herausgenommen hatten. Wehe, wenn hier einer von der Mannschaft kein Segler war und etwa auf eine Klampe einen Kopfschlag setzte, ein Knoten, der sich unter Last zusammenzieht und bestimmt nicht mehr aufgeht. Die stramme Leine konnte dann nicht mehr vom Poller genommen werden, und die Yacht wäre unweigerlich an die Schleusenmauer geknallt.

Aber auf der BEBINKA waren nur Fachleute am Werk. Mit Getöse füllte sich die Schleuse, riesige Wirbel versuchten die kleine Yacht aus der Längsrichtung zu drehen, wodurch sich die Leinen auf der Zugseite wie Geigensaiten spannten. Aber kaum bekam irgendeine Leine durch das Steigen der Yacht Lose, wurde schon die Trosse eingeholt, wobei unser Lotse durch ruhige Kommandos dafür sorgte, daß die BEBINKA immer schön in der Schleusenmitte blieb. Als wir mit den Hafenarbeitern oben fast auf gleicher Höhe waren, wollten wir die

80

Leinen schon von den Klampen nehmen, aber die flache Hand des Lotsen bedeutete uns, noch ein wenig zu warten. Wie recht er hatte!

Die riesige Schiffsschraube, keine zwanzig Meter vor dem Bug der Bebinka, begann sich langsam zu drehen und drückte einen meterhohen Schwall Wasser gegen uns. Aber unsere Trossen hielten die Yacht eisern fest.

Durch die Schraubendrehung hatte der Biggy den vier Lokomotiven geholfen, die erste Trägheit seiner zigtausend Tonnen zu überwinden. Die Glocken einer Lok läuteten kurz, der Tanker setzte sich in Bewegung. Unser Lotse befahl, den Gang einzulegen, und die Bebinka begann, hinter ihrem Schleusennachbarn herzumotoren. Kaum ließen wir den Schwarzen auf der Schleusenmauer etwas Lose in ihrer Panamaleine, nahmen sie den Palstek vom Poller und marschierten mit der Trosse in der Hand hinter den Lokomotiven her.

Das war die erste Schleusenkammer der Gatunschleuse, zwei weitere folgten. Dann kam das Aufatmen, besonders bei Scotty und Kitty, als sich das letzte Tor öffnete und der Gatunsee vor uns lag. Der Lotse meinte lächelnd, das Schwierigste sei überstanden; die San-Miguel-Schleusen, wo die Yacht in den Pazifik abgesenkt wird, seien ein Kinderspiel im Vergleich zu den Gatunschleusen.

Jetzt begann der gemütliche Teil der Kanalfahrt. Ein Sonnensegel wurde aufgerigt, in erster Linie, um den Lotsen bei Laune zu halten. Dann machte sich Kitty in der Pantry zu schaffen und stellte das vorbereitete Essen ins Cockpit. Scotty freute sich, daß sein Motor endlich wieder mal mit Süßwasser gekühlt wurde und so einige Ablagerungen aus dem System gespült werden konnten.

Wie die meisten Yachten um zehn Meter Länge hatte auch die Bebinka eine Einkreiskühlung, das heißt, das von draußen angesaugte Wasser lief direkt durch den Kühlkreislauf des 20-PS-Diesels. Da Seewasser bereits bei circa 70 Grad Hitze

Salze ausscheidet, fährt man den Einkreiser meist mit einer Höchsttemperatur des Kühlwassers von nur 60 Grad. Gegen diese Kühlmethode wird zwar eingewandt, daß damit der Motor zu kalt und deshalb der Verschleiß zu hoch sei. Aber offensichtlich kommen unsere Bootsmotoren nicht an die Grenze ihrer Lebensdauer, denn ich hatte noch nie Schwierigkeiten mit zu großem Verschleiß wegen zu niedriger Temperatur.

Auf halber Strecke kam eine leichte, kühlende Brise auf, und unser Lotse machte sich einen Spaß daraus, zur Unterstützung der Maschine selbst das Großsegel zu setzen. Er fragte über Funk bei der Verkehrsleitzentrale an, ob wir den „Bananenweg" fahren dürften. Wir hatten vorher schon von dieser Abkürzung gehört und waren gespannt darauf. Denn der Bananenweg führt direkt durch den Dschungel. Er ist so schmal, daß nur Yachten ihn benutzen können.

Bald wurde die sengende Sonne von Baumwipfeln ferngehalten, die sich zu uns herunterzubeugen schienen. Oben konnten wir zwischen den Zweigen gelegentlich Affen schreien hören. Der Lotse deutete auf ein Paar Alligatoraugen, die aus dem Gesträuch am sumpfigen Ufer glotzten. Leise schnurrte der Motor, und die Schatten der Bäume huschten über unser Sonnensegel hinweg.

Alle saßen nun im engen Cockpit und genossen diese Fahrt auf glattem Wasser durch den Urwald. Aber plötzlich bückte sich John von der Kuan Yin, der ebenfalls seine „Lehrfahrt" auf der Bebinka absolvierte, zum Cockpitboden und riß wortlos den Gashebel nach oben. Das Schnurren des Motors wurde im Nu zu einem heiseren Grollen.

John deutete auf den Temperaturmesser, der weit im roten Bereich stand. Es war reiner Zufall, daß auch John im Cockpit gesessen hatte, der schon aus Gewohnheit den Temperaturmesser immer wieder checkte. Es heißt zwar, selbst wenn man alle fünf Minuten auf das Instrument blicke, sei die

Chance nicht sehr groß, Probleme rechtzeitig zu entdecken; denn Schäden durch Überhitzung der Maschine treten so schnell auf, daß es meist schon zu spät ist, wenn man Unregelmäßigkeiten bemerkt.

Scotty blickte dankbar zu John hinüber und stellte die Maschine ab. An und für sich war die Stille um uns herum, nur gelegentlich unterbrochen durch Affen- und Vogelgeschrei, wohltuend. Aber jeder von uns war zu sehr Yachty, als daß er sich darüber hätte freuen können. Unser Großsegel flappte matt vor sich hin, und die Bugwelle wurde kleiner und kleiner. Schließlich war vom Vorschiff überhaupt kein Fahrgeräusch mehr zu vernehmen.

Eine dumme Situation, der Alptraum für jeden Yachtmann bei einer Kanaldurchquerung. Denn die Fahrzeiten aller Schiffe, sowohl der großen als auch der kleinen, sind so sorgfältig aufeinander abgestimmt, daß schon ein kleines Abweichen vom Fahrplan größere Schwierigkeiten aufwirft. Selbst wenn der Tanker, der mit uns für die San-Miguel-Schleuse eingeteilt war, auf uns wartete, hätte hinter dem Tanker schon der nächste Bananendampfer – oder was auch immer – vor den Schleusentoren gedrängelt.

Scotty sprang den Niedergang hinunter und riß den Deckel von der Maschine. Hitze schlug uns entgegen, aber das war auch alles. Offensichtlich war noch nichts Schlimmeres passiert. Scotty, dem schon nach der ersten Minute da unten der Schweiß herunterlief, beugte sich in den Maschinenraum und versuchte, mit einem großen Schraubenzieher am heißen Diesel vorbei die Klemme zu erreichen, die den Schlauch am Seewasserventil hielt. Bald fiel der Schlauch herunter, aber kein Wasserstrahl spritzte in den Maschinenraum; nur ein paar Tropfen waren im Schein der Taschenlampe zu sehen, obwohl das Seewasserventil geöffnet war, was sich unschwer am schlauchparallelen Hebel erkennen ließ.

Der Einlaß mußte also von außen verstopft sein. Wir sahen

uns an, denn es gab nur einen Ausweg, und der hieß Tauchen. Nicht besonders verlockend, wenn wir an die Alligatoraugen von vorhin dachten. Aber während wir noch überlegten, spritzte schon das Wasser neben der BEBINKA auf. John war hineingesprungen. Wir sahen nur noch seine Beine an der Bordwand herumrudern. Keine zehn Sekunden später tauchte er prustend auf und hielt triumphierend einen toten Fisch in der Hand, knapp zehn Zentimeter lang und gerade so dick wie der Kühlwasserschlauch.

John, aus dem Wasser kommend, und Scotty aus dem Niedergang waren fast gleichzeitig im Cockpit. Scotty ließ die Maschine an, und schon wenige Sekunden später hörte man das beruhigende „Blubb-blubb-blubb" an der Bordwand, das anzeigte, daß der Motor das Kühlwasser auch wieder ausspuckte. Der Zeiger der Temperaturanzeige sank schnell wieder in den grünen Bereich. Weiter ging es. John und Scotty grinsten sich zufrieden an, mit einem Blick, der ungefähr besagte: „Kein Problem, wenn Profis an Bord sind!" John war in Kanada Mitarbeiter einer Werbeagentur, Scotty in der New Yorker Wall Street Börsenmakler gewesen. Aber das war schon lange her, mindestens hundert Tage.

Gegen drei Uhr nachmittags lief die BEBINKA in die San-Miguel-Schleusen ein. Der Lotse hatte nicht zuviel versprochen. Was in den Gatunschleusen ein Kampf mit Trossen, Schraubenschwell und riesigen Wirbeln gewesen war, geriet in den letzten Schleusen zum Pazifik hin zu einem sanften Absenken. Im Yachtklub von Balboa gingen wir an die Mooring, wo wir zusammen mit dem Lotsen von einer Fähre aufgenommen und an Land gebracht wurden.

Schon eine Stunde später saßen wir im Zug, der uns durch den Dschungel in einer Stunde zum Atlantik zurückbringen sollte. Wir waren bepackt mit den vier riesigen Panamatrossen, die sich Scotty von einer anderen Yacht ausgeliehen hatte. Die panamesischen Fahrgäste im Zug würdigten uns keines Blickes. Ausländer in Jeans, die fast unter einem Bunsch von Leinen verschwanden, waren für sie nichts Ungewöhnliches.

Die THALASSA folgte der BEBINKA ein paar Tage später. Aufregendes passierte nicht. Ich hatte meine Lektion gut gelernt und konnte meine Erfahrung wieder anderen Yachties weitergeben, die uns durch den Kanal halfen.

14 Verzauberte Inseln

12. März – erstes Jahr der Weltumsegelung

Die wegen der Flauten gefürchtete Strecke zu den Galapagos-Inseln war gnädig zu uns. Keine Flauten, keine Regengüsse, nur eine schwache Brise begleitete uns die 1100 Seemeilen lang. Aber der Wind kam immer aus der richtigen Richtung, und so standen wir am 12. März unter sengender Sonne vor den Galapagos und schlugen uns mit ungewöhnlichen Navigationsproblemen herum.

Denn ich bekam kaum einen vernünftigen Schiffsort zusammen. Dafür konnte weder mein Präzisionsextant, das letzte Geschenk meines Vaters vor seinem Tod, noch meine Nautischen Tafeln. Schuld daran war einzig und allein die Natur. Man sagt, die Galapagos-Inseln habe man früher die verzauberten Inseln, nämlich Islas Encantadas, genannt, weil sie vor den Seeleuten aufgetaucht und wieder im Dunst verschwunden seien. Viel wahrscheinlicher ist aber, daß die Inseln den Navigatoren früherer Tage deshalb soviel Kummer bereiteten, weil sie die gleichen Schwierigkeiten hatten wie ich.

Als ich die Navigation mit den Sternen und vor allem der Sonne lernte, da war eine beliebte Frage (wie wohl in jedem Unterricht): „Was ist, wenn..." Was ist, wenn zum Beispiel die Sonne genau über dem Schiffsort steht, also genau im Osten aufgeht und genau im Westen untergeht? Und wenn sie mittags genau über einem steht und nicht etwa im Süden oder im Norden?

Die Antwort der Navigationslehrer, die natürlich noch nie in der Nähe von Galapagos waren, lautete meistens: „Das ist prinzipiell möglich, kommt aber in der Bordpraxis so selten vor, daß wir uns darum nicht zu kümmern brauchen!"

Das stimmt nicht, wie ich im März vor Galapagos erlebte. Und so wie mir war es früher auch den Walfängern ergangen, die um diese Zeit auf ihrem Weg in die Antarktis und von der Antarktis bei den Galapagos-Inseln vorbeikamen. Warum?

Am 21. März ist Frühlingsanfang (das hat tatsächlich eine Menge mit der Navigation zu tun). Da die Sonne in unserem Winter weit im Süden steht (deshalb ist es bei uns so kalt) und im Sommer weit im Norden ihre Kreise – scheinbar – zieht, muß sie auf ihrem Weg vom Süden in den Norden einmal den Äquator überqueren. Das ist der Frühlingsanfang. Die Galapagos-Inseln liegen genau auf dem Äquator, deshalb steht die Sonne zu dieser Zeit auf ihrem höchsten Punkt exakt über dem Navigator, und er kann in diesem Augenblick beim besten Willen nicht mehr sagen, ob sie sich im Süden oder im Norden von ihm befindet. Noch viel weniger kann er die Richtung zur Sonne auf seine Karte zeichnen, eine Voraussetzung für die Bestimmung des Standorts.

Weil der März als der einzige „gute" Monat – bezogen auf die vorherrschenden Winde – gilt, um zu den Islas Encantadas zu segeln, stellen fast alle Seeleute zu ihrer großen Verblüffung fest, daß die ihnen bekannten Navigationsmethoden versagen, ja daß sogar ihr moderner Computer statt einer schönen Position nur anzeigt: DATA ERROR.

Dieses Navigationsproblem wird sich schon ein paar Tage vorher abzeichnen, und jeder Seebär kann rechtzeitig merken, was da auf ihn zukommt, schon allein deshalb, weil die Konstruktion von Schiffsorten von Tag zu Tag beschwerlicher wird. Wenn er dann in seine Navigationsbücher blickt, wird er oft die Lösung für seine Probleme finden. Die Autoren haben sie jedoch meist in die Fußnote oder ganz nach hinten verbannt, weil auch sie sich wahrscheinlich sagten, daß dies in der Praxis wohl nie vorkommen würde.

Galapagos begrüßte uns durch einen Seehund, der – weit herausgeschwommen – auf der bleiernen See ein Sonnenbad nahm, uns groß anglotzte und vorsichtshalber abtauchte. Kurze Zeit später liefen wir unter Maschine auf der Reede von Wreck Bay ein, wo einige unserer Bekannten aus Panama schon versammelt waren. Dabei hatten wir gedacht, wir hätten mit unserer Reisezeit von acht Tagen einen Rekord aufgestellt. Aber das Wetter war in diesem Frühling allen gütig gesinnt, gleichgültig, welche Strecke die einzelnen aus „windtaktischen" Gründen genommen hatten. Die See mag dich entweder, oder sie mag dich nicht, ganz egal, wo du segelst. Diejenigen, die immer die stärksten Stürme oder die höchsten Seen erleben, sind ungeliebt von Thalassa, der Göttin der Meerestiefe.

Eine Yacht aber fehlte auf der Reede, nämlich die Sea-wind, ein sieben Meter langer, zerbrechlicher Sperrholzbau. Sie war bis kurz vor Galapagos gekommen, als plötzlich – bei ruhiger See – ein gut fünfzehn Meter langer Wal auftauchte. Als er die Yacht in seiner Nähe sah, wollte er offensichtlich wieder auf Tiefe gehen. Sicher unbeabsichtigt traf er beim Abtauchen mit seiner riesigen Schwanzflosse das Boot von der Seite und riß ein so großes Loch in das schwache Holz, daß die SEAWIND innerhalb weniger Sekunden absoff. Dem Skipper blieb nichts anderes übrig, als ins Wasser zu springen, wo er nach dem Auftauchen gerade noch seinen Großbaum versinken sah; Sekunden später war auch die Mastspitze verschwunden.

Da wurde ihm die Aussichtslosigkeit seiner Situation erst so richtig klar. Er trug nicht einmal eine Schwimmweste. Lediglich ein paar Kissen aus dem Cockpit schwammen noch herum. Aber er wußte, spätestens nach zehn Stunden mußten seine Kräfte erlahmen, und er würde auf Tiefe gehen. Er erlebte den Alptraum aller Einhandsegler, nämlich plötzlich, fern von seinem Schiff, auf dem offenen Ozean im Wasser zu schwimmen, ohne jede Hoffnung auf ein Überleben. Üblicherweise kann in diese Situation nur kommen, wer über Bord fällt, während die Yacht unter Selbststeueranlage weitersegelt.

Das Unglaubliche geschah (sonst könnte logischerweise nicht davon berichtet werden). Nach vielleicht fünf Stunden tauchte bei dem einsamen, verzweifelten Schwimmer das Boot eines Fischers von den Galapagos-Inseln auf, der seinerseits zu träumen glaubte, als er weit draußen auf offener See einen Schwimmer fand. Radebrechend konnte der Segler ihm klarmachen, was passiert war. Daraufhin wendete der Fischer sein Boot und fuhr stundenlang zu einer kleinen Insel, wo er den Geretteten an Land setzte. Er versprach, daß er ihn am nächsten Tag holen und nach Wreck Bay bringen würde, vorher solle dieser aber in das kleine Gebäude hinter dem Felsvorsprung gehen. Es war eine Kirche.

15 Tierwelt
ohne Feinde?

Galapagos war so, wie wir es immer gehört und gelesen hatten. Zum Ankerplatz kamen kleine Vögel heraus, setzten sich auf die Schulter und zupften einen am Ohr.

Wenn ich mit dem Beiboot zum Fischen fuhr, hatte ich sehr bald einen Passagier in Gestalt eines frechen Pelikans, der ziemlich unverschämt von jedem Biß seinen Anteil forderte. Meistens gingen auch andere Yachties mit Harpune, Flossen, Schnorchel und Maske zum Fischen. Es war keine Kunst, einen dicken Burschen für die Pfanne zu erwischen. Die Papageienfische waren so zutraulich, daß man sie mit der Hand wegscheuchen mußte, um den Abstand auf Schußweite zu vergrößern. Wenn ich mir dann überlegte, welcher für das Abendessen am geeignetsten sei, und die Spitze meiner Harpune abwechselnd mal auf den einen oder den anderen richtete, dann hatte ich doch ein etwas beklommenes Gefühl im Hals. Es ist nicht meine Sache, Herr über Leben und Tod zu spielen. Wenn man eine Angel auswirft, kann man sich noch mit dem Gedanken betrügen, der Fisch habe sich sein Schicksal selbst ausgesucht. Obwohl das natürlich albern ist. Niemand stirbt gern, auch ein Papageienfisch auf den Galapagos nicht.

Einmal sah ich auf dem Grund, in etwa zehn Meter Tiefe, eine leichte, kaum wahrnehmbare Schleifspur im Sand. An ihrem Ende war auf dem Grund eine sachte Erhebung, aus der zwei kleine Augen glotzten. Ich wußte nicht, wie groß der Rochen, denn um einen solchen handelte es sich, wirklich war, weil der Sand am Meeresgrund seine Maße nur ahnen ließ. Außerdem hatte ich eine solche Menge Schauergeschichten über Rochen gehört, daß ich doch große Scheu vor diesen Tieren empfand. Trotzdem wurde ich vom Jagdfieber gepackt (was mir heute unverständlich erscheint).

An den Metallpfeil meiner Harpune, der mit einer Schnur an diese gefesselt war, band ich eine lange dünne Leine, vielleicht fünf Meter lang. Meine Idee dabei war, daß ich dann nach dem Schuß nicht so nahe an das verletzte Tier, vor allem nicht an seinen (vielleicht) giftigen Schwanz, herankommen mußte.

Nachdem ich fertig war, steckte ich den Kopf unter Wasser und sah immer noch die kaum merkliche Erhebung am Meeresboden. Die Sicht betrug vielleicht zwanzig Meter, wie ich durch einen schnellen Rundblick feststellte, die Tiefe schätzte ich auf zehn Meter.

Mit den Wassertiefen irrt man sich leicht, weil, wie schon gesagt, unter Wasser alles ungefähr um ein Drittel größer erscheint. Mit kräftigen Flossenschlägen stieß ich in die Tiefe und schoß aus circa einem Meter Entfernung meine Harpune ab.

Der bis dahin bewegungslose Rochen begann mit den Flossen zu schlagen, konnte aber nicht mehr fliehen, denn die Harpune hatte seinen flachen Körper durchbohrt. Wie ein flatternder Vogel versuchte er zu entkommen, doch die Leine hielt ihn fest. Bald wurden seine Flügelschläge langsamer, ließen zuletzt völlig nach. Der Rochen war tot.

Als wir den Fisch vom sicheren Deck der THALASSA aus mit der Leine hochzogen, sahen wir die Bescherung. Was mir wegen der Lichtbrechung unter Wasser so groß erschienen war, entpuppte sich in Wirklichkeit als Minirochen, keine 50 Zentimeter im Durchmesser. Ich schämte mich ein wenig, daß ich seinetwegen mit meiner Harpune und der langen Leine ein solches Getue gemacht hatte.

Die Haut des Rochens war so zäh, daß wir zum Abziehen

eine Zange nehmen mußten. Rochen gehören zur Familie der Haie, und zumindest an der Haut merkt man es. Das Fleisch schmeckte – in Butter gebraten – nach Kalbfleisch, so wie wir schon gehört hatten. Aber wir aßen ohne großen Appetit. Hatte man uns doch bereits in Europa erzählt, daß die Tiere in Galapagos so zutraulich sind, weil sie dort keine Feinde haben.

Für Unterwasserjäger wäre es auf den Galapagos ziemlich witzlos, mit der Harpune auf Jagd zu gehen, denn die Fische und alle sonstigen Tiere sind so vertrauensselig, daß sie jeden Schwimmer und erst recht einen Taucher nur neugierig beäugen. Das unberührteste Paradies freilich war die unbewohnte Insel Barrington. Unbewohnt von Menschen, denn dort lebt eine der größten Seelöwenkolonien von Galapagos. Als wir in die U-förmige Bucht einliefen, sahen wir schon die großen Herden auf zwei kleinen Sandstränden träge in der Sonne liegen. Aber kaum war unsere Kette schnarrend über das Spill gelaufen, kam Bewegung in das Seelöwenvolk. Dutzende der braunen Leiber watschelten ins Wasser. Sie schienen vor uns Reißaus zu nehmen, worüber wir enttäuscht waren, denn auch die Seelöwen sollten zutraulich auf Galapagos sein.

Ein paar Minuten später, wir tuchten gerade unsere Segel auf, vernahmen wir vorn an der Ankerkette ein starkes Prusten. Als wir über den Bugkorb ins Wasser schauten, blickte uns einer von den Seelöwen, die vorher noch träge in der Sonne am Strand gelegen hatten, mit seinen großen Augen an. Mal was anderes, dachten wir, kein Yachty, der zur Begrüßung von einem anderen Schiff herübergeschwommen kommt, wie sonst üblich auf einem sauberen Ankerplatz.

Und plötzlich waren auch die anderen „Sillies", wie wir sie schon nach kurzer Zeit nannten, zur Stelle. Wie eine Horde Lausbuben ergriffen sie Besitz von unserer THALASSA. Der eine hängte sich in die Badeleiter, die wir gleich ausbrachten, der andere hopste in das Beiboot. Nur unter knurrendem Protest wurde die letzte Sprosse der Badeleiter für uns freigemacht.

Wir gewöhnten uns nur schwer daran, daß wir im Wasser nie allein waren. Einmal beim Schnorcheln, ich suchte gerade die Felshöhlen nach Langusten ab, lachte Carla, als ich aufs Schiff zurückkam. Sie erzählte, daß einen Meter hinter mir ständig ein Silly geschwommen sei. Sobald ich abtauchte, um eine kleine Höhle zu inspizieren, tauchte mein von mir unbemerkter Begleiter ebenfalls ab, um auch ja genau zu erfahren, was ich unter Wasser trieb.

Offensichtlich machte es unseren Buchtnachbarn Spaß, uns gelegentlich zu erschrecken. Wenn wir beim Schnorcheln waren, schoß manchmal so ein Bursche aus der Tiefe herauf und drehte erst einen halben Meter vor uns ab. Ich habe selten Tiere erlebt, die unter Wasser so schnell sind. Ganz im Gegensatz zu ihrem trägen Dasein an Land, wo wir leicht davonlaufen konnten, wenn wir einem der mächtigen Bullen seiner Meinung nach zu nahe kamen und er brüllend auf uns zurobbte.

Und die Haie? Es gab sie, vielleicht nicht in der Bucht von Barrington, aber immerhin. Zahlreiche Seelöwen hatten Narben, die offensichtlich von einem zahnreichen Gebiß stammten. Ob Sillies gelegentlich Opfer von Haiangriffen wurden, konnten wir nicht sagen. Aber es fiel uns auf, daß einer der großen Bullen ständig den Strand, in dessen Nähe sich die kleineren Seelöwenkinder aufhielten – wir nannten den Platz „Kindergarten" –, abschwamm und auch gelegentlich unruhig wurde. Dann schossen die Kleinen den Strand hinauf und blieben dort eine Weile, bis Entwarnung gegeben wurde.

Wenn wir beim Schnorcheln waren, fühlten wir uns deshalb ganz wohl, solange die Sillies um uns herum schwammen. Zunächst fanden wir tagelang keine Langusten. Vorbei waren die Zeiten, von denen ein älterer Yachty uns erzählt hatte, als kurz vor dem Sundowner (Gin Tonic oder ein anderer Drink, bei Sonnenuntergang im Cockpit genossen) noch schnell mal einer ins Wasser sprang, um für jeden einen „Lobster" zum Dinner zu holen.

Die Japaner hatten offensichtlich keine Langusten mehr übriggelassen. Ein paar Jahre zuvor war hier eine japanische Fischereiflotte vorbeigekommen. Sie ließ kleine Boote mit Außenbordern zu Wasser, und dann fuhr eine Besatzung von je zwei Mann die Küsten ab. Einer schwamm mit Schnorchel und Maske, während der andere mit dem Außenborder hinterhertuckerte. Sie ließen keinen Zentimeter der Felsküsten aus. Sobald das Boot voller Langusten war, kehrte es kurz zum Mutterschiff zurück, um die Ladung loszuwerden. Dort drehten flinke Hände den Tieren den Schwanz ab (was sie auf der Stelle tötet) und warfen die für sie wertlosen Körper über Bord. Nur der platzsparende Schwanz wanderte in die Tiefkühlräume des Mutterschiffs, denn der bringt als „Lobstertail" bei den Feinschmeckern von Tokio, Hamburg oder anderswo das große Geld. Und das nennt sich „zivilisierte" Welt...

Weil die Japaner auch die Weibchen mit den deutlich sichtbaren Eiern nicht verschonten, war es kein Wunder, daß der Tisch für uns Yachtleute jetzt leer schien. Sicherlich hatten die japanischen Fischer für wenig Geld in der Hauptstadt von Ekuador, in Guayaquil, irgendeinem korrupten Beamten die Erlaubnis zum Langustenfang im fernen Galapagos abgeluchst. Was interessierte den damals dieses Inselparadies? Die ekuadorianischen Beamten waren schon froh, wenn sie nicht – meistens zur Strafe – nach Galapagos versetzt wurden.

Ein paar Langusten mußten die Japaner jedoch übersehen haben, denn in einer kleinen Felshöhle, keine zwei Meter tief, sah ich schließlich noch einige Fühler herumtasten. Als sich meine Augen an die Dunkelheit gewöhnt hatten, bemerkte ich, daß an der Felswand nicht nur *eine* Languste hing, sondern vier, fünf, sechs... Bei sechzehn hörte ich auf zu zählen.

Da hatten wir beide noch für Wochen Vorrat an dringend benötigtem Frischfleisch, wenn wir sie schonend ernteten.

Ein Taucher, der auf sich hält, sagt man, zieht die Langusten aus einer Felshöhle mit der Hand raus, und zwar so, daß er von dem wild schlagenden Schwanz, der einzigen Waffe der Languste, nicht getroffen wird. Wir aber standen damals noch ganz am Anfang unserer Tauchlaufbahn. So nahm ich meine Harpune, zielte und drückte ab. Es war keineswegs so, daß mich wilde Jagdleidenschaft erfaßt hatte, denn im Grunde war es mir immer schon höchst zuwider, irgendein Lebewesen zu töten. Aber eine selbstgefangene Languste, und sei es auch auf so unwaidmännische Art wie eben, gehörte nun einmal zur „romantischen" Vorstellung vom Ankerplatz im Pazifik, von dem wir jahrelang geträumt hatten.

Die kapitale Languste zappelte nicht einmal mehr, als ich sie ins Beiboot warf. Für unser Abendessen war also gesorgt. Als ich zur THALASSA zurückkam, mußte ich zuerst einen Silly verscheuchen, der es sich auf der untersten Sprosse der Badeleiter bequem gemacht hatte. Carla warf den Petroleumkocher an, und ich baute im Cockpit den Tisch auf...

Auch an den folgenden Tagen gab es ab und zu Langusten oder, wie wir sagten, „Lobster", was vielleicht nicht ganz richtig war. Denn genaugenommen ist der Lobster ein Hummer, also ein der Languste artverwandtes Tier, das aber zusätzlich ein Paar kräftiger Scheren hat. Solche Hummer gibt es in den wärmeren Gewässern des Südpazifiks nicht.

Wir probierten verschiedene Rezepte aus: „Lobster Newburg", Lobster kalt mit (selbstgeschlagener) Mayonnaise, Lobster gekocht und à la Servicci. Ein Feinschmecker würde wahrscheinlich die Nase rümpfen, denn für ihn kann Lobster höchstens mit Mayonnaise, nie aber mit Ketchup oder ähnlichem gegessen werden. Deshalb sind auch die Amerikaner bei deutschen Gourmets unten durch, weil sie es sogar wagen, Hummer oder Austern mit Tabascosoße zu essen.

Seit Galapagos habe ich Verständnis dafür. Wenn man Delikatessen im Überfluß hat, hören sie auf, etwas Besonderes zu sein. Lobster Servicci zum Beispiel ist ein Rezept, das überall dort verbreitet ist, wo Fisch oder Meeresfrüchte nichts kosten: Das Fleisch von Fisch oder Langusten wird roh in den Saft von Zitronen oder Limonen (auf Galapagos, wie auch in Polynesien, wachsen keine Zitronen) gelegt, wo es für ein paar Stunden mariniert wird. Dann wird der Saft der Limonen, der vom Marinieren bitter geworden ist, weggeschüttet oder durch frischen ersetzt. Hinzu kommen rohe Zwiebeln, das geächtete Ketchup und Pfeffersauce beziehungsweise Tabasco.

Nach zwei Wochen auf Galapagos, wo wir mehr im Wasser als auf dem Schiff lebten, erwachte in mir der unverständliche Ehrgeiz, auch mal einen Hai zu fangen. Nicht zum Essen, denn außer den neugeborenen sind Haie minderwertige Speisefische. Sicher trieb mich auch nicht die Lust am Töten dazu, sondern ganz einfach die Neugierde.

Bei unseren zahlreichen Tauchgängen hatten wir nur einmal einen Hai gesehen, draußen vor der Bucht. Wenn nämlich das Wasser ruhig war, ruderten wir mit unserem leichten Beiboot auf die offene See hinaus, um am Außenriff zu schnorcheln. Das war besonders aufregend, denn nur dort konnte man an das Riff überhaupt heran. Bei normaler Wetterlage, auch bei wenig Wind, stand auf den Korallenfelsen eine solche Dünung, daß man als Schwimmer keine Chance hatte, sich von den messerscharfen Korallenzacken freizuhalten. Man konnte ganz ruhig auf die grünbraunen Korallen zuschnorcheln und wurde plötzlich, ohne sich dagegen wehren zu können, von der Dünung hochgehoben und aufs Riff geworfen – wenn man Pech hatte so, daß man noch über die Riffkante herunterrutschte. Fürchterliche Schnitte wären die Folge gewesen. Sicherlich keine lebensgefährdenden Verletzungen, aber immerhin.

Diese Schnittwunden hatten nämlich die Unart, außerordentlich schlecht zu heilen. Vor allem, wenn man trotzdem täglich mehrmals ins Wasser hüpfte. Ein Europäer kann sich nicht vorstellen, wie hartnäckig selbst kleinste Schnitt- oder Rißwunden an Beinen oder Füßen sein können. Wochen-, ja monatelang bleiben sie offen. Es gibt eigentlich nur ein Heilmittel, und das ist, Salzwasser zu meiden. Aber gerade das fällt auf einem malerischen Ankerplatz, wo tagsüber die Sonne brennt, unvorstellbar schwer.

Ich sprach mit einem Arzt über diese Probleme, von denen Besucher und Insulaner gleichermaßen heimgesucht werden. Seiner Meinung nach gab es keine allgemeingültige Erklärung für dieses Phänomen. Vermutlich ist es auf Giftstoffe in den Korallen, auf das Salz im Wasser und vor allem auf die hohe Luftfeuchtigkeit, die alle Wunden schlecht heilen läßt, zurückzuführen.

Ach ja, der Hai! Vor dem Riff blickten Carla und ich durch die Maske in die Tiefe, als ER plötzlich unter uns war. Zehn oder zwanzig Meter weit weg, das ließ sich nicht so gut schätzen. Mit langsamen Stößen schwamm er ohne Hast unter uns durch, würdigte uns keines Blickes. So schnell waren wir noch nie ins Beiboot gestiegen. Dabei war dieser Hai kaum einen Meter fünfzig lang. In Zukunft blieben wir lieber in der Bucht von Barrington statt draußen vor dem Riff. Das schien uns sicherer.

Am nächsten Tag ließ ich hinter der THALASSA einen toten Fisch an einer starken Leine ins Wasser und legte mich vom sicheren Beiboot aus mit der Harpune auf die Lauer. Plötzlich tauchte ein riesiger blaugrauer Schatten auf und glitt majestätisch auf den Köder zu. Ich traute meinen Augen kaum. Das war ein richtiger Hai, sicher fünf Meter lang. Er beschnupperte meinen Köder und schwamm ruhig weiter. Ich dachte noch an meine Harpune, wagte aber nicht, abzudrücken. Dieser Riesenbursche hätte das Beiboot – und mich – zu Kompott gemacht. Ich kletterte an Bord zurück, und Carla fragte mich, warum ich so bleich sei. Ich schluckte. „Wir sind in den letzten Tagen in der Bucht so unbeschwert herumgeschwommen, weil wir dachten, hier drinnen gebe es keine Haie", sagte ich und berichtete von meinem Erlebnis.

Das war das Ende unserer Hai-Ambitionen.

16 Aussteiger

Wochenlang lebten wir im Paradies Galapagos und lernten auch die berühmten Siedler dort, die Angermeyer-Brüder, kennen, die längst in die Geschichte als die ersten (und wirklichen) Aussteiger eingegangen sind. Wenn heute nämlich jemand vom Aussteigen spricht, dann denkt er fälschlicherweise an ein sorgloses Leben in der ewigen Sonne unter Palmen, an das Zurücklassen aller Sorgen in der Bundesrepublik.

Tatsächlich ist diese Denkart aber schon der Anfang des menschlichen Schiffbruchs. Auf unseren Reisen haben wir viele Möchtegern-Aussteiger getroffen, die allesamt gescheitert sind; manche haben sich selbst in ihrer Verzweiflung das Leben genommen. Diese Unglücklichen haben nämlich übersehen, daß von einem „Aussteiger" unheimlich viel Härte verlangt wird, wenn er sich in fremder Umgebung, in ungewohnten klimatischen Verhältnissen und im Zusammenleben mit fremden Menschen anderer, unzugänglicher Mentalität durchsetzen soll. Geschenkt wird einem nämlich nirgendwo etwas, zumindest nicht auf Dauer gesehen. Nicht einmal in der Südsee, wo die Menschen großzügig und freigebig sind, kommt man ohne entsprechende Gegenleistungen zurecht.

Die Angermeyer-Brüder waren da aus einem anderen Holz geschnitzt. Als junge Burschen lebten sie recht zufrieden in Hamburg, bis ihnen eines Tages ein Seemann von einem fernen Paradies berichtete, wo Tiere noch keine Angst vor dem Menschen hätten. Die vier Angermeyers beschlossen auszusteigen. Das Wort „aussteigen" war damals noch unbekannt. Jungen träumten schon mal vom Weglaufen von zu Hause, also vom Ausreißen. Aber dafür waren die Angermeyer-Brüder eigentlich schon zu alt. Gleichgültig, wie man es nennt, sie setzten sich jedenfalls auf ein Schiff und schlugen sich tatsächlich nach Galapagos durch. Ihr Startkapital war eine große Kiste voller Werkzeug. Sonst nichts.

Nachdem sie gelandet waren, saßen sie erst mal auf einer felsigen Insel am Äquator, eben auf Santa Cruz in den Galapagos, und überlegten, wie es weitergehen sollte. Die Insel war grün, denn es regnete dort viel. Damit war auch schon das Wasserproblem gelöst. Mit der Axt in der Hand begannen die vier Brüder, der Insel eine Existenz abzuringen.

Santa Cruz war nicht unbewohnt. Nachfahren von Spaniern und Indios waren die „Einheimischen" denn früher war Galapagos eine Gefängnisinsel gewesen, und einige der Insassen waren hängengeblieben. Sie gingen den Deutschen aus dem Weg. Noch ein „Aussteiger" lebte auf der Insel. K. war vor vielen Jahren mit Frau Marga und Tochter Carmen aus dem Elsaß nach Galapagos gekommen. Er sah die vier Deutschen nicht gerade gern auf der Insel, denn er hatte sich sozusagen dort eingenistet, hatte sich inzwischen alles geschaffen, was der Mensch zum Leben braucht. Mit eigener Energie und mit einem kleinen Vermögen, das er aus dem Elsaß mitgebracht hatte. Und er besaß eine Frau. Das war das Problem, denn sonst gab es keine weißen Frauen auf Santa Cruz.

Es kam zu den ersten Streitereien, zu Reibereien mit den vier jungen Hamburgern. Haß machte sich breit auf den Vulkanfelsen von Santa Cruz. Man beschimpfte sich. K. wurde immer verschlossener, zog sich zurück. Sogar seiner Frau und Tochter wurde er immer fremder. Das Paradies, das er gesucht hatte, verwandelte sich in eine einsame Hölle.

Eines Tages erzählte K. seiner Familie, er wolle mit dem Dampfer, der gelegentlich zum Festland fuhr, 2000 Kilometer weit nach Guayaquil, um dort einzukaufen. Als das Versorgungsschiff ein paar Monate später wieder zurückkam, war K. nicht an Bord. Man wunderte sich auf Galapagos, sorgte sich aber nicht besonders um ihn. Denn K. war in seiner Verbitterung längst allen fremd geworden. Sein Schicksal rührte niemanden.

Später fand man in einem Gebüsch nicht unweit vom Haus der Angermeyers ein Gewehr und ein paar Meter weiter ein Skelett, das Skelett von K. Er hatte in Wirklichkeit die Insel nie verlassen.

Das alles war schon viele Jahrzehnte her, der vierte Bruder war in den Kriegswirren umgekommen, und die Geschichte wäre längst vergessen gewesen, wenn Carl Angermeyers liebe Frau nicht Marga geheißen hätte. Gusch Angermeyer hatte eine Indianerin geheiratet, erzählten die Leute auf Galapagos, und die Frau von Fritz, dem jüngsten Angermeyer, war Carmen, K.s Tochter. Carl war also gleichzeitig der Schwager und der Stiefvater von Carmen.

Das war eine der vielen Stories, die Carl uns Yachtleuten erzählte, wenn wir jeden Abend in seinem Haus auf den schwarzen Lavafelsen bei Guava-Limonade verbrachten. Es gab auf Galapagos kein Fernsehen (nicht einmal Strom), so daß man sich selbst beschäftigen mußte. Aber während unseres wochenlangen Zusammenseins mit Carl brauchten wir kein Buch in die Hand zu nehmen, denn er war wohl einer der wundervollsten Geschichtenerzähler, den ich je kennengelernt hatte. Er brauchte keine Fotos, um vor unserem geistigen Auge das harte Leben auf Galapagos plastisch darzustellen. Wir konnten nachfühlen, daß das Leben der Angermeyers in den ersten Jahren auf Galapagos ein beinharter Existenzkampf gewesen war. Nicht um *gut* zu leben, sondern um zu *über*leben.

Bei vielen Geschichten sahen wir uns zu Beginn nur wortlos an und stellten uns stumm die Frage, ob der gute Carl nicht zu dick auftrug, wenn er von den vielen verschwundenen Menschen auf Floreana, einer Nachbarinsel von Santa Cruz, erzählte. Aber dann holte er Papiere, Beweise, aus einer wurmstichigen Schublade, die diese unglaublichen, geheimnisvollen Vorkommnisse belegten. Die Geschichte der ermordeten mannstollen Baroneß oder das Schicksal des Zahnarztes Dr. Ritter, der aus dem Berlin der dreißiger Jahre „ausgestiegen" war, um sein Leben auf Floreana nach dem angeblichen Genuß eines verdorbenen Hühnchens zu beenden, obwohl er Vegetarier war, kannten wir zwar schon; aber Carl konnte so lebhaft erzählen, daß wir schon nach wenigen Minuten mit Schaudern in die Pionierzeit von Galapagos zurückversetzt wurden.

Anläßlich eines Deutschlandbesuchs wurden die Besucher seiner Vorträge von Carls Erzähltalent so verzaubert, daß sie anfingen zu träumen. Wie so häufig, hörten sie nur die Romantik, die Erfolgserlebnisse heraus. Einige Zuhörer beschlossen „auszusteigen" und beantragten bei der Botschaft von Ekuador ein Visum. Ganz wenige machten sich schließlich auf den Weg, darunter wiederum ein Zahnarzt, der kurz vorher noch eine gute Praxis geleitet hatte. Die Praxis hatte er zu Geld gemacht und dann seine Möbel und Werkzeuge auf ein Schiff geladen, das ihn und seine Familie nach Galapagos brachte.

Nachdem alle auf Santa Cruz gelandet waren, stellte der

16 Auf See ist viel Zeit übrig, wenn die Selbststeueranlage arbeitet.

17 Gelegentlich gibt's Besuch. Dieser Tölpel blieb einen ganzen Tag.

18 Die Sonne wird mit dem Sextanten auf den Horizont „gesetzt".

17

21

20

19 Hiva Oa, Marquesas, Heimat von Gauguin

20 Polynesier auf Fatu Hiva begrüßen uns mit Geschenken.

21 „Hauptstraße" von Fatu Hiva

22

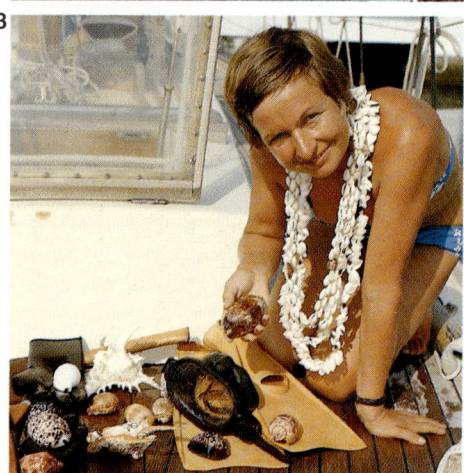

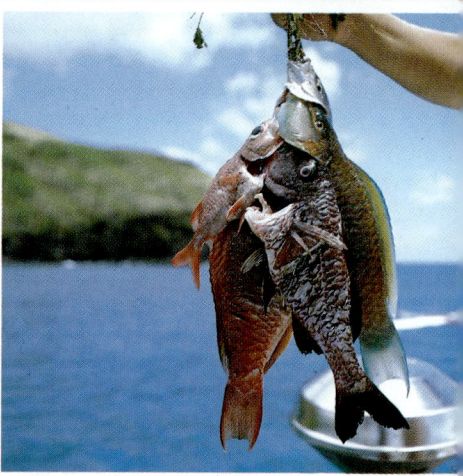

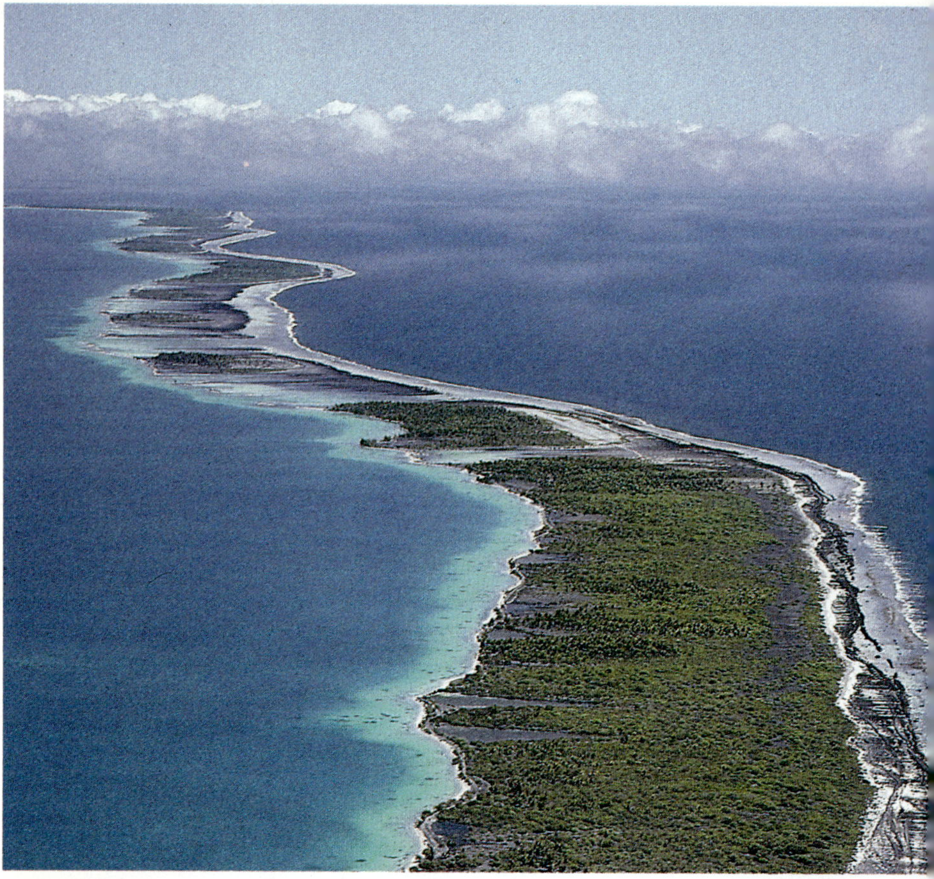

23

22 Motu-Riff, das aus 1500 Meter Tiefe ansteigt, auf der anderen Seite ist die Lagune. Irgendwann in 20 Kilometer Entfernung kehrt das Riff in einer weiten Kurve wieder zurück und schließt die Lagune ein.

23 Wer durch den Pazifik segelt, wird zum Muschelsammler.

24 Welcher Fisch ist giftig?

24

„Aussteiger" erst mal fest, daß ein Großteil seiner Habe hier ziemlich überflüssig war. Für einen Fernseher beispielsweise fehlte nicht nur die Antenne, sondern vor allem die Steckdose. Es gab weder Strom noch Wasser oder Toilette. Kurzum, alles, was wir der sogenannten Zivilisation verdanken, alles, was sich die Menschheit in den letzten Jahrhunderten an Annehmlichkeiten erarbeitet hatte, existierte hier nicht. Erst jetzt, zu spät also, merkte der Zahnarzt, daß er die Freiheit gesucht, eine quälende Abhängigkeit von der Natur aber gefunden hatte. Ein paar Monate später verschwand er wieder, um seine Praxis ärmer, um einige Erfahrungen reicher.

Inzwischen hatte sich auf Galapagos nicht viel geändert. Entweder lebte man ohne Strom, oder er mußte selbst „produziert" werden. Wie? Mit kleinen Einzylinder-Dieselmotoren meist. Lister, Sabb oder Honda heißen die Firmen, die hierfür geeignete Aggregate herstellen. Für uns Steckdosen-Menschen war es freilich ungewohnt, wenn nachts eine Lampe angeknipst wurde und nach dem Umlegen des Schalters zunächst im Garten draußen ein Diesel mit keuchendem „Tak...Tak... Taktaktak" ansprang. Nach einer Sekunde erwachte dann auch die Glühbirne, zuerst rötlich, dann mit gelblichem Weiß brennend.

Das war immerhin eine sehr moderne Anlage, bei der sich der Motor automatisch einschaltete. Meist mußte der Generator noch von Hand angeworfen werden. Dazu war ein kleiner Spaziergang durch den Garten nötig, denn schließlich stellte man die lärmenden Diesel so weit wie möglich weg vom Haus – zumal dann, wenn sie luftgekühlt waren. Ständig mußten sie überwacht werden, denn wurde der Tank leergefahren, mußten die Treibstoffleitungen mühsam entlüftet werden. Regelmäßig alle 200 Stunden mußte das Öl gewechselt werden. Aber die Annehmlichkeiten eines Leselichts auf Knopfdruck wogen doch so schwer, daß kaum jemand auf seinen Diesel hinterm Haus verzichten mochte.

Einen Kühlschrank konnte man mit so einem Diesel nicht betreiben. Denn es wäre viel zu kompliziert gewesen, dem Ein- und Ausschaltrhythmus eines Kühlschranks den Diesel anzugleichen. Deshalb wurden auf Galapagos vor allem Petroleum-Kühlschränke benutzt. Sie funktionierten lautlos und brauchten nur alle paar Tage eine neue Tankfüllung. Auch der Kühlschrank stand meist im Garten, denn die Küche hätte er zuviel aufgeheizt.

Die Fenster wurden am späten Nachmittag geschlossen, denn dann kamen die Moskitos. Um ihrer Herr zu werden, stellten die Einwohner in Galapagos (wie fast überall in den Tropen) „Coils" auf, spiralförmige Gebilde made in Hongkong, die angezündet ein paar Stunden lang glimmten und dabei einen süßlichen Duft erzeugten, den die Moskitos nicht mochten. Leider ging der Rauch der Coils auf die Lungen, und so hatte man die Wahl, sich am nächsten Tag an Händen und Gesicht zu kratzen oder zu husten.

Ein besonderes Problem war das Trinkwasser auf Galapagos. Die Brunnen gaben nur unappetitliches, rötliches Wasser, und es war dringend geraten, dieses Wasser vor Genuß abzukochen. Kitty und Scotty von der BEBINKA hatten ihre 300 Liter, die sie auf Galapagos in die Tanks füllen wollten, Liter für Liter auf ihrem Primuskocher abgekocht. Wir konnten uns leicht die unglaubliche Hitze vorstellen, die während der zwei Tage des Abkochens in der Kajüte geherrscht haben mußte.

Die Angermeyers zogen Regenwasser vor, das sie mit einer kunstvollen Konstruktion aus Rinnen auffingen. In Zisternen wurde es dann gesammelt und aufgehoben. Aber auch Regenwasser ist auf Dauer ungesund, denn die Mineralsalze fehlen ihm. Und Gusch hatte schon mal in der Regenrinne eine tote Ratte gefunden.

Zum Abschied schenkte Carl uns ein kleines Ölgemälde von unserer THALASSA. Er übte sein Hobby, das Malen, auf ganz ungewöhnliche Art aus, die ebenfalls auf die Zeit zurückging, als die Angermeyers nur das hatten, was ihnen die Natur gab. So fehlten Pinsel für Ölgemälde, und Carl begann mit seinen fünf Fingern zu malen. Inzwischen hatte er es auf diesem Gebiet zu großer Fertigkeit gebracht und beeindruckte seine Besucher auch dann, wenn diese wie wir nicht allzuviel von der Malerei verstanden. Das lag vor allem an der Schnelligkeit, mit der seine Bilder entstanden.

Einige Jahre nach unserem Besuch trafen wir Marga und Carl Angermeyer wieder – in Deutschland. Ein Geschäftsmann hatte Carl in Galapagos besucht und war so beeindruckt von dessen Malerei gewesen, daß er ihn und seine Frau nach Deutschland einlud, damit Carl in einer Gemäldeausstellung seine Bilder einem größeren Publikum vorführen konnte. Als er Carl vom Flugplatz abholte, war er jedoch sehr erstaunt, daß dieser nicht ein einziges seiner Bilder mitgebracht hatte. Typisch Angermeyer! Mit dem unschuldigsten Blick erklärte Carl, er habe den Transport im Flugzeug für zu umständlich gehalten und gedenke die Bilder in den beiden bis zur Ausstellung verbleibenden Tagen erst noch zu malen. So geschah es. Carl wurde für ein paar Tage in einer leeren Garage einquartiert, und zur Ausstellung waren seine Ölgemälde zwar noch feucht, aber immerhin fertig.

17 Blauwassersegler

April – erstes Jahr der Weltumsegelung

Unser Zeitplan gab uns das Signal zum Weitersegeln. Wir waren jetzt schon zwei Monate in Galapagos bei den Angermeyer-Brüdern. Wollten wir noch etwas von der Südsee haben, mußten wir los. Denn die Hurrikansaison ab Dezember wollten wir in Neuseeland verbringen. Bevor wir aber wieder in See stachen, mußten wir der Thalassa einen neuen Unterwasseranstrich verpassen. Zuletzt hatten wir in Gibraltar Antifouling-Farbe aufgetragen. In Santa Cruz gab es eine ruhige Ecke, die ideal zum Malen war. Gleich neben dem Dorf, hinter dichten Mangroven, hatte sich eine kleine, vielleicht 60 Meter lange Bucht herausgebildet, die auch von anderen Schiffen für diesen Zweck benutzt wurde. Das Wrack eines Leichters lag schon da. An diesem wollten wir längseits festmachen.

Ein kleines Problem gab es noch. Unsere Thalassa hatte einen Tiefgang von einem Meter fünfzig. Möglichkeiten in Galapagos, die sechs Tonnen schwere Thalassa aufzuslippen oder gar mit einem Kran herauszuholen, gab es nicht. Man kam an das Unterwasserschiff nur nach dem Trockenfallen heran. Dazu brauchten wir nur bei Hochwasser – der Laie nennt das „Flut" – in die Bucht hineinzufahren, die Yacht auf Grund zu setzen und gut festzumachen, um dann in Ruhe die Ebbe abzuwarten.

Doch so einfach ging das nicht. Der Tidenhub in der Weite des Südpazifiks beträgt zwar einen Meter fünfzig, jedoch auf Vollmond und Neumond beschränkt, also nur alle vierzehn Tage. Dabei mußte man die Yacht so plazieren, daß sie nicht gerade bei höchstem Wasserstand auf Grund gesetzt wurde. Denn wenn die darauffolgende Tide diese Höhe nicht mehr ganz erreichte, dann saß die Yacht auf dem Trockenen. Wie lange? Bis wieder eine so hohe Tide eintrat wie die, bei der man die Yacht aufgesetzt hatte. Theoretisch konnte man das Pech haben, die Yacht beim höchsten Wasserstand des Jahres trockenfallen zu lassen.

Selbstverständlich rechnet man sich vorher die Tidenverhältnisse mit Hilfe der Tidentafeln aus. Aber auf den Zentimeter genau sind diese Vorhersagen nicht. So verschenkt man halt ein paar Zentimeter zur Sicherheit und setzt die Yacht nicht beim allerhöchsten Stand auf Grund. Trotzdem ist es immer ziemlich spannend, bis das Schiff wieder freikommt.

Unmöglich sind die Malerarbeiten allein zu bewältigen. Denn für das ganze Unterwasserschiff stehen ja nur drei Stunden zur Verfügung. Aber es ist Brauch, daß andere Yachties von den Ankerplätzen helfen. Das beruht auf Gegenseitigkeit.

Wenn die Yacht sitzt, kann man sich schon ins Wasser stellen und mit der Bürste den gröbsten Dreck wegschrubben. Der meiste Bewuchs ist immer in der Nähe der Wasserlinie. Mit sinkendem Wasser wird weitergebürstet. Künstliche Scheuermittel werden nicht gebraucht. Mit den Zehen holt man Sand vom Grund und bürstet diesen auf den Kunststoffbelag. Das funktioniert genausogut wie jedes Markenputzmittel (das es in Galapagos ohnehin nicht gab).

Bevor Farbe aufgetragen wird, muß sorgfältig das Salz entfernt werden, was nur mit Süßwasser möglich ist. Mit Eimern muß das wertvolle Trinkwasser herangeschafft werden. Aber es hilft nichts. Denn wenn auch nur eine Spur Salz auf dem Unterwasserschiff bleibt, haftet die Farbe nicht. Bei den Giftfarben handelt es sich meistens um schnell trocknende Produkte, denn sie müssen staubtrocken sein, bevor sie vom steigenden Wasser eingeholt werden.

Sechs Stunden werkten und malten wir, dann stand unserer Abreise aus dem Galapagos-Archipel nichts mehr entgegen. Auf Wiedersehen in fünf Jahren, Marga, Carmen, Carl, Fritz und Gusch!

Die Südsee lag voraus, 3200 Seemeilen bis zu den Marquesas-Inseln. Wir lernten auf dieser Strecke, warum die amerikanischen Yachtleute vom „Highway" in die Südsee, vom „Downwind"-Segeln sprachen. Das erklärt schon ein Blick in die Windkarten. Die Beobachtungen der Kapitäne stolzer Rahsegler ergaben, daß die meisten Quadrate nach den Marquesas überdurchschnittliche Prozentzahlen für Winde aus dem östlichen Quadranten aufweisen. Reinrassige Passatregion also!

Solche Windverhältnisse kennt der Chiemsee- oder Ostsee-Segler nicht. Das Wetter im Passat ist viel berechenbarer, als man sich das auf unseren Heimatgewässern vorstellen kann. Häufig werde ich gefragt: „Und was ist, wenn plötzlich Sturm aufkommt?" Die Antwort lautet: „Im Passat kommt nicht plötzlich Sturm auf." Das spielt sich ganz anders ab: Der Wind nimmt zu, die großen Segel werden eingeholt. Nach ein paar Stunden ist der Wind noch stärker geworden, also wird gerefft. Und wenn nach weiteren Stunden nichts mehr zum Reffen am Mast ist, dann hat man eben Sturm.

Ein echter Sturm ist selten, schon gar in einem Passatgebiet. So selten jedenfalls, daß ich Sturmschilderungen von Yachtleuten im Passat meist als Seemannsgarn abtue. Die Sturmhäufigkeit auf der Strecke nach den Marquesas-Inseln beträgt laut Pilot-Charts schlicht null Prozent. Das heißt nun nicht, daß ein Sturm (Wind mit 100 Stundenkilometern und mehr) dort ganz ausgeschlossen ist. Nein, aber er wurde so selten beobachtet (von Berufskapitänen, die immerhin jahraus, jahrein unterwegs sind), daß die Zahl statistisch nicht mehr nennenswert ist.

Da die Flautenhäufigkeit ebenfalls mit 0 % angegeben war,

verhießen uns die Windkarten Traumsegeln und eine zügige Überfahrt für diese Strecke, die zwanzig Prozent länger ist als von den Kanaren nach Barbados.

Die Pilot-Charts hatten nicht zuviel versprochen. Tagaus, tagein trieb uns der Passatwind mit einer Durchschnittsgeschwindigkeit von fünf bis sechs Knoten voran. Wenn ich mittags mit meinem Sextanten den Winkel der Sonne über dem Horizont gemessen hatte, konnte ich ein kleines Kreuz als unsere Position in die Seekarte eintragen. Gleichmäßig lagen die Kreuzchen auf der Seekarte 140 bis 160 Meilen auseinander. Das sind immerhin ca. 300 Kilometer in 24 Stunden, allein mit Windeskraft. Ohne etwas dafür zu tun! Wir mußten nicht einmal steuern. Das erledigte für uns die Selbststeueranlage, die das Schiff je nach Windrichtung auf Kurs hielt.

Auch hierzu wurde ich oft von den Chiemsee-Seglern gefragt: „Und was ist, wenn der Wind ganz plötzlich dreht?" Für einen Binnensegler ist diese Frage ganz berechtigt, denn wenn ein Föhnsturm von den Alpen herab über unsere kleinen bayrischen Seen pfeift, dann können sich tatsächlich innerhalb von Sekundenbruchteilen die Wetter- und Windbedingungen ändern. Aber auf der offenen See gibt es eben keine Berge, die der bewegten Luft ganz plötzlich zusätzliche Energie verleihen; den Winden stehen keine Landmassen im Wege, die Luftmassen verwirbeln und unberechenbar machen. Deshalb dreht der Wind auf dem weiten Ozean nur ganz allmählich, jedenfalls nicht so schnell, daß man allzu viele Meilen verliert, bevor man durch einen gelegentlichen (alle Stunden mal) Blick auf den Kompaß die Winddrehung entdeckt. „Winddrehung" ist ohnehin übertrieben. Wenn es hochkommt, hat sich die Windrichtung um zehn, zwanzig Grad geändert.

Wenn ich gesagt habe, daß wir „ohne etwas dafür zu tun" 300 Kilometer täglich geschenkt bekamen, so war dies untertrieben. Denn in Wirklichkeit hatten Carla und ich wie alle Blauwassersegler (so nennt man Segler, die auf den sieben Meeren

107

von Kontinent zu Kontinent wandern) vorher eine ganze Menge Arbeit investiert, um nun scheinbar mühelos Ozeane zu bezwingen. Das beginnt schon mit der Auswahl des richtigen Schiffes. In Büchern findet man darüber nicht allzuviel, denn sie sind meist für Küstensegler geschrieben. Wenn dort gesagt wird, wie man ein Schiff riggt, damit es möglichst gut gegen den Wind (besser gesagt: hoch am Wind) segeln kann, so ist das für den Blauwassersegler ziemlich nutzlos, denn der braucht meist gute Segeleigenschaften *vor* dem Wind. Und beides verträgt sich häufig schlecht.

Jahrelang drehen sich die Gedanken zukünftiger Weltumsegler um die richtige Wahl ihrer Ausrüstung. Deshalb ist es für den Skipper ein ganz besonderes Erfolgserlebnis, falls seine Yacht bei günstigem Wind die Erwartungen erfüllt. Wenn die THALASSA unter dem Sternenhimmel, mit dem Kreuz des Südens an Backbord, ihren Weg in die Südsee suchte, wenn der scharfe Bug sanft und rhythmisch in die See einsetzte, wenn hinter dem Heck eine weiße Schleppe von aufgewirbeltem Plankton leuchtete, wenn der Kompaß im Licht der griffbereiten Taschenlampe stillzustehen schien und die Yacht sich sacht von einem Bug auf den anderen wiegte, dann, ja dann war der Moment gekommen, auf den wir uns jahrelang, während der gesamten Zeit der Vorbereitung auf die Weltumsegelung gefreut hatten. Dann stand nämlich fest: „Wir hatten richtig gewählt!"

Dies widerfährt fast jedem Skipper. Denn eine Yacht ist immer ein Kompromiß: Der spartanisch eingerichtete, schlanke Typ wird schnell sein, dafür bietet er im Hafen wenig Platz und Wohnkomfort. Der Zweimaster ist leichter zu bedienen, denn seine Vorsegel sind kleiner. Dafür ist er nicht ganz so schnell wie der Einmaster mit seinen hochgeschnittenen Segeln. Der Motorsegler ist ein träges Segelschiff. Dafür ist er vom Wind unabhängiger, und aus manchem Flautenloch kann man wegen des großen Treibstoffvorrats rausmotoren.

108

Kurzum: Wenn die Reise vorangeht, wenn die Besatzung wohlauf ist, wenn sich die Erfüllung des Traums von der Weltumsegelung abzeichnet, dann ist wohl jeder Skipper von seiner Yacht überzeugt und glücklich.

18 Logbuch

Irgendwie wirkte der Pazifik auf uns friedlicher als alle Meere zuvor. Die Nervosität war weg. Das war natürlich Einbildung, denn das Wasser im Pazifik ist nicht anders als im Atlantik. Wenn die Tiefe einmal auf über 1000 Meter abfällt, dann wird die Wasserfarbe hier wie dort tief azurblau. Das Passatwetter gleicht sich ebenfalls. Nicht das Meer hatte sich also verändert, sondern wir. Wir hatten ein paar tausend Seemeilen mehr Erfahrung. Das Meer war zur vertrauten, nicht mehr feindlichen Umgebung geworden. Die Ruhe um uns, ja in uns, geht vielleicht auch aus unserem Tagebuch hervor, von dem ich hier ein paar Seiten in „Originalton" wiedergebe:

28. 4. Wieder einer meiner guten Angelköder, die ich in Panama gekauft habe, weg. Der Verschluß hat sich geöffnet, als offenbar ein „Großer" dranging.

Der Fischfang spielte auf der Thalassa eine große Rolle, obwohl Carla und ich eigentlich keine leidenschaftlichen Fischesser sind* und wir uns natürlich genausogut aus unseren Vorräten hätten verpflegen können. Yachten wie die Thalassa, mit mehr als zehn Metern über alles, haben meist viel mehr Vorräte dabei, als man zu einer einzigen Ozeanpassage benötigt. Nur an wenigen Orten auf der klassischen Weltumsegelungsroute kann man nämlich günstig und in guter Auswahl Konserven einkaufen. Dazu gehört Panama. Klar, daß wir dort nicht nur für das kurze Stück nach Galapagos einkauften, sondern bis nach Tahiti, also gleich für das nächste halbe Jahr. Trotzdem verlockte es uns, Frischverpflegung aus dem Meer zu holen. Wenn nur nicht das unangenehme Töten der Fische gewesen wäre!

> *29. 4. Neue Angel gebastelt, bis jetzt noch kein Erfolg. Heute habe ich auf der Pilot-Chart die Vigia entdeckt, von der Hiscock schreibt. Dummerweise beginnt nämlich unsere Pazifikkarte erst bei 110 Grad West. Eine Sorge weniger. Regnerischer, grauer Tag (Position: 6 Grad 45 Minuten Süd, 99 Grad 4 Minuten West).*

Eine „Vigia" sollte es heute eigentlich gar nicht mehr geben. Vigias sind Stellen im Meer, an denen irgendwann einmal, meistens im letzten Jahrhundert, Hinweise auf Untiefen gesehen wurden. Ob es sich hierbei um grünes Wasser handelte, das auf eine seichte Stelle hindeutete, oder um einen braunen Fleck, der von einer Untiefe, aber auch vom Rücken eines schlafenden Wales stammen konnte, wurde nicht festgestellt. Häufig wurden nach einer solchen Beobachtung andere Schiffe in diese Gegend entsandt, um Klarheit zu schaffen. Meistens fanden sie nichts. Den letzten Beweis, daß sich an

---

* Carla: „Stimmt nicht, ich bin begeisterte Fischesserin, wenn er frisch ist."

dieser Stelle eine gefährliche Untiefe befand, konnten sie mit den damaligen Navigationsmethoden nicht führen. Ergebnislose Beobachtungen waren andererseits auch kein Beweis dafür, daß keine Gefahren lauerten. So ließ man vorsichtshalber diese Vigias in den Karten drin.

Es klingt recht romantisch, wenn in der Seekarte ein kleiner gepunkteter Kreis eingetragen ist, mit dem Vermerk: „Hier sichtete 1853 HMS BEAGLE grünes Wasser!" Bei einem Schiff Seiner Britischen Majestät konnte man schon davon ausgehen, daß dort tatsächlich mal was gewesen war, ein Korallenriff vielleicht, das zwischenzeitlich abgebrochen und in die Tiefe des Pazifiks gestürzt war. Bei manchem Walfänger allerdings lag der Verdacht nahe, daß die Rumration vielleicht ein bißchen zu groß gewesen war und die Phantasie, oder die Angst, den Kapitän beflügelte.

30. 4. Angel verbessert: mit Fäden und Kardeelen von Perlonleine versehen und 8 m doppelt vom Stainless-Draht. Nach 30 Minuten ein schöner Fisch dran (73 cm). Nach unserem Fischbuch ein echter Bonito, schmeckt auch sehr gut.
1. 5. Gutes Etmal von 163 Seemeilen und klassisches Passatwetter heben die Stimmung. Offenbar haben wir wieder Strom.

Auch der Strom ist in die Windkarten eingetragen. Generell setzt er auf den Weltmeeren in Richtung des Windes, weil die Oberfläche durch das immerwährende Anblasen allmählich in Bewegung kommt. Ein Strom von zwei Knoten ist schon ungewöhnlich viel auf offenem Meer. Wenn die Yacht nur mit fünf bis sechs Knoten läuft, kann also der Strom ein Drittel der gesamten zurückgelegten Seemeilen ausmachen: ein echtes Geschenk der Natur. Dies ist auch einer der Gründe, warum die Segelreisen im Passat und in dem dazugehörigen

Strom gemacht werden und die Entdecker auf ihren Karavellen in der gleichen Richtung unterwegs waren. Mit dem Passat ist Kolumbus nach Amerika gesegelt, mit den Westwinden am Azorenhoch kam er zurück. Gegen Passat und Strom hätte er keine Chance für die Rückkehr gehabt. Auch moderne Yachten mit ihren guten Am-Wind-Eigenschaften schaffen das nicht.

Man kann den Strom nicht messen. Das Speedometer – eine Schraube, die sich im Fahrtstrom dreht – kann nur die Geschwindigkeit durch das Wasser feststellen. Ob sich die Wassermassen selbst, in denen die Yacht schwimmt, fortbewegen, spürt der Geschwindigkeitsmesser nicht. Den Strom stellt man auf hoher See nur fest, indem man den Schiffsort aus der Gestirnsmessung mit dem Ort, wo man nach Speedometer (ähnlich dem Tacho im Auto) sein müßte, vergleicht. Mehr als eine genaue Schätzung kommt da nicht raus.

2.5. Etmal 150 Seemeilen, doch wir kommen zu weit südlich, um – falls der Wind so bleibt – mit raumem Wind weitersegeln zu können. Aber ich kann nicht weiter vor den Wind gehen, die Fock fällt sowieso schon immer ein.

Das ist das schon erwähnte Problem für die modernen Segelyachten, die ja eigentlich für unsere heimischen Gewässer, nicht für Trans-Ozean-Fahrten, konstruiert sind. Wenn eine Yacht platt vor dem Wind segelt, ihn also genau von hinten hat, deckt das Großsegel das kleinere Vorsegel meist völlig ab, so daß letzteres wirkungslos wird und nur noch die Hälfte der Segelfläche zur Verfügung steht. Auf die andere Seite kann man das Vorsegel – Fock oder größere Genaua also – nicht nehmen, weil das Segel dort meist keine Stütze hat und mit lautem Knall immer wieder vom Wind aufgerissen wird. Auch wenn die modernen Segel aus starken Kunststofftüchern genäht sind, würden sie das nicht lange aushalten. Die alten Rahsegler waren für diese Zwecke besser konstruiert. Kein Wunder, sie waren ja von vornherein für Weltreisen ausgelegt.

3.5. Wieder Bonito von 75 cm Länge gefangen. Um die gleiche Zeit wie das letzte Mal, fünf Uhr nachmittags. Carla macht ihn diesmal auf serbische Art: mit Zitrone, Paprika, Thymian, Reis, Erbsen. Unser Vorankommen ist ganz gut. 940 Seemeilen in einer Woche. Jetzt haben wir „nur" noch 2000 Seemeilen nach Fatu-Hiva. Hoffentlich bleibt das Wetter so. Fisch schmeckte sehr gut. Den Rest haben wir weggeworfen. Schade um das viele Fleisch, aber ohne Kühlschrank geht es nicht besser.

Ein ganz besonderes Problem, nicht nur für unsere THALASSA, sondern fast für jede Fahrtenyacht, war der fehlende Kühlschrank. Nun gibt es durchaus Kühlschränke für die bei Autos und Wohnwagen gängige Spannung von zwölf Volt, die üblicherweise auch die Batterien auf Yachten haben. Allerdings benötigen Kühlschränke derart viel Strom, daß schon ein kleines Modell die Batterien in einem Tag ratzeputz leer lutscht. Wenn man nur den Haushaltsbetrieb kennt, kann man das kaum glauben, denn dort funktionieren unsere Kühlschränke jahrelang vollkommen problemlos. Aber es ist nun mal so. Eine bittere Lektion für Steckdosenmenschen, daß Strom nicht aus der Wand kommt, sondern irgendwo – recht energieaufwendig – erzeugt werden muß. Zwar erleben wir beim Autofahren selten eine leere Batterie, weil wir das Auto eben nur dann benutzen, wenn wir den Motor und damit den Stromerzeuger laufen lassen. Wenn wir aber aus Versehen mal die Lichter beim Parken brennen lassen, werden wir am nächsten Morgen schmerzlich daran erinnert, daß Energie nicht kostenlos ist.

Bei einer Yacht haben wir diese Situation jeden Tag. Wenn wir abends in der Koje bei elektrischem Licht noch ein Buch lesen, dann haben wir sozusagen „das Licht" brennen lassen; die kleine Leselampe saugt an unserer Bordbatterie. Auch wir lernten mit dieser Problematik erst im Lauf der Zeit leben. Für viel Geld hatten wir uns nämlich einen elektrischen Yachtkühlschrank in die THALASSA einbauen lassen. Schon bei den ersten Kühlversuchen wunderte ich mich dauernd über die leeren Batterien und suchte die Schuld überall – bei der Lichtmaschine, bei den Batterien –, bloß nicht bei den Naturgesetzen, die einfach besagen, daß man aus einer Batterie nicht mehr Strom herausholen kann, als man hineinsteckt.

> *4.5. Heute ist mein Namenstag. Wieder schönes Passatsegeln. Der Wind kommt sogar so günstig, daß wir mit Groß und Genua Kurs anliegen können.*
> *5.5. Nach nun 9 Tagen holen wir Groß und Genua erstmals herunter und setzen P-Focks.*

Um den Schwierigkeiten mit der schlagenden Fock aus dem Weg zu gehen, benutzt man auf fast allen Weltreiseyachten spezielle Vorsegel, die nach beiden Seiten ausgebaumt werden können. Aber auf See gibt es nichts geschenkt. Diese sogenannten Passatsegel können nur in einem engen Kursbereich gesegelt werden. Ändert der Wind die Richtung, müssen andere Segel gesetzt werden, was mit viel Arbeit auf dem schwankenden und rollenden Schiff verbunden ist. Ein weiterer Nachteil der Passatfock ist die fehlende Stütze für die Yacht. Unter P-Focks rollte die THALASSA ganz erbärmlich. Im Zwei-Sekunden-Rhythmus nach Steuerbord, dann nach Backbord. Dann nach Steuerbord... Nur Bretter vor den Kojen verhinderten, daß wir auf den Boden flogen.

Dieser Tagebucheintrag zeigt Bemerkenswertes, von dem der heimische Segler nur träumen kann. Neun Tage lang lief die THALASSA unter der gleichen Besegelung. An einem durchschnittlichen Nachmittag am Chiemsee hätten wir mindestens viermal die Segel gewechselt. Im Passat gibt es das nicht. Deshalb ist die Ozeansegelei viel ruhiger, als man annimmt.

> *7.5. Beinahe Entlüftungsschraube an der Maschine nicht aufgekriegt. Habe sie dann schwitzend mit Lötbrenner erhitzt, und – o Wunder – sie ging auf.*

Mit dem elektrischen Strom wird geknausert, so gut es eben geht. Trotzdem wird gelegentlich eine Lampe brennen, und deshalb müssen die Batterien nachgeladen werden. Schon für den Fall, daß man nachts ein anderes Schiff sichtet und die vorgeschriebene – äußerst stromfressende – Beleuchtung setzen muß. Und wehe, wenn auf Kollisionskurs mit einem Großen bei Flaute die Maschine nicht anspringt, weil die Batterien leer sind. Unsere Maschine, ein Faryman-20-PS-Diesel, ließ sich auch mit der Hand anwerfen, doch ging dies an die Grenze meiner Kräfte und taugte nicht für den Notfall. So sorgten wir dafür, daß die Batterien regelmäßig nachgeladen wurden. Aber immer wieder war Luft in der Treibstoffleitung, so ziemlich das einzige, was ein robuster Diesel nicht mag. Tatsächlich hatten wir auf der ganzen Weltumsegelung Ärger mit der Luft, weil ich die Ursache nicht fand. Erst ganz am Ende der Reise, schon wieder im Mittelmeer, auf den letzten Meilen, entdeckte ein Freund durch Zufall, daß die Treibstoff-Förderpumpe einen winzigen, nur unter der Lupe sichtbaren Haarriß hatte.

> *10.5. Carla backt einen „Kuchen". Er wird flach wie ein Diskus und zäh. Aber er hat eine schöne, goldbraune Färbung. Die kommt vom Zellophan, das sich nicht mehr lösen läßt und deshalb mitgegessen werden*

müßte. Kuchen ist aber zu hart zum Essen. Deshalb
mit Beretta zerschossen.
11.5. Zweiter Backversuch scheint besser zu gelingen,
weil Ergebnis höher. Carla hat aber auch doppelte
Menge Teig genommen... Den Burschen schneiden
wir an. Sehr gut!

Der Leser sieht, es dreht sich viel ums Essen. Tatsächlich ist
so eine lange Ozeanpassage, wenn am Schiff alles funktioniert, alles andere als kurzweilig. Aber man leidet nicht unter
Langeweile. Das Schöne ist, daß man Zeit hat. Zeit für
Dinge, die man sonst nicht machen kann. Wir hatten immer
alte Zeitungen dabei, die wir noch nicht kannten. Ich habe
vor und nach dieser Reise nie mehr so intensiv Zeitung gelesen. Auch die scheinbar uninteressanten Seiten bekamen
plötzlich einen gewissen Stellenwert. Die Werbung warf Fragen auf: Warum war diese Anzeige links oben plaziert, und
warum sah die hübsche Frau mit dem Rumglas nach rechts,
also über den Zeitungsrand hinaus? War dies Absicht, hatte
sich der Werbefachmann hierbei etwas gedacht? Wir spürten,
daß wir plötzlich viel intensiver lebten und dachten. Warum?
Lag das an unserer kleinen Welt?

Wie groß war eigentlich unsere Welt? Sie bestand aus der
THALASSA, aus uns natürlich und aus einer Kreisfläche auf
dem Wasser. Denn wenn man sich im Cockpit aufstellte und
sich einmal um sich selbst drehte, dann sah man nur blaues
oder – wenn der Himmel bedeckt war – graues Wasser mit – je
nach Wind – ein paar Gischtstreifen drauf. Das war unsere
Welt.

12.5. Große Birthday-Celebration mit Buttercreme-
Mocca-Eierschaum (Schrift!) und Kerze (Cebion-
Röhrchen mit Talg).
18.5. Zum Motor (Luft in der Leitung) denke ich

mir, daß sie vielleicht aus dem Tank durch die Lecköl-
leitung kommt. Ich fülle deshalb den Tank von 35 Liter
auf 65 Liter auf.

Eines der interessantesten Erlebnisse auf einer Weltumsegelung ist die ständige Herausforderung des Erfindergeistes, der
in jedem Menschen vorhanden ist, sei es bei nebensächlichen,
sei es bei lebenswichtigen Fragen. Carla hatte sich in den
Kopf gesetzt, meine Geburtstagsfeier mit einer Kerze zu
„krönen". Preisfrage: Wie wird eine Kerze mit Bordmitteln
produziert, wenn kein Wachs an Bord ist? Carla suchte sich
ein leeres Tablettenröhrchen und füllte dieses mit erhitztem
Rindertalg. Den hatten wir noch vom Metzger auf den Kanaren; wir benötigten ihn normalerweise, um Leinen an den
Stellen einzureiben, an denen sie durch Blöcke, also über
Rollen liefen. Es sollte das Durchscheuern verhindern und
funktionierte auch. Beispielsweise konnten wir davon ausgehen, daß die Leinen, die von der Selbststeueranlage auf die
Pinne liefen und die Steuerkraft auf das Ruder übertrugen,
ohne Talg drei bis vier Tage, mit Talg dagegen rund 40 Tage
hielten. Für unsere Kerze bewährte er sich allerdings nicht.
Die Schnur, die wir in den flüssigen Talg versenkt hatten und
die damit vollgesogen war, wollte nicht richtig brennen. Ich
war trotzdem zufrieden. Der Wille stand fürs Werk.

19.5. Schwierigkeiten beim Messen der Sonne, weil
immer hinter den Wolken. Glaube aber, doch ganz gu-
ten Standort bekommen zu haben. Nur noch 273 See-
meilen. Heute abend gibt es wieder Schweinebraten,
wenn kein Fisch beißt.
20.5. Heute hat Mutti 75. Geburtstag. Angeheftetes
Blatt gibt meine tägliche navigatorische Arbeit wieder:
1.) Berechnung der Mittagszeit. 2.) Zwei Stunden vor
Mittag – Sonnenhöhe. 3.) Mittagshöhe und Berech-

117

nung der Mittagsbreite für Eingang in die HO 249.
4.) Berechnung der Sonnenstandslinie vom Morgen.
5.) Zeichnung. 6.) Logarithmische Berechnung nach
Mittelbreite der zurückgelegten Distanz und Kurs seit
dem Vortag und bis zum Ziel.
Carla sichtet Fregattvogel. Ich habe eine kleine Gold-
makrele an der Leine und bin unschlüssig, ob ich sie
nehmen soll. Da springt sie von der Angel. Ich Dumm-
kopf! Jetzt gibt es abends Corned beef.

Auf hoher See wird mit Hilfe der Gestirne navigiert. Für einen Schiffsort benötigt man zwei Messungen von zwei verschiedenen Gestirnen. Man kann auch die Sonne zweimal messen, dies aber nur im Abstand von ein oder zwei Stunden. Erst dann hat die Sonne ihre „Position" so weit verändert, daß man sie als „zweites" Gestirn betrachten kann. Man nimmt die Sonne deshalb als bevorzugtes Navigationsgestirn, weil sie am leichtesten zu messen (und zu identifizieren) ist. Die Sternenmesserei ist erheblich schwieriger. Nicht beim Ausrechnen, da gibt es keine wesentlichen Unterschiede zwischen Sternen, Sonne oder Mond. Nein, das Messen ist das Problem. Weil mit dem Sextanten nur Winkel gemessen werden können, und zwar die Winkel zwischen Gestirn und Kimm, müssen selbstverständlich auch beide, das Gestirn und der Horizont, gleichzeitig zu sehen sein. Das ist weder am „hellichten" Tag noch in der Nacht, sondern allein bei Dämmerung der Fall. In den Tropen dauert sie nur wenige Minuten. In dieser kurzen Zeit sollte man dann mindestens zwei Sterne „im Kasten" haben. Aus diesem Grund verzichtet man unterwegs meist auf die Sternenmesserei, denn da reicht es, einmal am Tag, nämlich traditionsgemäß mittags, mit der Sonne den Schiffsort festzustellen.

Zum Ausrechnen der Messungen verwendet man auch noch allgemein die HO-249-Tafeln. Sie ersparen einem das

20.51 Sg 70°30 S, 136°W   190'08" 47°34,3
1156   gB: 12,5
904   Dekl 20°08'   44°47,0
2100 = Mitte   360
                     105°52,5   Verseglung 121-   ϕ = 10°
Hg 59°25   00°02,0   (22±00)   z = 135°54,5
R: 13   ─────────
Dr 20008   465°54,5   A2 = 44
─────   13°54,5   47 54 L 41   1c - 2 weg
39°46   LHA: 330°00   - 5
                                 ─────
89 60   47 49
-79°46
─────
10°14

0   0   O 136°

                    135°05 W
                    100°14 S
                                  90

                                  100

23.MP	10°26	133°50	Fater Hi	10°24	138°41
24.MD.	10°14	135°55		10°14	135°55
egn (10°20)	12	125	4m (10°19)	10	166°

$lg\ 125$ = 2,07691 $lg\ 166$ = 2,22011

+ $lg\ cos\ 10°20$ = 9,99290   + $lg\ cos\ 10°19$ = 9,99292

12,08981   12,21303

− $lg\ 12$ = 1,07918   − $lg\ 10$ = 1,00000

$lg\ tg\ α$ 11,01063 $lg\ tg\ α$ 11,21303

$α$ = 84 $α$ = 86°

rvk o 236   rvk = 266

$lg\ 12$ = 1,07918 $lg\ 10$ = 1,00000

+ $lg\ sec\ α$ = 1,01268   − $lg\ sec\ α$ = 1,21484

$lg\ d$ = 2,09186 $lg\ d$ = 2,21484

d = 124 d = 164

mühselige Herumsuchen in der Logarithmentafel. Die HO-249-Tafeln wurden im Zweiten Weltkrieg für die britischen Bomberpiloten entwickelt, damit sie in der Nacht (sie maßen die Sterne mit einem künstlichen Horizont) möglichst schnell und ausreichend genau ihren Standort finden konnten. Die Genauigkeit dieser praktischen Tafeln reicht auch für die Großschiffahrt aus. Der Schiffsort läßt sich bis auf ca. zwei Seemeilen feststellen. Ganz selten nur passierte es in meinem ganzen Leben – vielleicht fünfmal, nicht häufiger –, daß keine Sonne zu „schießen" war.

Logarithmentafeln, und zwar spezielle für den Seemann, nämlich die Tafeln von Fulst, benutzte ich, um jeweils Kurs und Entfernung zum Ziel auszurechnen. Die Seekarte hat einen viel zu großen Maßstab, um darauf richtig navigieren zu können. Man nennt sie Übersegler und verwendet sie nur, um den Schiffsort einzutragen.

21.5. Um 09.00 Ortszeit glaubt Carla, an Steuerbord voraus Land ausmachen zu können, ist aber nicht ganz sicher. Um halb eins macht sie mit Sicherheit Land aus: Fatu Hiva. Da wir es dorthin bei Helligkeit nicht mehr schaffen, beschließen wir, nach Hiva Oa durchzulaufen.

Ein besonderes Navigationsproblem beim „Landfall" – so nennt der Seemann den Augenblick, da er von der Navigation mit Hilfe der Gestirne, also ohne Landsicht, auf die Navigation mit Peilobjekten an Land übergeht – ist die Nacht. Die Schiffsposition wußten wir auf zwei bis drei Seemeilen genau. Große Aufregung gab es deshalb beim Insichtkommen von Land nie. Aber dann wurde es schwieriger. Die meisten Inseln in der Südsee sind nämlich unbeleuchtet. Das heißt, in der Nacht gibt es keine Gewähr, sie rechtzeitig zu sehen, bevor man aufs Riff rauscht und sein Schiff unter Umständen verliert. Außerdem muß man immer mit dem Schlimmsten rechnen, das heißt, mit Strom in einer Stärke bis zu zwei Knoten. In einer langen Tropennacht von zehn Stunden kann man, selbst wenn das Schiff schon fünfzehn Meilen vor der Insel beidreht – also nicht mehr weitersegelt –, allein durch den Strom aufs Land gesetzt werden. Wir waren deshalb immer so übervorsichtig, daß wir am frühen Morgen meistens feststellten, daß wir in der Nacht keinen Strom gehabt hatten, also noch viele Stunden von unserem Ankerplatz entfernt waren.

> *22. 5. Die Nacht verbringen wir in Lee der unbeleuchteten Insel Motane. Sehr rauh. Bei Morgengrauen laufen wir mit dem ersten Licht in Taa Huku ein.* Überwältigender *Eindruck der Landschaft, unmöglich zu beschreiben. Bruce und Anne sind hier.* LAFFRAINCHE *auch. Bernard bringt uns Butter und frisches Brot. Der Arme hat beim Kotzen sein Gebiß verloren, jetzt muß er nach Nukuhiva um eine Prothese („wegen der Kokosnüsse"). Dann Besuch beim Gendarm, recht einfache Formalitäten, danach Einkaufen. Gott sei Dank, sie nehmen Reiseschecks. Mittags überfressen wir uns an Weißbrot und Butter.*

Nur wenig mehr als drei Wochen hatten wir für die fast 6000 Kilometer lange Strecke von den Galapagos nach den Marquesas benötigt. Drei Wochen lang hatten wir in unseren Kojen gelegen und von der Ankunft auf den „schönen Inseln" geträumt, hatten an frisches Brot und Butter gedacht. Jetzt waren wir inmitten unserer Freunde und mampften all das in uns hinein. Stolz über die Leistung unserer THALASSA verbesserte unseren Appetit, denn so selbstverständlich war es auch wieder nicht, 6000 Kilometer ohne ein Gramm Brennstoff zurückzulegen.

Da werden Milliarden für Energieeinsparungen und Erfindungen, die fossile Energiequellen überflüssig machen sollen, ausgegeben. Und immer wieder müssen die Steuerzahler erleben, daß hochbezuschußte Forschungsprojekte ein Reinfall sind. Nicht einmal die deutschen Windmühlen (wie der GROWIAN) funktionieren. Und dann kommen ein paar Segler, kaufen sich ein kleines Kunststoffschiff und legen 6000 Kilometer nur unter Segeln zurück, also ohne einen Liter Sprit zu verbrennen. Was das bedeutet, kann man sich leicht ausrechnen, wenn man überlegt, was ein durchschnittliches Auto dafür an teurem Benzin benötigt.

Geht man von einem Hundert-Kilometer-Verbrauch aus, dann würden für die Strecke von den Galapagos nach den Marquesas immerhin sechshundert Liter Benzin, rund zehn Tankfüllungen, benötigt, um einen Mittelklassewagen über diese Strecke vorwärts zu bringen!

Der Segler bekommt das von der Natur geschenkt. Dabei ist noch nicht mal berücksichtigt, daß ein durchschnittliches Auto ungefähr eine Tonne wiegt, während unsere THALASSA immerhin sechs Tonnen auf die Waage brachte. Und die Geschwindigkeit? Wer im Urlaub schon mal in drei Wochen 6000 Kilometer mit dem Auto zurückgelegt hat, wird respektvoll seinen Hut ziehen!

Selbstverständlich hatten wir auch ein paar Liter Diesel verbrannt, genau gesagt 22 Liter. Aber die wurden nur gebraucht, um unsere Batterien einigermaßen voll zu halten. Zum Vorwärtskommen nutzten wir nur den Wind.

Darauf sind Segler stolz.

19 Im Paradies?

Bernard von der LAFFRAINCHE hatte einen neuen Mitsegler, einen netten jungen Deutschen von 22 Jahren, Frank. Dieser versuchte, um die Welt zu trampen, nicht per Hitchhiking, sondern per Boating. Bis Galapagos hatte er sich durchgeschlagen und traf dort Bernard. Bernard war solo, also Einhandsegler, zwar nicht einmal 50 Jahre alt, doch schon pensioniert. In Indochina hatte er für die Franzosen als Fallschirmjäger den Kopf hingehalten. Das heißt, ganz allein war Bernard nicht auf seinem knapp acht Meter langen Bötchen. Mit an Bord war „Whiskey", eine Mischung aus Schäferhund und ein paar anderen Hunderassen.

War für Whiskey und Bernard die LAFFRAINCHE schon nicht besonders geräumig, so wurde es erst recht eng, als Bernard sich erbarmte und Frank mitnahm. Ob es reines Mitleid war, Frank mitzunehmen, darf allerdings bezweifelt werden, denn im Lauf der Reise stellte sich heraus, daß Bernard in Frank nicht nur den Mitsegler, sondern auch den willigen und – vor allem – billigen Diener sah. Am Ziel, in Hiva Oa, hatten sich die beiden ziemlich satt. Und Bernard befahl – anders kann man es nicht nennen, das war er halt vom Krieg so gewohnt – Frank, er solle sich eine andere Yacht suchen. Aber da mußten die beiden eine Erfahrung wie viele Yachtleute machen: daß es schon zu spät war.

Der kreuzbrave Gendarm hatte davon Wind bekommen, daß Frank die Yacht wechseln wollte. Kategorisch verbot er es. Und er hatte dabei nicht unrecht. Denn er berief sich auf ein Gesetz, das keine Ausnahmen duldete: Jeder, der mit einer Yacht einreiste, mußte mit dieser Yacht auch wieder ausreisen.

Im Logbuch der Thalassa steht:

> 6.6. *Bernard hat versucht, Frank loszuwerden, und* Dusty Lady *hat zugesagt, ihn nach Tahiti mitzunehmen.*
> 7.6. Dusty Lady *„gibt" Frank wieder zurück, weil der Gendarm ihnen erklärt hat, sie dürften ihn nicht in Tahiti zurücklassen.*

Ab da war die Laffrainche für Bernard und Frank – jeder für sich ein netter Kerl – die Hölle. Beide hatten sich auf der langen Reise nach den Marquesas schon wieder entfremdet, nur die Hoffnung, daß Frank am Ziel das Schiff schnellstens würde verlassen können, ließ sie die Form des menschlichen Zusammenlebens auf engem Raum wahren. Aber als der Gendarm sich unnachgiebig zeigte, war zwischen beiden nur noch Haß. Frank betrachtete die kleine Yacht Laffrainche nun als Gefängnis, Bernard wollte zum Ausgleich für diese mißliche Lage Frank nur noch als billige Arbeitskraft oder – nennen wir es beim Namen – als „Sklaven" einsetzen. Dazu kam etwas, das man nur als seelische Grausamkeit einstufen konnte. Er warf Frank immer wieder vor, daß er für ein simples Leben „in der Wildnis" völlig ungeeignet war.

Wir alle hatten Mitleid mit Frank, denn seine Hände und Beine sahen fürchterlich aus. Beim Tauchen und Muschelsammeln hatte er sich zahlreiche Schnittwunden zugezogen, die nun langsam eiterten. Trotzdem schickte Bernard „seinen" Frank immer wieder los, um im Wald Mangos oder andere Früchte zu sammeln.

So nahe liegen Hölle und Himmel beisammen. Für uns waren die Marquesas das Paradies.

Zum ersten Mal lernten wir die Polynesier kennen. Man kann die Art eines Volkes zwar nicht verallgemeinern, heißt es, nicht charakterisieren, ohne Vorurteilen Nahrung zu geben. Schon richtig, aber zum Vorteil von Menschen ist dies sicher erlaubt.

Nirgendwo außerhalb Polynesiens haben wir soviel Gastfreundschaft erlebt. Das begann schon, als Carla die Post für uns im Postamt abholte. In den ersten Tagen auf den Inseln konnte ich das Schiff nämlich nicht verlassen, denn ich hatte mir die linke große Zehe verstaucht. Das meinte ich wenigstens. Andere, die vorgaben, was davon zu verstehen, sagten allerdings, daß es ein Gichtanfall sei, worüber ich lächelte, denn ich war der Meinung, daß Gicht doch nur alte Leute bekämen. Wir konnten die Sache nicht klären, denn auf Hiva Oa gab es keinen Arzt. Der nächste saß auf Nuku Hiva, der Schwesterinsel, ungefähr 24 Stunden mit dem Boot entfernt. Gleichgültig, was es war, ich hatte jedenfalls scheußliche Schmerzen und war für eine Woche an meine Koje gefesselt.

Carla erzählte dies dem Beamten in dem kleinen Postamt der Nachbarbucht. Daraufhin gab er ihr für mich ein paar Surfmagazine mit, damit es mir nicht langweilig wurde. Er selbst war nämlich begeisterter Surfer. Nein, nicht Windsurfer, sondern richtiger Surfer mit eigenem Revier vor der Behördentür. Seine Hütte – mehr war sein Postamt wohl nicht – stand nämlich keine zwanzig Meter entfernt von einem Sandstrand, wie wir noch keinen schöneren gesehen hatten. Er war pechschwarz, und der Postbote erzählte Carla, daß er mit seinem Surfbrett nur im Laufschritt ins Wasser gelangen könne. Die Hitze hätte sonst seine Fußsohlen verbrannt.

Als ich wieder gesund war, luden wir alle Yachties auf dem Ankerplatz zu einem Picknick an dieser „Black Beach" ein. Carla schaffte alles Nötige von der THALASSA herbei, also ein paar Decken zum Draufsetzen, Corned beef, Mixed pickles, Gewürze und Geschirr. Sie wollte schon mal vorab einen schönen Platz unter Palmen suchen, während wir noch ein paar Flaschen Hinano im nahegelegenen Magasin kaufen sollten. Hinano ist das polynesische Bier, nicht schlecht, doch mit

Vorsicht zu genießen. Das bayrische Reinheitsgebot gilt nämlich in Tahiti nicht, weshalb die Polynesier beim Bierbrauen reichlich Zucker zusetzen. Das schmeckt und ist süffig. Daß man zuviel davon getrunken hat, merkt man erst am nächsten Tag, wenn der Schädel brummt.

Bevor wir noch die Straße zum Magasin erreicht hatten, sahen wir was Merkwürdiges am Strand, wo Carla eben die Decke auf dem Boden ausbreiten wollte. Ohne für uns ersichtlichen Grund warf sie plötzlich die Picknickutensilien fort und rannte weg. Atemlos kam sie auf uns zu und keuchte: „Nonos!"

Wer Nonos noch nicht erlebt hat, der kann kaum begreifen, wie unangenehm diese kleinen Stechfliegen sind. Sie sehen nicht anders aus als besonders kleine Exemplare der gemeinen deutschen Hausfliege. Aber sie stechen und treten in Myriaden auf. Ihr Stich ist zwar gerade noch erträglich, nur wenig schmerzhafter als ein Moskitostich, seine Folgen aber sind bösartiger.

Jeder Stich beginnt nämlich nach einer gewissen Zeit zu jucken und – das Kratzen läßt sich beim besten Willen nicht unterdrücken – zu eitern. Man kann so ganz gut abzählen, wie oft man gestochen worden ist. Scotty von der BEBINKA hatte sich auf einem Spaziergang gegen die Nonos mit langen Hosen, Tuch vor dem Gesicht und langen Ärmeln besonders geschützt und wurde trotzdem 96 mal gestochen.

Cremes oder gar diese surrenden, angeblich hundertprozentig schützenden Elektroniksummer scheinen die Nonos nur noch angriffslustiger zu machen. Gegen sie hilft nur ein gewisses Mittel, nämlich offenes Feuer. Noch etwas macht sie einigermaßen erträglich: Sie haben offensichtlich von der Natur einen festen Terminplan einprogrammiert bekommen. Zu ganz bestimmten Zeiten lassen sie sich nicht sehen. Um die Mittagszeit verschwinden sie und tauchen pünktlich am späten Nachmittag, so gegen fünf Uhr, wieder auf.

Auf den Ankerplatz hinaus trauen sie sich aus Angst vor dem Wasser nicht. So mußten wir uns dort draußen nur gegen die Moskitos schützen. Die Polynesier leiden unter den kleinen schwarzen Teufeln genauso wie die Yachties, die zur Unzeit an Land rudern. Seit Jahrhunderten haben die Leute der Marquesas ihren Lebensrhythmus nach den Nonos zu richten. Fast automatisch suchen sie gegen vier Uhr nachmittags am Boden Kokosabfälle zusammen, vor allem die zähen Fasern, und machen daraus ein langsam vor sich hinglimmendes, rauchiges Feuer. Jeden Tag, Jahr für Jahr.

Das sind Dinge, die nicht auf den Fotos, nicht auf den Postkarten dieser grandiosen Landschaft zu sehen sind.

Merkwürdigerweise gibt es die Nonos nicht auf allen Inseln der Marquesas. Ganz besonders schlimm hausen sie auf Nuku Hiva, der Hauptinsel der Gruppe. Auf Fatu Hiva, der wohl malerischsten Insel, 30 Meilen südöstlich von Hiva Oa, gibt es keine Nonos, obwohl die Voraussetzungen für ihr Gedeihen, nämlich Süßwasserbäche, genauso vorhanden sind wie auf Hiva Oa. Die Vegetation ist die gleiche, die Tierwelt auch. Rätselhaft! Täglich fahren kleinere Boote zwischen den Inseln hin und her, aber die Minifliegen werden offensichtlich nie übertragen oder – was wahrscheinlicher ist – können auf Fatu Hiva, aus welchen Gründen auch immer, nicht überleben.

Nachdem wir uns auf den Marquesas eingewöhnt hatten, nach drei Wochen also, setzten wir wieder Segel und segelten zurück nach Fatu Hiva. Nach langer Zeit zeigte der Kompaß wieder einmal nicht nach Westen. Wir wollten Fatu Hiva besuchen, wo einst Thor Heyerdahl ein halbes Jahr gelebt hatte und darüber sein berühmtes Buch „Fatu Hiva" geschrieben hatte. Dies war zwar schon einige Jahrzehnte her, aber alles, was Heyerdahl über diese 30 bis 40 Kilometer lange Insel geschrieben hat, stimmt. Was man sich von der Südsee erträumt, findet man auf dieser schönsten aller Inseln: eine in jeder Hinsicht freigiebige Natur (und keine Nonos!). Die

Landschaft ist noch ein wenig erhabener als sonst auf den Marquesas, die Felsen sind steiler. Die Orangen sind noch ein wenig süßer als auf den übrigen Inseln, und die Menschen strahlen noch mehr inneren Frieden aus.

Kaum waren wir in die Bucht von Hanavave eingelaufen, sahen wir am felsigen Ufer dunkelhäutige Menschen, die ein Auslegerkanu klarmachten und mit Früchten beluden. Mit ruhigen Paddelschlägen kamen sie auf die THALASSA zugeglitten, banden die Piroge achtern an unsere Selbststeueranlage und stiegen ohne weitere Aufforderung zu uns an Deck. Drei Männer waren es, alle keine vierzig Jahre alt. Schnell stellten wir fest, daß sie nur ein paar Worte Englisch konnten, so daß eine fließende Unterhaltung wegen unserer mangelnden Französischkenntnisse nicht möglich war.

Trotzdem „sprachen" wir stundenlang miteinander, erzählten von unserer Heimat und wollten natürlich soviel wie möglich über Fatu Hiva erfahren. Aber auf Polynesien schien es keine Geschichte zu geben. Unsere Freunde konnten praktisch nichts über ihre Vergangenheit erzählen. Das Wort „war" schien in ihrer Sprache nicht zu existieren. Sie lebten nur in der Gegenwart. Nicht einmal unsere Fragen nach dem Maler Paul Gauguin beantworteten sie, obwohl er um die Jahrhundertwende auch in Fatu Hiva gewirkt hatte, wie zahlreiche Motive seiner Gemälde beweisen. Ohne Verständnis blickten sie uns an, als wir die Sprache auf einen der berühmtesten Maler überhaupt brachten. „Ach ja, der Franzose mit den Bildern!"

Die Marquesas bergen viele Rätsel, auf die niemand eine Antwort geben kann. Zum großen Teil liegt dies daran, daß die Polynesier keine geschriebene Sprache, also auch kein polynesisches Geschichtsbuch kennen. So wußten sie auch keine Erklärung für das größte Rätsel der Marquesas: Warum nämlich von den einst hunderttausend Einwohnern vor hundert Jahren nur ein paar tausend Nachfahren übrigblieben.

Tragen nur die Weißen daran schuld, die angeblich neben all dem fragwürdigen Fortschritt viele Krankheiten mitgebracht haben? Oder die Missionare, die den naturgemäß lebenden Südseeinsulanern verboten hatten, ohne westliche Kleidung rumzulaufen und die somit (wegen der nach zahlreichen Regenfällen feuchten Kleider) Erkältungen und Tuberkulose gefördert hatten? Oder waren es Seuchen, die auch ohne Einwirkung des weißen Mannes über die Menschen der Marquesas-Inseln gekommen wären? Keine Antworten!

Unsere Freunde erzählten von ihrem Leben, das vor allem aus zwei Beschäftigungen zu bestehen schien, nämlich aus Fischen und Jagen. Wir selbst zeigten uns nicht besonders interessiert am Angeln, denn wir waren schon von vielen Yachtleuten vor giftigen Fischen gewarnt worden. Das Problem liegt darin, zu erkennen, welcher Fisch giftig ist. Leider kommt es nicht nur auf die Fischart an, sondern auch darauf, woher sie stammt. Der eine Fisch kann in der Bucht von Hanavave giftig sein, während sein Artverwandter ein paar Seemeilen weiter unten an der Küste vollkommen harmlos ist. Niemand weiß das so genau. Auch nicht die Polynesier, obwohl sie das selbstsicher behaupten.

Immer wieder kommt es vor, daß sich sogar Polynesier vergiften. Die Folgen sind verschieden, je nachdem, wieviel von dem heimtückischen Gift in den Körper gelangt ist. Ich traf Yachtleute, die eine giftige Moräne gegessen hatten. Sie waren gewiß nicht besonders wehleidig, aber ihre Schilderungen der Symptome klangen doch so dramatisch, daß uns die Lust am Fischfang in Polynesien verging.

In schweren Fällen führt so eine Fischvergiftung nach zehn oder zwanzig qualvollen Stunden zum Tod. Aber selbst wenn man nicht soviel erwischt hat, ist die Sache nicht zum Lachen. Meistens stellen sich Übelkeit und Durchfall sehr schnell ein. Nach ein paar Stunden verliert der Mensch die Fähigkeit, mit den Fingern und der Haut zwischen kalt und warm zu unter-

130

scheiden. Das heißt, Temperaturen werden durchaus noch wahrgenommen, doch gaukeln die gestörten Nerven einem genau das Gegenteil vor. Warmes Wasser wird als eiskalt und Eis als heiß empfunden.

Nach ein paar Tagen können sich diese Symptome wieder legen. Was aber in fast allen Fällen bleibt, ist eine Überempfindlichkeit gegen Meeresfrüchte, die – auch wenn sie ungiftig sind – immer wieder zu den gleichen Symptomen führen kann. Die bedauernswerten Opfer müssen sich also beim Fischgenuß über Jahre hinweg zurückhalten. Für einen Europäer ist das nicht so schlimm, für einen Polynesier aber, dessen Hauptnahrung aus Fisch besteht, ein großes Handikap!

Wer zum zweiten Mal Opfer dieser Fischvergiftung wird, überlebt häufig nicht. Trotzdem ist die Leidenschaft der Polynesier für Fisch ungebrochen. Sie haben einige „Patentrezepte", um einen giftigen Fisch vor dem Genuß zu erkennen, auf die sie schwören: Man legt den gefangenen Fisch in die Sonne, bis die Fliegen kommen. Gehen die Fliegen drauf, ist der Fisch in Ordnung, halten sie sich fern, dann ist er giftig.

Die Jagdgelüste der Menschen von Hanavave – rund 80 Einwohner hatte das Dorf gleich an der Mündung des Süßwasserbaches in die Bucht – sind durch die Franzosen stark eingeschränkt worden. Die Polynesier gehören zwar zu den friedlichsten Menschen, trotzdem hielten die Franzosen es für besser, alle Waffen einzusammeln. Nur wenige Polynesier besaßen noch ein Gewehr, meist „harmlose" 22er-Flinten, die sich ohnehin für die Jagd nicht besonders eignen. Höchstens Ziegen kann man damit schießen. Was aber den Menschen vor allem abging, war Munition. Die Franzosen teilten ihnen nämlich für ein ganzes Jahr nur 30 Patronen zu, und das reichte meistens nur ein oder zwei Monate.

Eine Ausnahme galt für den Metzger. Der bekam rund 100 Schuß Munition größeren Kalibers. Er war nämlich für die Fleischversorgung zuständig und konnte so jede Woche eine wilde Kuh schießen. Das Fleisch wurde dann kostenlos an die Dorfbewohner verteilt.

Nach Stunden saßen unsere Gäste immer noch im Cockpit der THALASSA. Nachdem wir das Thema „Jagd" angesprochen hatten, machten sie uns verlockende Angebote, zum Beispiel ein ganzes Schwein für eine Schachtel 22er Patronen. Aber wir besaßen nur Munition für unseren 38er Revolver. „Macht nichts." Heiter verabschiedeten sich die Insulaner.

Abends erhielten wir wieder Besuch. Drei junge Burschen kamen an Bord, legten zehn fußballgroße Pampelmusen aufs Deck und begannen zu singen, wobei sie sich auf den mitgebrachten Ukuleles begleiteten. Es waren nur fröhliche Lieder, und meistens kam uns die Melodie bekannt vor. Jedenfalls ging sie uns sofort ins Ohr. Es wurde ein langer Abend, unsere Whiskeyvorräte waren am nächsten Morgen ziemlich dezimiert.

Tags darauf kam der Gendarm von Hiva Oa herüber. Er wurde mit allen Ehren empfangen, schließlich verkörperte er in diesem kleinen Inselreich so was wie die Regierung. Aber nicht nur das! Der Gendarm hatte nicht nur die Aufgabe, Ruhe und Ordnung aufrecht zu erhalten, sondern gleichzeitig auch die des Richters und des Standesbeamten. Nur die fähigsten aller Gendarmen Frankreichs bekamen eine so verantwortungsvolle Stellung.

Wir hatten den Eindruck, daß die Polynesier mit ihrem Gendarm zufrieden waren, wie wir überhaupt feststellten, daß die Franzosen bei den Polynesiern nicht unbeliebt waren. Die leichte, beschwingte Lebensart beider Völker scheint sich zu ergänzen.

Eines Tages erzählte man auf dem Ankerplatz, daß sich alle Yachten in der Bucht von Hanamenu zu einem Fest bei deren Besitzer treffen sollten. Beim morgendlichen Spaziergang durch das Dorf fragten mich Polynesier, ob ich für Hosanne etwas mitnehmen könne, das sie mir am frühen Morgen vor der Abfahrt zum Schiff bringen würden. Selbstverständlich schlug ich den braven Leuten die Bitte nicht aus.

Am nächsten Morgen kamen sie im Auslegerkanu und reichten mir ihr „Mitbringsel" über die Reling. Es war ein kleines Mädchen, das uns mit tiefblauen Augen vertrauensvoll ansah. Dieses Erlebnis ist typisch für die Denkweise der Polynesier. Sie sind zu jedermann zutraulich und finden nichts dabei, Fremden sogar ihre Kinder anzuvertrauen. Wir waren nicht gerade erfreut über die große Verantwortung, die man uns da auflud, denn immerhin mußten wir mit unserer wertvollen Fracht über das offene Meer fahren. Nachdem wir dem kleinen Mädchen eingeschärft hatten, nur ja nicht das Cockpit zu verlassen, holte ich den Anker auf, und wir setzten Segel. Schon aus Gewohnheit brachte ich die Angel aus, als wir tiefes Wasser erreichten. Auf den nachgeschleppten Köder würden nur Raubfische gehen, damit waren wir also vor der gefürchteten Fischvergiftung sicher.

Als wir um die erste Huk herum waren, kreischte die Angel hinten auf, und ich sah sofort, daß die Perlonleine zum Zerreißen gespannt war. Ich stürzte hin, merkte aber gleich, daß ich keine Chance hatte, die Leine einzuholen. Der Zug war zu stark, sie schien ohnehin jede Sekunde reißen zu wollen. Unser kleines Mädchen saß regungslos in der Cockpitecke und starrte auf die Leine. Aber ich hatte nicht den Eindruck, daß sie der Fisch, der da dranhing, erstaunte. Ich glaubte eher, daß sich ihr Gesicht etwas verfärbte. Dieses Symptom war mir vertraut: Seekrankheit bahnte sich an.

Es war genau eine jener Situationen, die Carla so sehr haßte. Die Segel standen voll, das Schiff machte gute Fahrt. Aber um den Fisch an Bord zu kriegen, mußte ich die Fahrt aus dem Schiff nehmen, was nur dadurch ging, daß wir in den Wind schossen und die Segel bargen.

Auf der THALASSA, die mit zwei „Mann" ja nicht übermäßig stark besetzt war, funktionierte die Segelei deshalb so problemlos, weil wir uns angewöhnt hatten, nicht mehrere Handgriffe nebenher, sondern immer hintereinander zu machen. Dies ist eine goldene Regel, wenn man sich auf hoher See nicht ganz sicher fühlt; sie kann jedem Anfänger nur empfohlen werden. Das geht natürlich nur, wenn jeder Handgriff *vor* einem Manöver einzeln durchdacht wird.

Jetzt aber kam eine Situation auf uns zu, in der dies einfach nicht möglich war. Zu allem Überfluß hatten wir noch einen kleinen Gast im Cockpit, der mit immer grüner werdendem Gesicht gegen die Seekrankheit ankämpfte. Es gab nur eine schnelle Lösung, nämlich die Leine mit dem immer griffbereiten Tauchermesser zu kappen. Aber das wollte ich nicht, denn so eine Angel hatte – besonders in Polynesien – einen großen Wert. Also: langsam in den Wind drehen, andirken und Großsegel runter. Das Chaos war perfekt!

Das Großsegel hatte sich in einer großen Wolke über das Cockpit gelegt, die nun haltlose THALASSA stampfte und rollte fürchterlich in der Kabbelsee an der Felshuk, das kleine Mädchen kotzte, und die Angel kreischte. Es dauerte Minuten, bis das Groß klariert, der Baum einigermaßen gesichert und das Schiff wieder mit vollem Vorsegel auf Kurs war. Ein Blick nach achtern: Der Fisch hing noch dran.

Ich stellte mich an den Heckkorb und wollte die Rolle langsam aufdrehen. Aber der Zug war zu stark. Dann versuchte ich, die Leine Hand über Hand einzuholen, doch das scharfe Perlon schnitt mir in die Haut. Nachdem ich Lederhandschuhe angezogen hatte, ging es besser. Vielleicht hundert Meter weiter weg sah ich die Beute gegen ihr Schicksal ankämpfen. Das Wasser schien zu kochen, und die Angelleine zeigte in gerader Linie einmal nach rechts hinten, einmal nach links hinten. Der Fisch mußte eine wahnsinnige Geschwindigkeit draufhaben, anders war nicht erklärbar, daß die Angelleine so schnell ihre Richtung änderte. Langsam holte ich sie ein und hoffte halb, unsere Beute würde sich losreißen. Aber immer, wenn ich dachte, ich hätte ein paar Meter gewonnen, rauschte die Leine wieder aus.

„Leg sie über die Winsch!" meinte Carla. Eine gute Idee. Ich klinkte die Winschkurbel aus und wand mit großer Kraftanstrengung die Perlonleine um die Trommel. Da hatte der Fisch verloren, denn gegen die Zweigangwinsch besaß er keine Chance. Bald sah ich den Blinker vor dem spitzen Maul eines großen silbrigen Burschen. Als er nur noch einen Meter vom Heck entfernt war, hielt er bewegungslos inne. Seine Kraft war gebrochen. Aber ich kam mir nicht wie ein Sieger vor. Denn der schöne Fisch hatte von vornherein keine Chance gegen unsere Winsch. Was so etwas mit Sport zu tun hat (wie die „Sport"-Fischer immer wieder behaupten), weiß ich nicht. Nicht gerade glücklich wuchtete ich den entkräfteten Fisch ins Cockpit, wo er bewegungslos liegenblieb. Ich erlöste ihn mit ein paar Schlägen mit dem Pumpenschwengel. Unser kleiner Gast sah mit starrem Blick über die Reling.

Jetzt erst wurde uns die ganze Größe des Fisches bewußt. Er lag diagonal auf dem Cockpitboden, paßte aber gar nicht ganz rein. Seine Schwanzflosse war nach oben gebogen und ragte bis auf die Cockpitbank. Das Mädchen rutschte scheu zur Seite und hauchte ein einziges Wort. Wir verstanden es nicht, nahmen aber an, daß es der Name für diesen Fisch war. Ich drehte wieder in den Wind und zog das Groß rauf, unsere Fahrt ging weiter.

Als wir die Bucht von Hosanne erreicht hatten, kamen uns ein paar junge Leute entgegen und holten ihre kleine Schwester ab. Es gab ein großes Hallo, als sie im Cockpit den Fisch sahen. Wir hatten ihn gemessen und eine Länge von eineinhalb Meter festgestellt. Drei junge Franzosen, George, Jacques und Hubert, die mit ihrer ULYSSES auf dem Heimweg nach Neukaledonien waren und sich mit Fischen auskannten, stellten fest, daß es sich um einen Wahoo handelte, einen hervorragenden Speisefisch und der schnellste Räuber überhaupt.

Es freute mich, den Fisch gleich zum Empfang Hosanne, dem Eigentümer der Bucht, schenken zu können. Zum erstenmal passierte es uns in Polynesien, daß wir beim Ankommen ein Geschenk überbrachten. Ein wenig stolz war ich, als immerhin zwei Mann nötig waren, den Fisch an Land zu bringen.

Für den nächsten Tag war „Schwein auf tahitianisch" angesagt. Dies ist das größte Fest, das man in Polynesien erleben kann. Denn Polynesier sind keine reichen Menschen, was den eigenen Besitz angeht. Auf vielen Inseln halten sich die Familien hinterm Haus ein Schwein, meist mit einem Bein festgebunden, so daß sich das arme Tier nicht allzu weit bewegen kann. Das Schwein wird erst dann geschlachtet, wenn es einen wirklich großen Anlaß zum Feiern gibt, meist eine Hochzeit. Man kann sich leicht ausrechnen, daß solche Anlässe nicht unbedingt in die paar Monate fallen, in denen sich zufällig Yachtsegler in Polynesien befinden. Aber bei Hosanne war es etwas anderes. Denn ihm gehörte die ganze Bucht, mit den Bergen im Hintergrund. Es machte ihm Spaß, gelegentlich die Yachties zu sich zu rufen und ein Fest zu feiern.

Alle Yachten, die sich zu dieser Zeit in den Marquesas aufhielten, waren in die Bucht gekommen: insgesamt elf, alle auf ihrem Weg um den Erdball nach Westen.

Schon am Morgen entstand Unruhe am Strand. Aus Brettern bauten die handwerklich begabten Segler Sitzgelegenheiten, während die anderen eine große Grube aushoben. Die Mädchen von den Yachten halfen den Polynesierinnen beim Herrichten von Salaten und Gemüse, wobei sie gleich die Rezepte kennenlernten, wie süße Kartoffeln, Yamwurzeln, Brotfrüchte und grüne Bananen verarbeitet wurden.

Ein paar Stunden zuvor hatten sich die jüngeren Yachtleute mit Hosanne, einem 25jährigen Polynesier mit unverkennbar französischem Einschlag, auf den langen Weg in die Berge gemacht, dorthin, wo es wilde Schweine gab. Begleitet wurden sie von einer laut bellenden Hundemeute, alles halbhohe Mischlinge, wie sie in den Marquesas auch manchmal wild in den Bergen anzutreffen sind. Hosanne hatte uns Yachties angeboten, daß wir uns selbst ein Schwein holen könnten. Wir hatten aber dankbar abgelehnt, als sich herausstellte, daß Hosanne mangels Munition keine Schußwaffen einsetzen konnte, sondern nach alter Väter Art die Sache mit einem langen Messer erledigen wollte.

Die gewiß nicht unsportlichen Segler hatten Mühe, ihrem Gastgeber in die Berge zu folgen. Nach einem Aufstieg von vier Stunden erreichten wir endlich eine Stelle, wo die Hunde anfingen, verrückt zu spielen, und Hosanne deshalb die Schweine vermutete. Zu Recht. Es dauerte nicht lange, bis Hosanne sein blutiges Geschäft erledigt hatte. Am frühen Nachmittag kehrten wir mit der Beute auf der Schulter zurück, zerschunden vom mannshohen Gestrüpp und erschöpft von der glühenden Sonne.

Die Grube war schon fertig. Stundenlang waren darin große glatte Steine in der Glut von Kokosfasern erhitzt worden. Darauf wurden nun große grüne Bananenblätter gebreitet. Dann erst wurde das zerteilte Fleisch, mit kleinen Zwiebeln gespickt, in die Grube gelegt. Das Ganze deckten die Mädchen und Frauen mit einer weiteren Lage Bananenblätter zu. An den Rand kamen noch ein paar Wurzeln und grüne Bananen sowie Brotfrüchte. Zum Schluß wurden alte Säcke daraufgelegt und das Ganze mit Sand zugeschüttet.

Am späten Nachmittag war es dann soweit. Die Sonne stand schon tief und war dabei, hinter den hohen scharfen Felskanten zu verschwinden. Die Yachties hatten zusätzlich alle Sitzkissen, Luftmatratzen und sonstigen Sitzgelegenheiten von Bord geholt und am Strand ausgebreitet. Die Salate standen in bunten Schüsseln scheinbar wahllos im Sand herum. Die Polynesier, allen voran Hosanne, gingen nun zum Erdofen und begannen, den Sand vorsichtig abzutragen, bis die bräunlichen Bananenblätter zum Vorschein kamen. Dann wurde das Schweinefleisch verteilt. Gerade als wir anfangen wollten zu essen, erhob sich der dickste Polynesier (seine Landsleute nannten ihn den „Butcher", weil er das Privileg hatte, jede Woche in den Bergen für die Dorfgemeinschaft eine wilde Kuh schießen zu dürfen) und hob die flache Hand zum Zeichen, daß wir uns noch gedulden müßten. Dann faltete er seine fleischigen Hände und sprach mit Blick zum Himmel ein Gebet, das murmelnd begleitet wurde.

Das Essen war nicht mit unserem Schweinebraten in Deutschland zu vergleichen. Eine Kruste gab es nicht. Dafür war das Fleisch so zart, daß man es mit den Fingern auseinanderzupfen konnte. Es glich einem Gericht, das im Römertopf gegart wurde. Alle aßen mit den Fingern, die Abfälle wurden einfach in den Sand geworfen, wo sich die Hunde gierig darauf stürzten. Getrunken wurde, was auf den Yachten noch vorhanden war, vor allem billiger Rotwein.

Nach dem Essen legten wir uns einfach zurück in den Sand und starrten in den Himmel, wo inzwischen der Mond aufgegangen war, der das Paradies von Hanamenu und die Bergzacken im Hintergrund hell erleuchtete. Die Polynesier begannen zu singen, während das Rauschen der Dünung in der Ferne schwächer und schwächer wurde, bis nur noch ein leichtes Geplätscher übrigblieb. Dann begannen einige zu tanzen, und bald schallte es als Echo von den Bergwänden zurück: „Ta-Ta-Tamure!" Besonders der dicke Butcher stampfte mit seinen dicken Beinen, daß der Strand manchmal leicht bebte. Aber an seinen Bewegungen war nichts Unbeholfenes, im Gegenteil, seine Musikalität zeigte sich in den elegant wiegenden Hüftbewegungen, die ihm plötzlich etwas Geschmeidiges, ja Graziles verliehen.

Dann sprangen die braunen Mädchen wie auf Kommando hoch, holten sich die träge im Sand liegenden Segler und zogen die Widerstrebenden in den Kreis der anderen. Sie bemühten sich redlich, uns täppischen Seebären die Tamure-Bewegungen beizubringen, aber was wir zeigten, hatte nur sehr wenig Ähnlichkeit mit dem eleganten Tanz des fetten Butchers.

Vor vielen Jahren hatten die weißen Missionare versucht, den Polynesiern den Tamure auszutreiben. Die Gottesmänner fanden diesen Tanz obszön, denn aus seinen Bewegungen läßt sich unschwer sein Sinn ableiten: Er ist nichts anderes als eine Einladung, miteinander zu schlafen. Doch wer einmal einen Tamure in Vollendung gesehen hat, kann dabei nichts Anstößiges, nichts Obszönes erkennen.

Die Missionare aber bissen sich an der Sturheit der Polynesier die Zähne aus. Den Tamure haben sie nie aufgegeben. Auch in einigen anderen Dingen mußten die Missionare, sogar die katholischen, in Polynesien klein beigeben. Zum Beispiel in Eheangelegenheiten. Polynesier heiraten nämlich erst dann, wenn sie ganz sicher sind, daß beide für immer beisammen bleiben wollen, so wie die Kirche es verlangt. Aber um diese Gewißheit zu erlangen, sollten – so meinen die Polynesier ganz logisch – das Zusammenleben und Lieben erst mal ausgiebig probiert werden, manchmal jahrelang. Deshalb ist es keine Seltenheit, daß Ehepaare getraut werden und die eigenen Enkelkinder den Brautschleier tragen, in Weiß natürlich. In alles, was die Missionare sonst von ihnen verlangten, hatten sie sich gefügt. Aber das frühe Heiraten war ihnen zu riskant. Uneheliche Kinder schienen ihnen erst recht kein Grund zu heiraten. Durch die Ehe wird in Europa das Heim für die Kinder begründet, aber diese Notwendigkeit gibt es für Polynesier nicht. Wenn in Polynesien ein Baby kommt, ist es gleichgültig, ob es ehelich ist oder nicht. Es wird immer herzlich aufgenommen. Und wenn man schon ein paar Kinder hat, dann wird das neue ins Nachbarhaus verschenkt, wo vielleicht noch kein Kind da ist. So einfach ist das, wenn nur die Herzen der Menschen ein Mitspracherecht haben.

Darin also ließen die Polynesier nicht mit sich reden, und die katholischen Missionare mußten klein beigeben. Schließlich tolerierten sie diese „Zustände" – zu einer Zeit, als ihre Amtsbrüder in Europa die Gläubigen wegen der „Todsünde" der unehelichen Geburt mit Hölle und Fegefeuer bedrohten und uneheliche Mütter gnadenlos diskriminierten.

Aber all das lag schon viele Jahre zurück. Trotzdem brachte der eine oder andere Yachtie an diesem Abend die Sprache darauf. Und sicherlich überlegte sich mancher auch in dieser Nacht, ob die Missionare im Grunde für die „Heiden" in Polynesien ein Segen gewesen waren oder nicht. Meine persönliche Meinung: Wenn nicht einzelne bewundernswerte Heilige unter den Schwarzröcken in tiefer Menschlichkeit unvorstellbar Großes geleistet hätten, dann wäre das Konto zugunsten der Kirche wohl nicht ausgeglichen.

Es dauerte bis lange nach Mitternacht, ehe wir in die Beiboote stiegen und – viele in leichten Schlangenlinien – zurückruderten. Am nächsten Morgen suchte jeder in seinen Backskisten nach etwas Brauchbarem, um sich bei Hosanne zu bedanken. Wir fanden ein paar Werkzeuge, die ich doppelt an Bord hatte, während die Crew der ULYSSES eine große Festmacherleine von mindestens 50 Metern anschleifte. Hosanne strahlte, obwohl er für polynesische und auch für europäische Verhältnisse durchaus reich war. Aber was nutzte ihm sein Landbesitz, wenn er sich nichts dafür kaufen konnte? Der Laden im Dorf führte nur die einfachsten Ersatzteile und Werkzeuge.

Zum Abschied schenkten uns Hosanne und seine reizende Frau noch ein riesiges Stück Schweinefleisch, ausreichend für vier Mahlzeiten. Mangels Kühlschrank – oder besser gesagt: mangels Strom für unseren elektrischen Kühlschrank – kochte es Carla im Drucktopf, dem Standardgerät in jeder Weltumseglerkombüse.

Wie mir Hosanne ein paar Jahre später berichtete, bedankte sich Jacques von der ULYSSES noch auf besondere Weise. Er sandte ihm eine große Konservendose mit europäischem Bienenhonig. Als Hosanne das Paket beim Zoll abholte, meinte der Zöllner augenzwinkernd, es müsse sich hierbei wohl um besonders „schweren" Honig handeln. Tatsächlich war zwar Honig in der Dose, dieser aber hatte nur den Zweck, die 22er-Munition zu bedecken.

Noch ein Nachtrag: Hosannes „tahitianisches Erdschwein" wurde im Lauf der Jahre eine Institution für durchziehende Yachtleute. Dann passierte eines Tages – lange nachdem die THALASSA dort gewesen war – Rätselhaftes. Eines Nachts wurde das Beiboot eines Deutschen auf dem Weg vom Strand zu seiner Yacht hinaus von einem Hai angegriffen. Die Mannschaft konnte sich vor dem wild um sich beißenden Hai gerade noch an Bord retten. Wer nun meint, daß dies halt besonders schreckhafte Yachties waren, die sich den Haiangriff vielleicht nur eingebildet hatten, täuscht sich. Denn kurz darauf fuhr Hosanne, der in seiner Bucht noch nie so etwas erlebt hatte, selbst mit dem Beiboot los. Und es erging ihm genauso. Nur mit viel Glück rettete er sein Leben.

20 Gefährlicher Archipel

Ende Juni – zweites Jahr der Weltumsegelung

Wir segelten jetzt direkt auf Tahiti zu. Doch war unser nächstes Ziel nicht etwa Papeete, die Hauptstadt Tahitis, sondern ein winziges Inselchen namens Manihi, das auf der Fahrt dorthin im Wege lag. So wie 70 andere kleine Inseln im gefürchteten Tuamotu-Archipel.

Gefürchtet waren die Tuamotus – auf alten Atlanten steht auch gelegentlich ihr früherer Name „Paumotu" – wegen der nautischen Schwierigkeiten. Blickt man auf den Globus, könnte man leicht auf die Idee kommen, es handele sich bei diesem Inselreich um ein kleines Gewässer. Das trügt. Polynesien hat die Ausdehnung von ganz Europa. Wie Stecknadelköpfe liegen die kleinen Inseln im großen Pazifik verstreut. Schon der Ausdruck „Insel" ist übertrieben. In Wirklichkeit sind es ringförmige niedrige Korallenriffe, die ihre Lagune umschließen. Auf den Riffen, die selten höher als drei Meter aus dem Wasser ragen, kann man dann leben, wenn die Breite der Riffoberfläche mehr als 100 Meter beträgt. Aber es gibt gelegentlich polynesische Siedlungen, die sich mit 30 Meter begnügen.

Die Existenz der Menschen in den Tuamotus hat zwei Gesichter. Das eine ist das Leben in der Lagune, das andere das draußen im Meer. Die Lagune wird vom Ringriff umschlossen und hat eine Wassertiefe bis zu 100, gelegentlich bis zu 200

Metern. Meist jedoch liegt die Tiefe zwischen 20 und 50 Metern, nicht zu tief für die Ankertrossen. In der Lagune werden Perlen gezüchtet, die Riffische geholt und die Besucherschiffe verankert. Die sind freilich selten. Meist kommen nur Versorgungsschiffe, die Kopraschoner. Sie gehen an die Pier im Paß, denn selten bleiben sie über Nacht.

Der Paß ist die Verbindung zur Außenwelt, er ist das Leben. Durch ihn gelangt das Schiff von draußen in die geschützte Lagune. Am Paß – oft zu beiden Seiten – wohnen die Menschen, liegen ihre Dörfer. Das Meer hat meist im Paß eine tiefe Rinne gegraben. Seit Menschengedenken werden ungeheure Wassermassen rhythmisch in die Lagune gespült und verlassen diese auf gleichem Weg, zum Teil mit dem Strom, der durch den Paß nach draußen setzt.

Am Außenriff, wo meist die Brandung mit lautem Getöse bricht, gibt es keinen Ankergrund. Dort fällt häufig die Wassertiefe – wenige Meter neben dem Riff – auf viele hundert Meter, manchmal auf tausend Meter ab. Dort kann man nicht mit Schnorchel und Maske zum Tauchen gehen, die Brandung würde den Fischer mit tödlicher Wucht auf das Riff schleudern. Ein Tauchgang lohnt schon deshalb nicht, weil unter der Wucht der ständig heranrollenden See jegliches pflanzliche Leben auf dem Riff zerschlagen wurde. Nur ganz selten – manchmal nur ein paar Mal im Jahr – hält die Flaute in den Tuamotus so lange an, daß sogar die Brandung erstirbt. Dann kommen die zerbrechlichen Auslegerkanus mit fröhlichen Polynesiern heraus, um vielleicht doch mal einen größeren Raubfisch zu fangen, von denen sich in die Lagune nur selten einer verirrt.

Selten, doch es kommt vor, geraten tropische Orkane, Hurrikans, so weit nach Osten, daß sie noch die Tuamotus erreichen. Häufig gehen Hochwasser mit den verheerenden Wirbelstürmen einher. Nein, nicht die Flüsse steigen, denn es gibt keine in den Tuamotus. Das Meer selbst steigt, die Stürme treiben ungeheure Wassermassen vor sich her, so daß vorübergehend die See schon mal um zwei bis drei Meter ansteigt: zuviel für die flachen Tuamotus. Dann haben auch diese Inselparadiese landunter. Die Menschen flüchten sich in die Bäume, werden oft fortgerissen, ertrinken. Das kommt glücklicherweise nur selten vor, das letzte Mal zu Beginn dieses Jahrhunderts. Aber man muß immer damit rechnen. Daß diese Hurrikans das Ende für jedes Schiff bedeuten, das sich in die sonst so sichere Lagune geflüchtet hat, leuchtet ein.

Das ist aber nicht die Gefahr, vor der die Segler normalerweise Angst haben. Sie fürchten die navigatorischen Probleme, welche von der Tatsache herrühren, daß die Erde eine Kugel ist und deshalb nur hohe Objekte von weitem auszumachen sind. Jedes Kind hat in der Schule gelernt: Wenn sich auf hoher See zwei Schiffe begegnen, dann können sie zunächst nur ihre Rauchfahnen sehen. Erst allmählich tauchen Schornstein, Brücke und zuletzt der Rumpf auf. Die Tuamotus sind entweder erst aus fünf Meilen oder schon aus zehn Meilen auszumachen, je nachdem, ob auf den Inseln Palmen wachsen oder nicht.

Daß sie wegen ihrer geringen Höhe nur aus kurzer Entfernung zu sehen sind, ist nicht die einzige Schwierigkeit mit den Tuamotus. Häufig nehmen den Yachtleuten, auch den Kapitänen der Kopraschoner, wasserfallartige Wolkenbrüche, deren Heftigkeit uns Europäern unbekannt ist, die Sicht; wehe, wenn dann der Standort ungewiß ist! Da kann nur noch der aufmerksame Ausguck vielleicht rechtzeitig den weißen Saum der Brandung am Riff ausmachen. Es ist der Alptraum jedes Navigators, von Jack London schon so plastisch beschrieben, bei Wolkenbrüchen zwischen Inseln herumzuirren. Noch dazu vielleicht nachts!

Bei Dunkelheit hat der Segler keine Chance, heil aus dem Inselgewirr herauszukommen. Er wird mit großer Wahr-

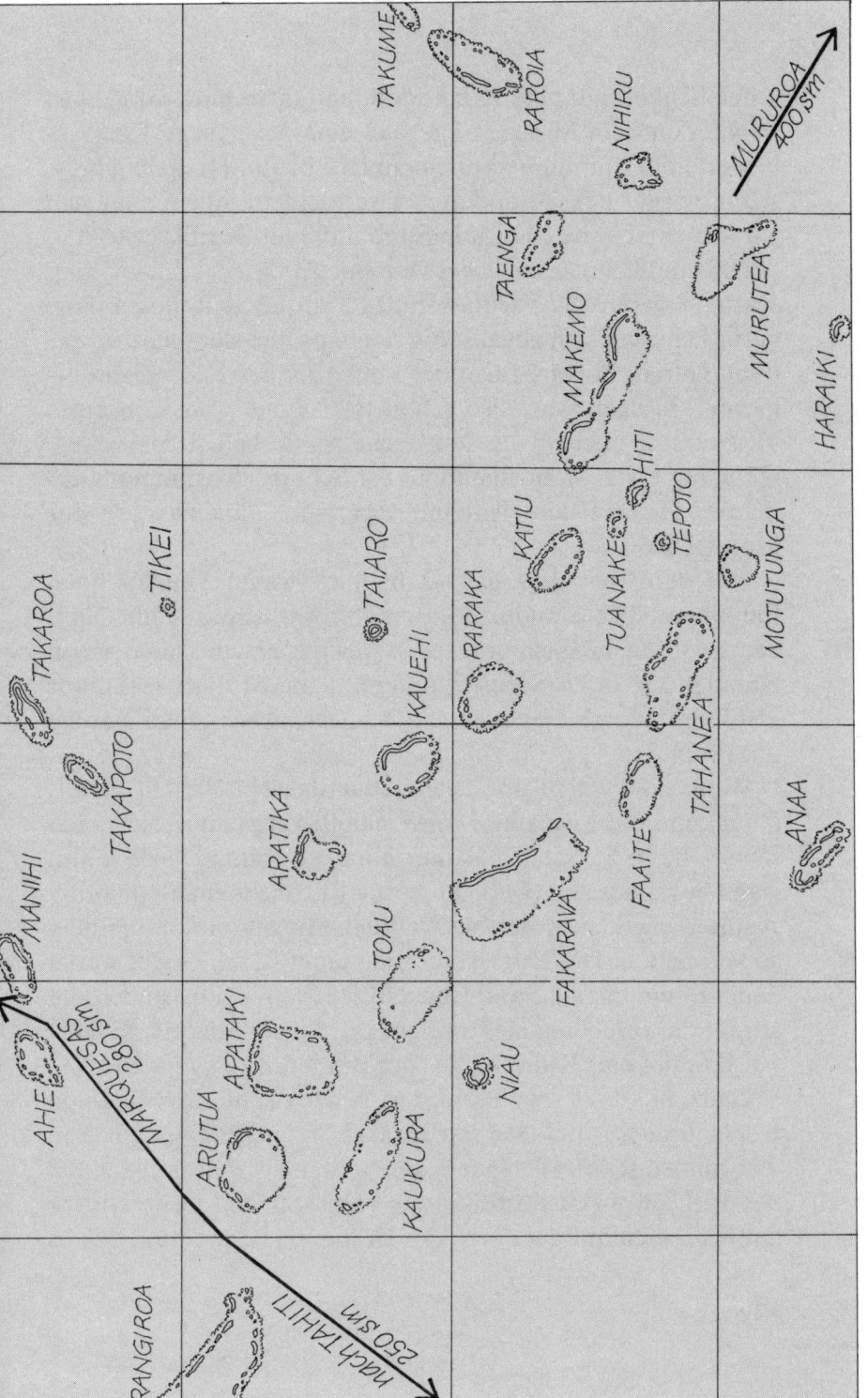

scheinlichkeit auf dem Riff enden, und tatsächlich vergeht in Polynesien kein Monat, ohne daß eine Segelyacht Totalverlust erleidet, für immer auf einem Riff bleibt. Deshalb gilt es, schon vorher eine Strandung zu vermeiden, indem man sich gar nicht erst in jene hoffnungslose Situation begibt.

Also muß genau navigiert werden! Aber das ist schwierig. Deshalb waren alle Yachties in den Marquesas-Inseln nervös, verunsicherten sich gegenseitig mit Tips, die sie irgendwo gelesen hatten. Sogar Bruce, der immerhin aus Neuseeland bis hierher gesegelt war, also schon fast „rum" war, kam eines Tages mit seinen Navigationsbüchern und ließ sich die Ausrechnung einer Mondstandlinie zur Schiffsortbestimmung erklären. Die meisten richteten sogar ihre Abfahrt nach der Mondphase.

Auf den Tuamotus gab es nämlich weder Leucht- noch Funkfeuer. Die Standortbestimmung war also nur mit Hilfe der Gestirne möglich, wie es schon die ersten chinesischen Händler auf ihren Segeldschunken gemacht hatten, die vor 150 Jahren durch die Südsee navigierten. Aber genau hier lag das Problem.

Wenn eine Yacht über den Atlantik nach Westen segelt, dann kommt die östlichste Insel, nämlich Barbados, sicherlich schon 30, 40 Seemeilen vorher über die Kimm. Auch dann, wenn es regnet und die Sicht gering ist, reicht ein klein wenig Aufmerksamkeit in der Nacht durchaus, um eine Strandung zu vermeiden. Das Riff ist ganz nah unter Land, es gibt starke Sender, die man schon frühzeitig peilen kann, außerdem strahlt die Insel vom elektrischen Licht ihrer Städte und Dörfer. Es wäre ein „Kunststück", auf Barbados zu stranden.

Ganz anders in den Tuamotus. Nachts kann die Nähe von Inseln tödlich sein. Sie sind praktisch unsichtbar. Aus den Zeugnissen schiffbrüchiger Segler weiß man, daß sie zwar alle das Riff am weißen Streifen am Horizont und insbesondere am Rauschen und Donnern der Brandung bemerkten, daß es in diesem Moment aber immer schon zu spät war, um das Schiff noch zu retten. Sekunden später knirschte der Kiel in die scharfkantigen Korallen hinein. Der Todeskampf der Yacht hatte begonnen.

Deshalb muß man es vermeiden, in dieses Inselgewirr überhaupt hineinzugeraten, ohne eine ganz exakte und sichere Position zu haben. Jetzt könnte einer auf die Idee kommen, einfach ganz nahe an den Archipel heranzusegeln, seine Position zu bestimmen und dann die Nacht ohne Segel dazuliegen, um erst am nächsten Morgen, bei guter Sicht, in das Inselgewirr einzulaufen. Aber eine solche Taktik war schon Ursache für viele Schiffbrüche, denn was sich nicht berechnen läßt, ist die Strömung in diesen Gewässern. Wenn der Navigator am Nachmittag mit der Sonne den Schiffsort feststellt und anschließend bis zum nächsten Morgen wartet, dann hat sich der Schiffsort möglicherweise aufgrund des Stromes von zwei bis drei Knoten bereits um 30 Meilen, also um rund 50 Kilometer, geändert. Beim nächsten Regenschauer sitzt das stolze Schiff vielleicht schon auf dem Riff.

Mancher wird sich fragen: „Ja, kann ich denn nachts nicht mit dem Mond oder den Sternen den Schiffsort bestimmen?" Leider nein! Denn mit dem Sextanten wird immer nur der Winkel zwischen dem Horizont und einem Gestirn gemessen, das heißt, ich muß gleichzeitig den Stern oder den Mond *und* den Horizont sehen können. In einer mondlosen Nacht ist der Horizont, also die sichtbare Trennlinie zwischen Himmel und Erde, nicht zu erkennen. Wenn aber der Mond strahlt, dann ist doch der Horizont zu sehen?

Falsch! Denn das, was wir für die Trennlinie zwischen dem rabenschwarzen Himmel und dem silbrig glänzenden Wasser halten, ist lediglich eine Spiegelung des Mondlichts und liegt weit vor dem Horizont oder – wie der Seemann sagt – vor der „Kimm"!

Seit jeher bitter für alle Navigatoren ist es, daß ein Stern nur in der Dämmerung und der Mond nur am Tag gemessen werden kann. Also muß eine Reise in die Tuamotus so geplant werden, daß nach der Überfahrt von circa 500 Meilen die Yacht am besten in der Morgendämmerung vor den Tuamotus steht.

So planten auch wir. Aber schon bald stellte sich heraus, daß ein Segelschiff sich nicht einem Reiseplan unterwerfen kann. Es muß den Wind nehmen, wie er kommt. Und ein Segelschiff künstlich durch das unnötige Bergen oder Reffen eines Segels zu verlangsamen, ist die Seemanns-Sünde schlechthin.

Wir segelten einfach drauflos, nutzten Wind und Wetter so gut es ging, und hofften, daß Neptun für ein gutes Timing sorgte. Bei jeder Abend- und Morgendämmerung versuchte ich unseren Standort „zur Übung" so genau wie möglich mit der Hilfe der Sterne zu ermitteln. Das funktioniert nicht etwa so, daß man sich einen ganz bestimmten Stern am Himmel sucht und ihn dann mißt. Es ist nämlich nicht notwendig, irgendeinen Stern zu kennen. Denn wie identifiziert man einen Fixstern?

Man sucht ihn im Sternbild mit Hilfe anderer Sterne. Das würde bei der astronomischen Navigation nicht funktionieren. Wollte man mit dieser Methode nämlich einen Stern finden, müßte das ganze Sternbild sichtbar sein. Dieser Zeitpunkt läge aber in der Praxis, speziell in den Tropen mit ihrer kurzen Abenddämmerung von wenigen Minuten so spät, daß bis dahin der Horizont mit Sicherheit nicht mehr zu sehen, also eine Winkelmessung nicht mehr möglich wäre.

Nein, in der Wirklichkeit funktioniert das so: Es wird ein beliebiger Stern mit Hilfe komplizierter Tafeln für einen festen Zeitpunkt in der Dämmerung vorausberechnet, also sein Winkel über dem Horizont für eine ganz bestimmte Zeit ermittelt. Auf dem Sextanten stellt der Skipper sodann den Winkel ein. Selbstverständlich wird dieser Stern nicht genau unter dem vorausberechneten Winkel zu sehen sein, denn mit Hilfe eben dieses Winkels soll ja nun der bislang unbekannte Schiffsort berechnet werden. Aber da der Winkel *ungefähr* stimmt, wird der Stern im Fernglas als winziger Lichtpunkt auch zu sehen sein. Dann erst wird genau gemessen. Ob das der Stern Nummer 23 oder der Stern Nummer 45 war, spielt keine Rolle.

Leider erhält der Navigator aus der Messung eines einzigen Gestirns nicht etwa seinen Schiffsort, sondern lediglich eine „Standlinie", wie der Nautiker sagt. Das ist nur die eine Linie, auf der sich das Schiff befindet. Erst nach Messung eines zweiten Gestirns hat der Navigator zwei Standlinien. Weil sich zwei Linien immer irgendwo schneiden (wenn sie nicht zufällig parallel sind), zeigt ihr Schnittpunkt auf der Karte den Schiffsort an. Bei einer Standortermittlung mit Hilfe der Gestirne ist dieser Ort immerhin auf zwei bis drei Seemeilen, also auf rund fünf Kilometer, genau. Was ist aber untertags, wenn nur die Sonne zur Verfügung steht?

Weil die Sonne – scheinbar – am Himmel weiterwandert, also schon zwei Stunden nach der ersten Messung am Vormittag quasi ein anderes Gestirn ist, kann sie dann wie ein anderes Gestirn noch einmal gemessen werden. Somit hat der Seemann zwei Standlinien und ihren Schnittpunkt, also einen Schiffsort. Wenn er die Sonne einmal gemessen hat und sie anschließend für den Rest des Tages hinter Wolken verschwindet, hat er Pech gehabt.

Wir hofften also schon wegen der Navigation, daß das gute Wetter anhalten würde. Tatsächlich machten wir bei klarem Himmel mit mäßigem Passatwind von der Seite schöne Fortschritte und waren froh, jeden Tag gute Standorte zu bekommen. Aber was wir wirklich nötig hatten, war ein präziser Schiffsort unmittelbar bevor wir in das Inselgewirr einliefen. Was würde sein, wenn sich der Himmel in der Morgendämmerung bewölkte?

Es kam so. Als ich am sechsten Tag nach den Marquesas sehr früh – der Morgen begann erst zu grauen – meinen treuen Sextanten gen Himmel richtete, war kein Lichtpünktchen zu sehen, gleichgültig, wie viele Sterne in welcher Richtung auch immer ich ausprobierte. Kein Standort, kein Einlaufen in die Tuamotus!

Das Wetter wurde zwar schnell besser, doch mit der Sonne gab es eben nur *eine* Standlinie, noch keinen „ganzen" Schiffsort. Wir wurden nervös. Wir wollten eine Insel in den Tuamotus besuchen, welche, das wußten wir noch nicht. Wir wollten es davon abhängig machen, zu welcher Zeit wir in das Inselgewirr einlaufen würden, welche wir bequem und auch bei den richtigen Stromverhältnissen erreichen konnten. Und jetzt segelten wir mit Backstagsbrise auf das Inselgewirr zu und hatten noch nicht einmal einen zuverlässigen Standort. Wir kannten ihn auf vielleicht 50 Meilen genau, wenn wir alle Unwägbarkeiten in Rechnung stellten. Das war nicht ausreichend, um weiterzusegeln.

Wir holten die Segel runter und drehten bei, das heißt, wir lagen auf der Stelle. Leider ist es nicht so, daß ein beigedrehtes Schiff nun bewegungslos auf dem stillen Ozean treibt. Die immer präsente Dünung hebt und senkt das Schiff, und weil es sich einmal auf der Luvseite der Welle, einmal auf ihrer Leeseite befindet, fällt es, ja taumelt es umher. Wenn jemand wirklich einmal ausprobieren will, ob er seefest ist, soll er beidrehen. Falls etwas Wind steht, ist es besser, denn die Segel geben dann ein klein wenig Halt. Ganz schlimm ist es in der Flaute. Dann flappen die Segel unter lautem Knallen, und neben den Mägen leiden auch sie erbärmlich.

Da erinnerte ich mich eines alten Navigationslehrbuchs, das mich in die ersten Gedankengebäude der astronomischen Navigation eingeführt hatte. In diesem Buch der beiden alten Kapitäne Koch und Kolkmann wurde öfter darauf hingewiesen, daß man den Planeten Venus auch am Tage sehen könne.

Daß die Venus gelegentlich morgens oder abends besonders hell scheint, ist bekannt, denn schließlich ist sie ja auch unter dem Namen „Abendstern" oder „Morgenstern" bekannt. Aber am Tage hatte ich sie noch nie gesehen. Vielleicht verhielt es sich mit ihr genauso wie mit anderen Sternen, die man manchmal zwar im Fernglas des Sextanten, nicht aber mit bloßem Auge sehen konnte? Ich nahm meine HO-249-Tafeln heraus und begann, die Venus auszurechnen, also in welcher Himmelsrichtung und unter welchem Winkel sie zu finden sein mußte, *falls* sie zu sehen war. Ich stellte den Sextanten auf den berechneten Winkel ein und suchte am Horizont durch langsames Abfahren mit dem Sextanten nach einem kleinen Lichtpunkt. Nichts!

Ich probierte andere Schattengläser und wollte schon aufgeben. Da plötzlich bemerkte ich für einen Augenblick einen ganz feinen Lichtpunkt, so hell, daß er sich gegen den hellblauen Himmel kaum abhob. Ich schwenkte den Sextanten nochmals zurück – und tatsächlich, der helle Lichtpunkt war wieder da, sogar ganz deutlich. Ich machte mir klar, daß ich zum erstenmal im Leben am hellichten Vormittag ein Himmelsgestirn – außer Sonne oder Mond – entdeckt hatte. Mit dem verstellbaren Arm meines Sextanten setzte ich den Lichtpunkt scheinbar auf den Horizont und blickte auf meine Armbanduhr. Es war genau 5 Minuten und 13 Sekunden nach Mitternacht in Greenwich, also hier vor den Tuamotus 10 Uhr 5 Minuten und 13 Sekunden Ortszeit.

Nach zwanzig Minuten hatte ich meinen Schiffsort ausgerechnet, weitere zehn Minuten brauchte ich, um die Rechnung zu überprüfen. Wir waren noch 46 Meilen von den Tuamotus entfernt.

Weitersegeln? Vorsicht! Denn der Wind war gut, und möglicherweise hätten wir abends genau vor den Tuamotus gestanden. Das aber wollte ich unter allen Umständen vermeiden. Denn wer sagte mir, daß aus dem üblichen Strom aus Ost nicht ausgerechnet in dieser Nacht eine Strömung aus Nordost wurde, die uns nachts langsam in die Inselgruppe hinein versetzte? Dann hatten wir nicht die geringste Chance, eine Strandung, ja einen Schiffbruch zu vermeiden, sollte eines der Motus gerade im Weg liegen.

Nein, das wäre die falsche Taktik gewesen.

Wir mußten unsere Ankunft so planen, daß wir abends höchstens zwanzig Meilen vor den Inseln waren. Dann konnten wir mit dem letzten Schiffsort in der Abenddämmerung nochmals einen exakten Standort ermitteln (falls der Himmel wolkenfrei war), um danach mit dem ersten Morgenlicht einen abschließenden Fix festzustellen. Wenn der Strom seine höchsten Werte erreichen würde, dann wären wir am anderen Morgen eben vor den Riffen. Was aber, wenn die Strömung ausnahmsweise noch ein wenig stärker war?

Freilich, ganz ausgeschlossen ist das nie. Denn wenn irgendwo Gewitterschauer niedergehen, die örtlich Sturmböen verursachen, dann ist es – theoretisch – nicht mit letzter Sicherheit auszuschließen, daß der Strom noch ein wenig stärker wird. Wahrscheinlich sind einige Schiffbrüche in den Tuamotus auf solche unberechenbaren Stromverhältnisse zurückzuführen.

Das ist genau der Punkt, wo der Seemann in die Zwickmühle gerät. Wenn er nämlich mit allen Unwahrscheinlichkeiten zu rechnen anfängt, dann bleibt ihm genaugenommen nichts anderes übrig, als sich in der Nacht so weit von einer Inselgruppe oder anderen Hindernissen freizuhalten, daß er nicht einmal am nächsten Tag ankommt. Dann könnte man auch aufhören zu segeln.

Deshalb wird wohl jeder ein kleines „Restrisiko" eingehen, aber gleichzeitig besonders vorsichtig sein. Er wird also am frühen Morgen immer mit der Möglichkeit rechnen, nicht mehr allzu weit vom Riff entfernt zu stehen, und deshalb seine Lauscher ganz besonders anstrengen. Notfalls setzt man ein Mannschaftsmitglied in den Bugkorb, dann hat man weitere zehn Meter „Bremsweg" gewonnen, sollte plötzlich der Ruf erschallen: „Brandung voraus!"

Also, ich will es kurz machen. Wir hatten keine Probleme. Abends zur letzten Sicherheit ein Fix aus vier Sternen und dem Jupiter, nachts Beidrehen mit Verbot von Tonbandmusik (wegen des Lärms), Segelsetzen mit dem ersten Dämmerungslicht, dann noch ein genauer Sternenort, und schon liefen wir in die Tuamotus ein.

Wenn Wetter, Strom und Schiffsort nicht zusammengepaßt hätten, dann wären wir halt durch die Tuamotus durchgesegelt. So aber wäre es bei strahlendem Sonnenschein und bestem Wetter eine Sünde gewesen, kein Motu anzulaufen. Wir kamen uns wie Entdecker vor, denn es gab damals noch keine Berichte über die Tuamotus. Die wenigen Weltumsegler, die sich hier rumtrieben, hatten aus Vorsicht keines dieser bezaubernden Atolle angelaufen. Jetzt begriffen wir erst so richtig, welche Leistungen die früheren Rahsegler-Kapitäne erbracht hatten, wenn sie mit ihrer Ladung irgendwelche Motus anliefen. Der Reeder hätte es wohl nicht verstanden, wenn sein Kapitän ihm nach einer Reise um die halbe Welt erzählte, er hätte wegen schlechten Wetters eine Insel nicht anlaufen können.

Am Vormittag meinte Carla, der Horizont sehe etwas zerfranst aus. Ich holte das Glas, konnte aber auch mit Phantasie außer Unschärfe nichts erkennen. Trotzdem war klar, daß dort irgend etwas sein mußte. Gewitzt vom Vortag, rechnete ich in fieberhafter Eile aus, wo die Venus zu finden war. Zwanzig Minuten später war der Schiffsort eingemessen und berechnet. Ergebnis: acht Meilen nordöstlich von Manihi.

Jetzt waren auch die „Fransen" am Horizont zu deutlichen Palmen geworden. Aber die Arbeit mit dem Sextanten war keineswegs umsonst gewesen. Ohne meinen Schiffsort hätte ich nicht sagen können, ob es sich bei der Insel mit den Palmen nun um Ahe, Manihi oder gar um Takaroa handelte. Sie sehen vor allem für den Fremden alle gleich aus. Das ist gefährlich, wie das Beispiel der Takoo zeigt.

Die Leute von der Takoo hatten sich mit einer anderen Yacht auf Ahe verabredet. Dom, ein guter Skipper, stand Anfang November vormittags vor Ahe, zumindest dachte er das. Schon in den Tagen vorher hatte er Schwierigkeiten mit der Schiffsortbestimmung gehabt, weil die Sonne – außer mittags – nur Standlinien mit der gleichen Richtung erbrachte. Die Sonne hatte nämlich in diesen Tagen ungefähr die gleiche geographische Breite wie die Tuamotus, nämlich circa 15 Grad Süd. Einen vernünftigen Schnittpunkt, also einen Schiffsort, bekam Dom nicht, weil die Standlinien annähernd parallel waren und sich somit nur schleifend schnitten.

Dom hatte, als er die Insel ausmachte, Funkkontakt mit seinen Freunden, die in der Lagune von Ahe vor Anker lagen. Lange suchte Takoo die Westseite ab, um in den Paß zu gelangen. Vergeblich. Dom teilte seinen Freunden über Funk die Schwierigkeiten mit. Die Yachties in Ahe versuchten deshalb, Takoo in den Paß „hereinzusprechen", doch immer, wenn sie Dom erzählten, er solle doch auf ein rotes Kirchendach zuhalten, protestierte Dom und meinte, er könne weit und breit kein rotes Dach sehen.

Schließlich wurde es Mittagszeit, und Dom nutzte den einzigen Augenblick des ganzen Tages, um mit dem Sextanten die Mittagsbreite festzustellen. Das geht immer in dem Moment, wenn die Sonne auf dem höchsten Punkt ihrer Bahn steht. Falls die Sonne aber den ganzen Tag exakt von Ost nach West läuft, ist diese Zeit nur ein paar Sekunden lang. Dom hatte Glück und erwischte die Sonne just in diesem Augenblick. In wenigen Sekunden hatte er seine Schiffsbreite ausgerechnet – und wurde bleich.

Die Takoo stand nämlich nicht vor Ahe, sondern erheblich südlicher davon, nämlich vor Arutua. Kein Wunder, daß er dort das rote Dach nicht entdecken konnte. Das war aber nicht die Tatsache, die Dom so erschreckte, sondern die Überlegung, wie er überhaupt so weit südlich hatte geraten können. Er mußte nachts unmittelbar an Ahe vorbeigesegelt sein, und es war reiner Zufall, daß er dort nicht aufs Riff gelaufen war. Die Tuamotus haben es in sich!

21 Manihi – Perle der Tuamotus

Manihi hat den Vorteil, daß sein Paß nur hundert Meter lang ist und die Pier gleich an seinem Anfang liegt, daß man also bei schlechten Sichtverhältnissen notfalls dort anlegen kann, ohne sich erst durch einen trickreichen Paß tasten zu müssen. Deshalb waren wir nicht nervös, als wir uns der Einfahrt näherten. Es war bestes Wetter, die Sonne stand hoch, und schon aus einer Entfernung von mehreren hundert Metern konnte man das Hellgrün des Passes im dunkelblauen Meer entdecken. Im Fernglas machte ich die Pier aus und sah sogar eine Yacht dort liegen.

Zu unserer großen Freude winkten uns die Jungs von der ULYSSES gleich heran und riefen uns zu, wie wir am besten anlegen sollten. Weil der Strom in die Lagune setzte – ich schätzte ihn auf drei bis vier Knoten –, drehte ich die THA-

LASSA 50 Meter vor dem Paß um, gab wenig Gas, legte den Vorwärtsgang ein und ließ mich langsam vom Strom zurücktreiben. Nachdem ich fast drei Knoten Vorwärtsfahrt durch das Wasser (wie der Seemann sagt) machte, konnte mich der Strom sacht in den Paß hineinversetzen. Im Gegensatz zum Treiben ohne eingelegten Gang hatte ich aber Ruder im Schiff, so daß ich die THALASSA genau manövrieren konnte.

Unsere Freunde nahmen die Leinen wahr, Hubert rauschte mit seinem Schlauchboot herbei und erbot sich, zur Sicherheit einen Anker in den Strom auszubringen. Hier zeigte sich wieder einmal der Vorteil eines Außenborders am Dingi (den wir nicht besaßen), denn rudernd hätte Hubert keine Chance gehabt, das Eisen bei *dem* Strom auszubringen. Der Anker wurde – ganz ungewohnt – mittschiffs befestigt und hatte die Aufgabe, den Rumpf der THALASSA von der Pier wegzuhalten. Denn bei bestimmten Strömungsverhältnissen lagen wir sehr unruhig in einem heftigen Schwell, verursacht durch die Wassermassen, die aus dem Paß hinaus wollten und dort auf eine andere Strömung trafen.

Es war ein hartes Stück Arbeit, bis alle Leinen so ausgebracht waren, daß die THALASSA zwar sicher lag, wir aber auch die Möglichkeit hatten, gut an Land zu kommen. Jetzt erst hatten wir Zeit, uns umzusehen. Wir blickten ins Wasser, und unsere Augen folgten der Trosse, bis wir unseren Anker in vielleicht zwanzig Meter Tiefe blitzen sahen. So ein Gewässer hatten wir noch nie in unserem Leben gesehen. Selbst noch in zehn Meter Tiefe erblickten wir kleine Riffische in allen Farben so deutlich, als ob sie gerade 50 Zentimeter entfernt wären. Über all dieser Pracht glitzerte die hochstehende Sonne. Es war das Paradies für Schnorchler.

An der Pier standen ungefähr 50 Menschen, so ziemlich – wie sich später herausstellte – die gesamte Einwohnerschaft. Dazu natürlich zahllose Hunde und Katzen. Eine von den zerzausten, aber sichtlich gutgenährten Katzen sprang gleich zu

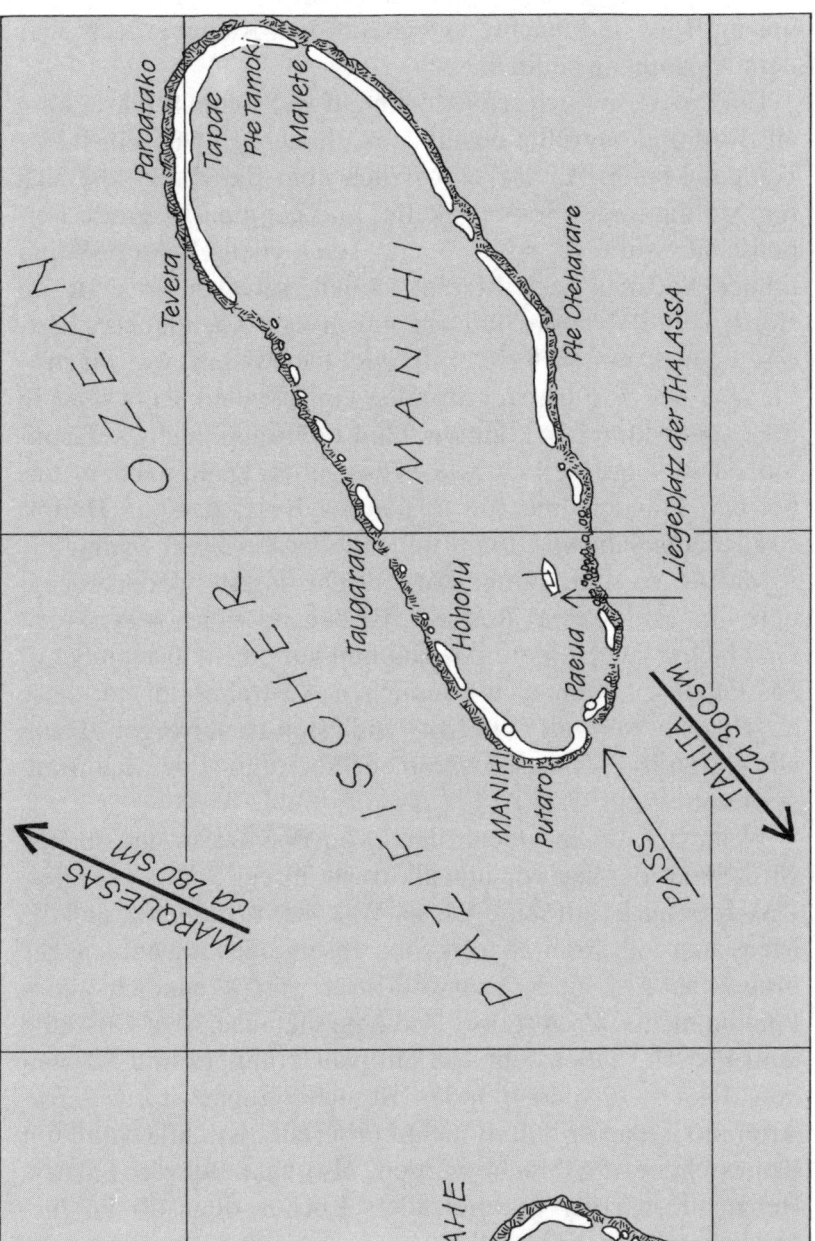

uns an Bord und machte es sich auf dem Klappverdeck über dem Niedergang bequem.

Ein Polynesier, ich schätzte ihn auf vielleicht 60 Jahre, kam an Bord und begrüßte uns in gebrochenem Englisch in seiner Heimat Manihi. Er lachte herzlich über die Katze, die sich nun wohlig in der Sonne räkelte, und meinte, die große Leidenschaft von Ovii, so ihr Name, seien eben Yachten. Wann immer Yachties nach Manihi kämen, sei Ovii als erste an Bord. Der Polynesier lud uns gleich zum abendlichen Festessen ein. Dann erklärte er mit viel Fachwissen, wie wir problemlos bei dem in zwei Stunden eintretenden Stillwasser in die Lagune kommen konnten. Und außerdem, meinte er, sollten wir so lange bleiben, wie es uns gefiel. Dann nahm er uns bei den Händen und führte uns ins Dorf, dessen „Hauptstraße", ein Sandweg, unmittelbar neben der Pier begann.

Martin, so sein Name, war der Dorfälteste. Jeder begegnete ihm mit großem Respekt. Er begann gleich seine kurze Geschichte zu erzählen: Als Kapitän auf einem großen Schiff aus Papeete befuhr er die südlichen Australinseln, um diese abgelegene Welt mit dem Notwendigsten zu versorgen. Denn alle Inseln in Polynesien waren auf Versorgung per Schiff angewiesen.

Wenn bei uns in Deutschland von Polynesien gesprochen wird, dann denken wir unwillkürlich an ein Südseeparadies. Das ist es auch, auf seine Weise. Was aber nicht heißt, daß die Menschen auf ihren abgelegenen Inseln alles haben, was sie brauchen. Auf einer Tuamotu-Insel wächst nämlich außer Palmen nichts. Es gibt dort also kein Gemüse, kein Obst und kein Fleisch, außer dem von ein paar Hühnern und Schweinen. Das ist für den fremden Besucher zunächst etwas frustrierend, wenn er darauf nicht vorbereitet ist. Alles muß mit Kopraschonern gebracht werden, also zum Beispiel Salatöl, Benzin, Konserven und vor allem Zucker, denn die Polynesier lieben Zucker über alles.

„Morgen", sagte Martin mit wenig Aufregung in seiner ruhigen Stimme, „morgen wird der Kopraschoner kommen."
Es waren nicht viele Hütten, die unter den schattenspendenden Palmen standen. Manche waren mit Wellblech gedeckt, manche mit speziellem Gras, andere besaßen ein schönes rotes Ziegeldach. Das leuchtendste Rot aber hatten die Kirchendächer. Es gab tatsächlich eine katholische, eine evangelische und eine für die Heiligen der Letzten Sieben Tage.

Wir wußten bereits genug über Polynesien, daß es uns nicht überraschte, hier in diesem kleinen Dorf am Ende der Welt mehreren Konfessionen zu begegnen. Die Polynesier sind friedliche, freundliche Menschen, die anderen keine Wünsche abschlagen können. Als die Missionare bei ihnen wirkten, da wurde in den Familien Rat gehalten, wer nun zu welcher Kirche gehen sollte, damit alle Missionare gleichmäßig zufrieden gestellt wurden.

Martin erzählte uns milde lächelnd, daß allein in seiner kleinen Familie alle drei Religionen vertreten seien. Er führte uns in sein Haus, besser gesagt Hütte, wo seine Familie bereits am gedeckten Tisch wartete. Wie wir erfuhren, war mit dem Kochen nämlich bereits begonnen worden, als die THALASSA in der Ferne ausgemacht worden war und die ULYSSES-Crew versicherte, daß wir bestimmt nach Manihi kämen.

Es war kein großer Tisch, und als wir uns setzten, machten die Frauen und Mädchen uns bereitwillig Platz. Martin klärte uns auf: „Zuerst essen die Männer – nimm von allem, soviel du willst –, und was dann noch übrig ist, bekommen die Frauen und Kinder."

Wir waren doch etwas erstaunt, aber im Lauf der Zeit merkten wir, daß die Kinder und Mädchen so üppig ernährt waren, wie es nur sein kann, wenn nicht die geringste Not herrscht. So betrachtet, ist die Südsee tatsächlich ein Paradies, denn niemand kann verhungern oder erfrieren. Fisch und Kokosnuß gibt es im Überfluß, und die Temperatur sinkt niemals unter 20 Grad.

Das Essen machte Spaß. Es gab Reis mit Hühnerfleisch, rote Fische, von denen man ziemlich sicher sein konnte, daß sie ungiftig waren, gebackene Brotfrüchte und Kartoffeln. Dazu tranken wir Pampelmusensaft, in dem – Gipfel des Luxus – ein paar Eiswürfel schwammen. Nahezu jede Familie in Polynesien besitzt nämlich einen Kühlschrank, der in Ermangelung von Strom mit Petroleum betrieben wird.

Die Frauen und Kinder saßen am Boden und beobachteten uns. Offensichtlich freuten sie sich, daß es uns schmeckte. Gelegentlich sauste ein kleines Schwein quiekend unter unserem Tisch hindurch. Daran gewöhnten wir uns schnell, genauso wie an die Hühner, die manchmal auf den Tisch sprangen.

Martin erzählte von seinem Leben auf Manihi. Er war stolz auf seine Heimat, wobei er als „Heimat" alle Inseln bezeichnete, die er mit seinem Schoner von Papeete aus anlief. Klar, daß wir ihn, den Südseekapitän, mit Fragen über die nautischen Gefahren der polynesischen Gewässer löcherten. Aber er wischte unsere Bedenken beiseite und meinte nur, dem vorsichtigen Navigator würde niemals etwas passieren.

Martin war ebenso stolz auf seine Familie, wobei zur Familie auch ganz entfernte Verwandte gezählt wurden. Bevor wir mit dem Essen zu Ende waren, lief eine Horde kleiner Buben durch das Wohnzimmer, die ein Hündchen jagten. Einer der Lausejungen fiel mir besonders auf, weil seine Haut wesentlich heller war als die seiner Spielkameraden. In sein hübsches Gesicht fiel strohblondes, glattes Haar – außergewöhnlich für einen Polynesier. Martin bemerkte meine Verwunderung. „Der gefällt dir wohl?" fragte er. „Das ist das schönste Kind auf der Insel. Er gehört meiner ältesten Tochter. Sie hat ihn von einem amerikanischen Segler, der uns vor ein paar Jahren besuchte. Jetzt ist er wieder daheim in Amerika. Hat schon lange nicht mehr geschrieben. Hoffentlich geht es ihm gut."

„Schickt er wenigstens Geld für sein Kind?" fragte ich in meiner spießigen Art.

Aber Martin sah mich ganz verständnislos an: „Wieso? Für was Geld?"

So einfach ist Polynesien!

Wir hatten schon soviel von der polynesischen Gastfreundschaft gehört, daß wir den klugen Martin auch danach fragten. Ob sie in den Menschen um Tahiti drinstecke oder anerzogen sei? Martin wiegte den Kopf bedächtig und meinte: „Ihr seid Fremde, ihr könnt nicht unsere Gedanken lesen. Es kommen gelegentlich andere Schiffe her, Franzosen. Zu ihnen sind die Menschen von Manihi nicht so großzügig, denn diese Fremden bleiben zu lange. Aber euch mögen wir gerne, denn ihr bleibt nicht, ihr fahrt ja bald wieder fort."

So weise ist Polynesien!

Nach dem Essen verlegten wir die THALASSA in die Lagune. Martin hatte uns eine alte Mooring für ein Wasserflugzeug gezeigt, wo wir festmachen konnten. Die Mooring war auf 30 Meter Tiefe verankert. Es wäre uns schwergefallen, auf dieser Tiefe zu ankern, denn es ist eine Sauarbeit, anschließend unsere ganze Ankerkette von 76 Metern wieder raufzuholen. Damit ein Anker hält, soll man nämlich das Dreifache, besser noch das Fünffache der Wassertiefe an Kettenlänge ausbringen. Wenn eine Yacht auf nur drei Meter Tiefe ankert, dann hat man jeweils nur neun bis fünfzehn Meter Kette raufzuholen, aber bei dreißig Meter spürt man das spezifische Gewicht von Eisen. So genießt jeder Yachty den Luxus, wenn er nicht ankern, sondern beim Ablegen von der Mooring nur einen Knoten loswerfen muß, und schon ist die Yacht frei.

Normalerweise gehen wir nicht bedenkenlos an eine Mooring, die uns irgend jemand zuweist. Aber Martin war ein Seemann, und wenn er sagte, sie sei okay, dann konnten wir uns darauf verlassen.

ULYSSES folgte uns durch den Paß und hängte sich mit ihrem Festmacher, vielleicht 50 Meter lang, an das Achterschiff der THALASSA. Das war bequem. Wenn wir einander besuchen wollten, mußten wir nur aufs Achterschiff steigen und die andere Yacht an ihrem Festmacher langsam Hand über Hand heranholen.

Die Boys von der ULYSSES kamen auch gleich mit dem Schlauchboot herüber und holten uns zum Schnorcheln ab. Sie hatten ihre Harpunen im Boot liegen. Merkwürdige Harpunen, ganz anders als die, die wir kannten. Sie wirkten einfacher, die Pfeile waren viel dünner und länger als normal. Spezialharpunen. Die drei Brüder waren nämlich das neukaledonische Nationalteam im Mehrkampf-Tauchen, eine bei uns nicht gerade verbreitete Sportart. Aber in der Südsee, wo nahezu jeder halbwegs im oder zumindest am Wasser lebt, ist sie recht populär. Wir wurden bald Zeugen ihres Könnens.

Zuerst tauchte Hubert an der Mooring ab, kam zwei Minuten später wieder an die Wasseroberfläche und schmiß grinsend eine Handvoll Sand in das Beiboot. Dreißig Meter tief – also 60 Meter insgesamt – so mir nichts, dir nichts, ohne Gerät, ohne Hyperventilation, das war fast nicht zu glauben. Aber seinen Brüdern schien es keinen Eindruck zu machen. Wir fuhren an eine andere Stelle, wo die Tiefe nur noch zehn Meter betrug und man – schnorchelnd an der Wasseroberfläche – den Eindruck hatte, man könne in diesem leuchtenden Lagunenwasser unendlich weit blicken. Die drei Brüder legten sich bewegunglos auf den Grund (ohne Sand aufzuwirbeln) und visierten mit der Harpune in eine einzige Richtung. Ohne daß ich irgendein Kommando wahrgenommen hätte, schossen die drei ranken Pfeile absolut gleichzeitig aus den Harpunen heraus und durchbohrten – ich glaubte fast nicht, was ich sah – einen Fisch, keine zehn Zentimeter groß und mehrere Meter entfernt. Das war nicht schön, einfach einen Fisch zur Demonstration seiner Treffsicherheit abzuschießen, aber trotzdem war ich beeindruckt.

162

Als nächstes zeigte George sein Können. Er schoß nun allein, holte danach den Pfeil wieder ein, und ich glaubte schon, er hätte das für mich unsichtbare Ziel verfehlt. Aber tatsächlich hatte sein Pfeil einen winzigen Fisch durchbohrt, der nicht größer war als eine Briefmarke. Und das aus einer Entfernung von mehreren Metern. Nach dem Auftauchen strahlten sie, als sie unsere Verwunderung darüber sahen, was man mit einer Harpune alles anstellen konnte.

Ich machte mir Gedanken. Obwohl es sich bei ihnen wirklich um Klassetypen handelte, schossen sie – nur so zum Spaß – ein paar Fische zur Show ab. Aber was machen unsere „Sportfischer" in Deutschland, wenn sie Fische aussetzen, um sie mit scharfen, maulzerfetzenden Haken wieder zu fangen? Das ist auch nicht viel besser.

Die Brüder erzählten uns von den Südpazifik-Spielen, der Meeresolympiade für die Insulaner Zentral-Ozeaniens. Dort wurde ebenfalls (wie bei unseren „Sportfischern") ein Wettfischen ausgetragen. Sieger war die Mannschaft, die in einer bestimmten Zeit das größte Gewicht an Fisch heraufholte, allerdings nicht mit der Angel, sondern mit Schnorchel und Harpune.

Weitere Fische verschonten sie jetzt. Aber die beiden geschossenen legten sie auf einen Stein und warteten in der Nähe, den Grund von der Wasseroberfläche aus aufmerksam betrachtend. Plötzlich deutete Hubert mit ausgestreckter Hand über die Köderfische hinweg. Ein grauer Schatten bewegte sich dort mit ruhigen Schwimmstößen. „Ein riesiger Hai!" durchzuckte es mich, und ich wollte schon ins Beiboot springen. Aber Georg nahm mich am Arm und bedeutete mir, ganz ruhig zu bleiben. Wir reckten die Köpfe aus dem Wasser. Hubert flüsterte mir in gebrochenem Englisch so leise zu, als ob es der Hai unten hören könne: „Big Ship." Da ich mich unter diesen Profis sicher fühlte, unterdrückte ich meinen Fluchtinstinkt.

Die drei Brüder lagen auf der Lauer, während der Hai in immer engeren Kreisen langsam und zögernd näher kam. Was sie mit diesem Vieh wollten, war mir nicht ganz klar, schließlich schien der Bursche mindestens drei Meter zu messen. Vielleicht waren es auch nur zwei Meter, denn das Wasser vergrößert, wie schon gesagt, um circa ein Drittel. Jedenfalls war er für mich zu groß, und ich setzte mich langsam in Richtung Beiboot ab. Erst als ich nach dem Rand unseres kleinen Kunststoffbootes über meinem Kopf griff, fühlte ich mich sicher. Jacques nahm die Spitze der Harpune und schraubte einen Powerhead auf, den Haikiller mit der Sprengpatrone.

Der Hai war nur wenig näher gekommen, und schließlich vergaß er ganz, auf die beiden mickrigen Köderfische zuzuschwimmen. Er verharrte, mit kaum sichtbaren Flossenschlägen im Wasser schwebend. Er hatte die Gefahr gewittert. Ein paar Sekunden stand er so, dann schwamm er mit ruhigen Stößen davon. Unsere drei Freunde hoben enttäuscht die Schultern, und ihre flachen Hände bedeuteten Carla und mir: „Für uns ist das zwar nichts Neues, aber euch hätten wir gern ein Haikill gezeigt."

Nicht schade drum, dachten wir.

22 Perlen in Manihi

Hubert hatte schon das nächste Ziel vor Augen: eine handtellergroße Muschel am Boden. Mit einem Freudenschrei brachte er sie herauf. Es war eine Mother of Pearl, eine Perlmuschel. Sie war schon geöffnet, aber – und das hatten wir noch nie gesehen – eine riesige Perle lag darin, festgewachsen am Perlmutt. Sie war bestimmt nicht wertvoll, denn für halbe Perlen zahlt ein Kenner nichts, aber sie war schön und ließ uns ahnen, warum für große Perlen soviel Geld bezahlt wird. Ihr Durchmesser betrug circa zwanzig Millimeter. Voll ausgebildet wäre sie sicher zigtausende von Mark wert gewesen. So aber hatte sie wohl jemand achtlos weggeworfen.

Dieser Jemand tauchte plötzlich in einem Motorboot am Horizont auf und kam mit Höllenfahrt auf uns zugeschossen. Er stellte sich vor: ein Franzose, der hier Perlen züchtete. Er hatte aus der Entfernung beobachtet, wie wir seinen Perlgründen in der Lagune unwissentlich näherkamen.

Nach ein paar zwischen den ULYSSES-Brüdern und ihm gewechselten französischen Worten, die wir nicht verstanden, nahm er den Perlenfund Hubert aus den Fingern, der nur zögernd nachgab. Aber er mußte schließlich einsehen, daß auch Dinge, die irgendwo im Meer rumliegen, ihren Besitzer haben können. Dann zog uns der Franzose mit seinem Speedboot langsam ein paar hundert Meter weiter zu seiner Muschelzucht. Sie bestand – von der Oberfläche aus unsichtbar – aus einer Reihe von Pfählen im Wasser, zwischen denen ein Drahtnetz gezogen war. In seinen Maschen hingen die sandverkrusteten Muscheln und wurden in der sachten Strömung langsam hin und her gefächelt, was offensichtlich wegen der

Sauerstoffzufuhr notwendig war. Hunderte von Metern lang waren diese Drahtnetze, die den Reichtum des Franzosen bargen.

Anschließend versuchten wir, von Speedboot zu Schlauchboot mit ihm ein Gespräch in Gang zu bringen, denn wir wollten mehr über die Perlenzucht wissen. Aber der Franzose zeigte sich verschlossen, wollte offensichtlich nichts vom Wert seiner Arbeit erzählen. S. P. M.-Manihi hieß seine Firma. „Ja, wir haben es bald geschafft!" Das war alles, was er von sich gab. Dann deutete er auf die Wasseroberfläche: „Es steckt viel Arbeit und Geld drin, und manchem bringt es Unglück."

Erst am Abend erfuhren wir, was der griesgrämige Franzose mit „Unglück" gemeint hatte. Das erzählte uns ein Japaner, dem ich versprochen hatte, seinen Namen nicht zu erwähnen. Er erschien mittags plötzlich an der Pier vor der THALASSA und grüßte mit einem Lächeln. Ob er uns wohl in sein bescheidenes Haus einladen dürfe? Es gebe auch etwas zu essen.

Die Einladung war willkommen, denn die Burschen von der ULYSSES hatten für uns an diesem Abend keine Zeit, sondern etwas Besseres vor. Das Strahlen der wenigen Mädchen auf der Insel war ihnen nicht entgangen. Und natürlich hatten die drei hübschesten unter ihnen die Einladung zum Abendessen auf der ULYSSES nicht ausgeschlagen. Jetzt waren Jacques, George und Hubert nervös und bereiteten stundenlang das Menü vor. Die letzten Flaschen Wein, von Europa bis hierher geschüttelt, holten sie aus der Backskiste und legten sie in die Kühlbox, für die sie sich Eis besorgt hatten.

Bevor wir an Land gingen, schauten wir nochmals bei ihnen vorbei und wunderten uns über einen ganz eigenartigen Geruch an Bord. Wenn man wie wir auf einer Yacht lebte, hatte man immer seine fünf Sinne beisammen, denn nur bei großer Wachsamkeit bemerkt man in seinem schwimmenden Haus (das brenn- und sinkbar ist) Unregelmäßigkeiten, die sich anbahnende Katastrophen anzeigen können. „Sagt mal, ist bei euch der Petroleumofen undicht?" fragte ich. „Hier riecht es nach Petroleum oder Diesel." In diesem Moment kam Hubert aus der Toilette, mit zerzaustem Haar und einer Flasche in der Hand. „Nach Petroleum. Hier, riech mal", meinte er grinsend und hielt mir die Flasche unter die Nase. Welch ein Gestank! Hubert aber lachte, schüttete etwas Petroleum in seine hohle Hand und rieb sich die stinkende Flüssigkeit ins Haar.

Mein erster Gedanke war: „Um Gottes willen, Läuse!" Aber die Brüder mit den feuchten Haaren blickten sich nur an, und George meinte vielsagend: „Makes you very, very strong!" Mir fiel ein, daß die Jungs abends die Dorfschönen erwarteten, und ich verstand, weil ja Franzosen in diesen Dingen leicht zu verstehen sind. Trotzdem wunderte ich mich, denn von Petroleum als Aphrodisiakum hatte ich noch nie gehört. Aber andere Länder, andere Rezepte!

Der alte Japaner empfing uns am Eingang seines Hauses, das hundert Meter hinter dem Dorf stand. Es war keine Hütte wie die der anderen Menschen von Manihi, sondern aus massivem Stein erbaut. Wir saßen am Boden, und seine hübsche Frau servierte, ohne sich viel am Gespräch zu beteiligen. Unser Gastgeber kannte nur ein einziges Thema: Muschelzüchten.

Er war ein Schüler des legendären Mikimoto, der allgemein als „Erfinder" der Zuchtperlen gilt. Aber er sprach von seinem Lehrer mit leichter Bitterkeit, denn nach seiner Meinung gebührte die Anerkennung für die Entdeckung, daß Perlen auch gezüchtet werden können, vielen. Nur Mikimoto aber habe den Ruhm eingeheimst.

Er selbst sei für die hiesige Firma „eingekauft" worden. Seine Aufgabe sei es nicht nur, Perlen zu züchten, sondern auch eine möglichst hohe Erfolgsquote zu erarbeiten. Denn ein großer Prozentsatz der Tiere bringe keine Perlen hervor, andere wiederum nur kleine.

Als wir neugierig wissen wollten, womit die Muscheln geimpft würden, lächelte der Japaner nur höflich und meinte: „Das ist mein Geheimnis, an dem ich seit fünfzig Jahren arbeite. Niemand kennt es!"

Er wies auf die jahrzehntelangen Versuche hin, den idealen „Impfstoff" zu finden. Lange Zeit habe man mit Perlmutt vom Unterlauf des Mississippi experimentiert, aber davon sei man wieder abgekommen. Die Perlmuschel sei ein rätselhaftes Tier, einmal gebäre sie wunderschöne Perlen, ein andermal – bei scheinbar gleichen Bedingungen – nur häßliche, verschrumpelte Perlkörner.

Der Professor – er dozierte an einer japanischen Universität über Perlzucht – erzählte und erzählte, immer nur über seine Arbeit. Er beschrieb die schlimme Zeit des Wartens bis zur Öffnung der Muschel, drei Jahre nach der „Impfung". Wenn dann das Experiment nicht wunschgemäß verlaufen war, mußte man weitere drei Jahre warten – und notfalls noch einmal drei Jahre. Er holte aus einem großen Wandtresor – welch ein Fremdkörper in Manihi! – ein Säckchen mit Perlen, alle ungefähr fünfzehn Millimeter im Durchmesser. „Wir arbeiten schon an Perlen mit einem Durchmesser von siebzehn Millimetern", berichtete er. „In zwei Jahren werden wir wissen, ob es geklappt hat."

Die gütigen Augen des Professors glänzten, und seine Frau sah ihn mit einem Blick an, dem man nicht anmerkte, daß sie wahrscheinlich in den Jahrzehnten ihrer Ehe kaum etwas anderes gehört hatte.

„Mein Leben ist Züchten!" versicherte er. Warum nicht? Er schien glücklich zu sein. Und auf etwas anderes kann es im Leben nicht ankommen. Wir hätten allerdings auch gern gehört, wie es früher auf diesen Inseln gewesen war, als man zwar ebenfalls nach Perlen suchte, aber nicht vorher bestimmen konnte, wie groß sie sein würden; und ob sie nun gelblich oder gar dunkelgrün schimmern sollten wie die schönsten aus Manihi.

Damals holten die Polynesier die Perlen, wo sie die Muscheln fanden, im tiefen Wasser unter Haien oder im flachen, meistens jedoch an gefährlichen Stellen. Die Frauen schienen fürs Perlentauchen besonders geeignet, sagte man. Ich habe da meine Zweifel. Denn was sollte der Grund für die bessere Eignung sein? Der Verdacht liegt nahe, daß man dafür Frauen nahm, weil die Herren der Schöpfung zu faul waren und sich die Frauen in Polynesien schon immer unterordneten.

Die Taucherinnen hatten einen gefährlichen Job. Wenn die Muscheln dreißig Meter tief lagen, nahmen sie einen großen Stein als Gewicht mit, damit sie wenigstens die Anstrengung (und den Sauerstoff!) sparten, die dreißig Meter zu schwimmen. Unten angekommen, hatten sie kaum eine Minute Zeit, die Muscheln in einen Korb zu sammeln und dann wieder aufzutauchen. Wie viele Taucherinnen bei dieser Arbeit ihr Leben gelassen oder schwerste Gesundheitsschäden erlitten haben, ist nicht bekannt. Diese Zeiten liegen schon so lange zurück, dreißig oder vierzig Jahre! Das ist viel im kurz lebigen Paradies Polynesien.

Heute tauchen die Arbeiter mit Flaschen. Der Franzose brauchte nur noch wenige Leute, um die Ernte raufzuholen oder die vom Professor geimpften Muscheln einzusetzen. Es ist ein gefahrloser Job geworden. Meistens!

Mit sichtlichem Mitgefühl erzählte der Professor, daß vor einigen Wochen einer der Perlentaucher von einem Hai angefallen worden war, der ihm einen Arm abriß. Mit viel Glück konnte er die 500 Kilometer übers Meer ins Hospital nach Papeete gebracht werden, wo er überlebte. Der französische Boß sei etwas niedergeschlagen gewesen, weil doch der Mann sein bester Taucher gewesen war. Und mit nur einem Arm könne er kaum noch etwas anfangen...

Ob auch noch „echte" Perlen gefunden würden, fragte ich den Professor. Milde lächelnd wies er mich zurecht: „Es gibt keine echten und unechten Perlen. Alle sind echt, natürlich gewachsen. Kein Fachmann der Welt kann den Unterschied zwischen einer Zuchtperle und einer natürlich geborenen Perle feststellen, nicht mal unter dem Röntgenapparat. Nur wenn man sie aufschneidet, also zerstört, läßt sich das feststellen. Manchmal finden wir – ein großer Zufall – eine fremde." Er sagte tatsächlich „fremde". „Die erkennen wir daran, daß sie nicht makellos rund ist. Trotzdem hat sie den zehnfachen Wert einer Zuchtperle."

Als wir uns spät abends verabschiedeten, begleitete der Professor uns zum Beiboot und entschuldigte sich, daß er von nichts anderem geredet hätte als vom Perlenzüchten.

Der Wind hatte gedreht, wie er das nachts manchmal tut, und die Lagune war unruhig geworden. Als Carla und ich mit der Taschenlampe unser Dingi am Strand gefunden hatten, lugte unter der Sitzbank ein zerzaustes Knäuel hervor. Das war Ovii, die Katze, die mit auf die Yacht wollte. Es war nicht leicht, sich mit dem kleinen Beiboot durch die kabbelige See zur THALASSA zurückzukämpfen, und ich mußte mich hart in die Riemen legen. Trotzdem übertönte Oviis Schnurren gelegentlich das Rauschen am Riff. Kaum waren wir an der Bordwand, sprang sie mit einem großen Satz ins Cockpit. Als wir patschnaß über die Badeleiter an Bord kletterten, meinte Carla: „Das Paradies sieht eben für jeden anders aus!"

Am nächsten Morgen war die See in der Lagune wieder spiegelglatt und strahlte in allen Farben, die von den Korallen erzeugt wurden. Langsam holten wir an der langen Trosse die ULYSSES heran, denn wir wollten die Boys zum Frühstück einladen. Aber sie waren schon beim Essen und nicht besonders gut gelaunt. Ihre Haare rochen wieder normal, das Petroleum war offensichtlich von einem Shampoo vertrieben worden. Sie erzählten von ihrem totalen Reinfall am Vorabend.

Kaum hatten sie die drei Dorfschönen von Land abgeholt und an Bord gebracht, drehte der Wind, und die ULYSSES begann im Seegang zu stampfen. Ihnen war das gar nicht besonders aufgefallen, denn wenn man ständig an Bord lebt, nimmt man die Schiffsbewegungen kaum noch wahr. Auch den Damen, nicht gerade seeunerfahren, hätte das unter normalen Umständen nichts ausgemacht. Aber da hing so ein stechender, übler Geruch in der Luft. So wie eben Petroleum stinkt. Das gab den Damen den Rest, und wie auf Kommando wurden alle drei seekrank. Erst als Jacques sie einsichtig mit dem Beiboot wieder an Land gesetzt hatte, besserte sich ihr Zustand.

Zum Frühstück aßen wir die Reste des Menüs von gestern abend. Die ULYSSES-Crew hatte sich wirklich alle Mühe gegeben. *Uns* schmeckte es hervorragend.

Mittags fuhren wir ins Dorf. Der Kopraschoner war da, und entsprechend groß war die Aufregung. Der Schoner hatte an der Pier angelegt, und alle Polynesier waren auf den Beinen, um unter den zahlreichen Kisten, Kanistern und Fässern die richtigen auszusuchen.

Der Kapitän, ein vielleicht sechzigjähriger Abenteurer rumänischer Herkunft, dessen Lebensgeschichte mehrere Bücher füllen würde, lehnte lässig an der Reling und sah lächelnd dem Treiben auf der Pier zu. Er hatte den Laden im Achterschiff geöffnet, wo er seine Waren, meistens made in Hongkong, anbot. Die Mädchen vom Dorf hatten schon angekündigt, daß sie groß einkaufen würden. Sie holten sich einen Pareo nach dem anderen, den sie kunstvoll um die Hüften schlungen, und liefen nach oben an Deck, um für ihre Freundinnen auf der Pier Modenschau zu spielen. Das ging den ganzen Tag so, denn der Kopraschoner wollte über Nacht bleiben. Ein Festessen war angesagt, aber das war immer so – erzählte man uns –, wenn der Schoner kam. So konnte man erreichen, daß er nicht auf einer anderen Insel über Nacht blieb: Bestechung auf polynesisch.

Der Kapitän des Schoners war ein echter Lebenskünstler und so trickreich wie viele Männer vom Balkan. Er hatte an Bord einen alten klapprigen Filmprojektor, und der war die eigentliche Sensation: Kino in Manihi.

Nach der Abenddämmerung stellte der Rumäne auf einem Tisch an Land seinen Projektor auf, einen Lautsprecher klemmte er an die Reling, und dann startete er den Dieselgenerator an Bord. Mit ihm erwachte der kleine Platz vor der Pier zum Leben. Das Filmbild flimmerte gelblich an einer weißlichen Hauswand, der Lautsprecher dröhnte und klirrte, und bald belebte sich die Hauswand mit – ja, es war schrecklich – mit lauter SS-Uniformen, Rauchfahnen von Bombeneinschlägen und abstürzenden Flugzeugen. Zwanzig Minuten später legte der Rumäne die nächste Filmrolle auf. Aber die Qualität der Filmvorführung änderte sich nicht: alles Drittes-Reich-Klamotten und Zweiter-Weltkrieg-Wochenschauen.

Als wir später auf dem Boden zusammensaßen und uns das Festschwein schmecken ließen, erzählte der Rumäne, daß er seine Filme aus Frankreich habe, wo das alte Zeug weggeworfen werden sollte: ausnahmslos wertloses (in Europa nicht vorzeigbares) Propagandamaterial und Wochenschauen aus den vierziger Jahren. Er habe schon mal anderes Material vorgeführt, aber das habe den sonst so friedlichen Menschen hier gar nicht gefallen, die wollten nur Kriegsgemetzel sehen. Je schlimmer, um so lieber. Am besten kämen französische Propagandafilme an, wo die deutschen „Herrenmenschen" besonders unsympathisch und barbarisch dargestellt seien. Wie zum Beweis dafür beugte sich mein Nachbar zur Linken, ein hübscher Polynesier, zu mir herüber und meinte treuherzig: „Ich bewundere die Deutschen, die können sooo grausam sein. Einmal hat in einem Film der Gestapomann sogar einem Häftling bei der Folter die Finger abgeschnitten."

Merkwürdige Polynesier! Wenige Stunden nach diesen schrecklichen Filmen erklang die Okulele, und die Polynesier

5 THALASSA an der Wasserfront in Tahiti

26 Ein Riesenrochen hat sich in
der Ankertrosse der THALASSA
verfangen. Nur mit Mühe
gelingt es Bobby, den Manta
wegzuschleppen.

27 Wolfgang Hausner und Bobby
   in Bora-Bora

28 Samoaner

29 „Please take a picture" −
   Mädchen in Samoa

28

29

30 Verkehrspolizist in Suva,
   Hauptstadt von Fiji

von Manihi sangen über die Lagune ihre Lieder hinaus. Lieder, in denen der Krieg keine Rolle spielte, sondern nur das Leben und die Liebe. Als die Sterne und der Mond das silberne Wasser der Lagune beleuchteten, wußten wir, daß der Passat am nächsten Morgen die THALASSA weiter über den Stillen Ozean in Richtung Tahiti wehen würde, und wir standen auf, um uns zu verabschieden.

Als wir unseren Freunden reihum die Hand zum Abschied reichten, kam ein vielleicht 25jähriger Polynesier auf uns zu. Er hängte Carla und mir je eine Muschelkette um, küßte uns auf beide Wangen und entschuldigte sich mit Tränen in den Augen: „Dies war mein Fest! Ihr könnt mir sicher verzeihen, wenn ich heute nicht so fröhlich war, wie es sich für einen Gastgeber gehört. Mein kleiner Sohn wurde nämlich vor ein paar Tagen in Paris an einem Herzfehler operiert. Er hat die Operation nicht überlebt. Er ist heute für immer heimgekommen. Sein Sarg steht dort drüben."

Er zeigte zum Kopraschoner.

23 Traumziel Tahiti

Juli – zweites Jahr der Weltumsegelung

„Tahiti ist überlaufen, laut und teuer." Das ist eines der gängigen Urteile über das Traumziel vieler Inselsüchtigen im Pazifik.

Tatsächlich handelt es sich bei Papeete, der Hauptstadt von Tahiti, um eine Hafenstadt, wie es viele auf der Welt gibt. Denn ganz Polynesien wird fast vollständig auf dem Seeweg versorgt. Alle Waren für ein Gebiet, das immerhin der Fläche von Europa entspricht, werden im Hafen von Papeete angelandet, wo sie dann auf die Kopraschoner umgeladen werden. Kein Wunder also, daß es in Papeete auch die negativen Seiten einer Hafenstadt gibt.

Das Hafenbecken teilen sich einträchtig die großen Schiffe aus aller Herren Länder und die Yachten. Letztere liegen an der berühmten Wasserfront. Wer die Wasserfront zum erstenmal sieht, muß enttäuscht sein, denn sie ist nichts anderes als eine Uferstraße am Meer, am Ende des Hafens, dort, wo das Wasser schon wieder etwas klarer ist als in den hinteren Ekken, wo die Kriegsschiffe der Franzosen auf einen Platz im riesigen Trockendock warten.

Kurzum, Tahiti kann keinen so richtig vom Stuhl reißen. Viele Yachties machen nun den Fehler, nur in Tahiti zu liegen, nach einer Weile abzusegeln und zu schmollen: „Die Südsee ist auch nicht mehr das, was sie einst war!"

Die Versuchung ist tatsächlich groß, in Tahiti zu bleiben, denn für einen Yachty hat Papeete, die größte Stadt im Umkreis von 5000 Kilometern, mit ihren 65000 Einwohnern den unschätzbaren Vorteil, alles zu bieten, was das Leben auf einer Yacht angenehm macht. Es beginnt damit, daß man an der Pier liegen kann. Das heißt, man liegt zwar vor Buganker, aber vom Heck aus gehen die Festmacher direkt zur Pier. Der Abstand zum Land ist meist zu weit, um eine Gangway (kaum eine Yacht besitzt eine) ausbringen zu können. Aber nach den langen Ankerliegezeiten in den Inseln draußen ist es der Inbegriff von Luxus, ins Beiboot steigen und sich an den Festmachertrossen zum Land hangeln zu können.

Und Trinkwasser gab es. Man stelle sich vor, jede Yacht hatte einen eigenen Schlauch, am Süßwasserhahn angeschlossen. Wenn es einem am Tag zu heiß wurde, hielt man sich den Schlauch über den Kopf, und schon war man erfrischt. Das Tollste aber waren die Einkaufsmöglichkeiten. Es gab alles, was man so lange entbehren mußte. Im Supermarkt glaubte man, in einer mittleren deutschen Stadt zu sein, was das Warenangebot betraf. Wenn nur nicht die Preise gewesen wären! Ein Kilo Trauben von den Kanaren kostete zwanzig Mark, ein Ei eine Mark, Käse („par avion") vierzehn Mark. Viele der einheimischen Früchte wurden hier nicht angeboten, die holte man sich besser direkt in den Dörfern, da kosteten sie fast nichts.

Die größte Attraktion für den Yachty aber sind die vielen Werkstätten, wo man die eine oder andere längst fällige Schweißarbeit erledigen lassen kann – zu horrenden Preisen natürlich. Denn nahezu jede Yacht hat nach einer so riesigen Strecke von Europa hierher, wie sie ein „normales" Boot in unseren heimatlichen Gewässern nie zurücklegt, eine Reihe dringender Reparaturen nötig; dazu ist Papeete der einzige geeignete Platz weit und breit. Selbst wenn die Ersatzteile nicht am Ort zu bekommen sind, hat man auf dem supermodernen Postamt Verbindung zur Welt.

Manche Yachties können sich von Papeete gar nicht mehr losreißen, und wenn ihre Zeit in Polynesien abgelaufen ist, stellen sie fest, daß sie außer Tahiti von der Südsee kaum etwas gesehen haben. Nicht einmal die ganze Insel Tahiti haben sie kennengelernt. Carla und ich aber hatten das Glück, eine Rundreise um Tahiti in einem Mietwagen machen zu können. Jacques, Hubert und George hatten uns dazu eingeladen.

Um es genau zu sagen, nicht die drei Brüder aus Neukaledonien hatten uns eingeladen, sondern ihre Mutter, die plötzlich zum Entsetzen der Jungen in Papeete auftauchte. Jacques, Hubert und George waren wirklich Pechvögel: Zuerst das Mißgeschick in Manihi mit dem Petroleum im Haar. Dann, auf der nächsten Insel, weigerten sich die Dorfschönen, über das scharfkantige Riff zu ihrem Beiboot zu gehen, jedenfalls nannten die Mädchen das als Grund, weshalb sie nicht die Boys auf der ULYSSES besuchen wollten. Also wieder Fehlanzeige. Dabei hatten sie sich doch so auf die Südsee gefreut, nachdem sie schon so vieles über die Freizügigkeit der Polynesierinnen (zu Recht) gehört hatten.

Aber in Papeete wähnten sie sich am Ziel. Hier hatten sie sich an die drei Ersten bei den Mißwahlen herangemacht und sie tatsächlich zu einem mehrtägigen Yachtausflug zu einem abgelegenen Atoll überredet. Aber am Vorabend stand an der Pier völlig unerwartet wie ein Racheengel die energische Mutter der drei Jungen aus Neukaledonien.

Sie war nämlich zu Hause von den drei sehnsüchtig wartenden Ehefrauen aufgehetzt worden, ihren „Buben" entgegenzureisen, um nach dem Rechten zu schauen. Böses ahnend, machte sie sich auf den Weg und traf gerade rechtzeitig in Papeete ein, um ihre Jungs unversehrt in Empfang zu nehmen. Deren Freude hielt sich in Grenzen, als die Mutter ihnen erzählte, sie müßten sofort zum Arbeiten nach Hause kommen. Zum Abschied machten sie dann noch mit uns, etwas mißmutig, eine Rundfahrt über die Insel.

Besonders eindrucksvoll fanden wir das architektonisch aufregend gestaltete Gauguin-Museum, in dem man allerdings vergeblich nach einem Gemälde des Meisters Ausschau hielt. Sie sind in alle Welt verstreut, und das Museum hatte nicht genug Geld, um auch nur ein einziges Bild zu erwerben. Es hätte auch mehr gekostet als die Errichtung des ganzen Museums. Armes Tahiti!

Von Moorea, der Schwesterinsel Tahitis, behaupten böse Zungen, das Schönste an Tahiti sei der Blick auf Moorea. Tatsächlich sollte jede durchreisende Yacht einmal in der Opunohu- oder in der noch berühmteren Cook's Bay gelegen haben. Das gehört einfach zu jeder Weltumsegelung. Tatsächlich hatte das Foto einer Yacht in der Opunohu-Bucht uns den allerersten Anstoß gegeben, ebenfalls um die Welt zu segeln. Beide Buchten sind von einzigartiger Schönheit, wenn auch etwas kühl von der Stimmung her. Sicherlich haben sie der Insel Moorea mit ihren fünfzehn Kilometern Durchmesser den Ruf der „schönsten Insel der Welt" eingebracht. Aber das behaupten viele Inseln von sich, allen voran Bora-Bora, wo wir ein paar aufregende Tage vor Anker lagen. Zuerst verfing sich ein Riesenrochen in unserer Ankerkette und schleppte die THALASSA in Richtung Riff. Die größte Aufregung aber hatten wir mit der amerikanischen Yacht WAYWARD WIND, deren Eigner, ein kleiner Amerikaner, deshalb bemerkenswert war, weil er ständig, also auch schon am frühen Morgen, sinnlos betrunken war. Er lag mit uns zusammen auf dem Ankerplatz auf circa zwanzig Meter Tiefe. Bei den starken Regenböen war dies kein idealer Platz, aber er lag ganz nahe an phantastischen Tauchgründen, wo es von seltenen Muscheln nur so wimmelte. Carla und ich waren in einer besonders stürmischen Nacht an Bord der WAYWARD WIND, um – wie schon oft – die Frau des Amerikaners zu trösten.

Plötzlich klopfte es wie wild an die Bordwand, und der österreichische Kat-Segler Wolfgang Hausner, den wir in Bora-Bora kennengelernt hatten, schrie draußen: „Ihr treibt aufs Riff!"

Der alkoholisierte Skipper war zu nichts zu gebrauchen. Wolfgang sprang aufs Vorschiff und holte den schleifenden Anker rauf, während ich verzweifelt versuchte, die mir unbekannte Maschine zu starten. Die Frau des Amerikaners zeigte mir, wo der Zündschlüssel steckte, und nach ein paar aufregenden Minuten begann der Diesel der Fünfzehn-Meter-Yacht beruhigend zu brummen. Als ich den Gang einlegte, wartete ich bang darauf, daß es doch noch unter dem Kiel häßlich knirschen würde. Aber das Riff war glücklicherweise nicht zu hören, und bedächtig setzte sich die WAYWARD WIND in Bewegung. Ich hatte keine Sicht nach vorne, denn der Regen trommelte wie wild auf die Scheibe des Steuerhauses. Plötzlich neue Aufregung!

Ich bemerkte hinter mir ein Flackern, und als ich mich umdrehte, schlugen mir Flammen aus einer Backskiste entgegen.

„Wolfgang, wir brennen!" rief ich.

„Interessant. Aber wir brauchen noch zehn Meter, dann sind wir endgültig frei", kam die Antwort.

Wolfgang hatte die Ruhe weg. Ich schob den Gashebel auf Anschlag und steckte den Kopf an der Scheibe vorbei ins Freie, um dem Rauch zu entgehen. Wolfgang schrie mir seine Steueranweisungen zu, und endlich hatten wir einen seiner Meinung nach geeigneten Platz gefunden. Der Anker rasselte in die Tiefe.

Ich blickte ins Steuerhaus zurück. Der Skipper röchelte betrunken am Boden. Aber seine Frau hob triumphierend den Feuerlöscher, mit dem sie inzwischen die Flammen erstickt hatte. Auf den Batterien hatten die Tauchsachen der Amerikaner gelegen und Feuer gefangen. Die resolute Bordfrau lud uns noch zu einem Whiskey ein, aber der Abend war uns verdorben; wir hatten die Nase voll von diesem Schiff.

Das Regenwetter hielt immer noch an, als wir Wolfgang am nächsten Tag zuwinkten und unseren Anker lichteten. Wir verließen Polynesien voll Trauer, aber wir blickten nach vorne, denn die Südsee ist groß, sie besteht nicht nur aus Polynesien. Was es zur „Südsee", dem Traum für Millionen macht, sind die freundlichen Menschen von Huahine, von Manihi, von Tahaa – oder wie die Paradiese alle heißen, wo wir zahlreiche Freunde zurückließen.

24 Schlechtwetter-segeln nach Samoa

September – zweites Jahr der Weltumsegelung

Viele hatten uns schon gewarnt. Sie sagten, nach Tahiti käme man umsonst, danach aber müsse der Segler hart arbeiten. Was heißt, daß man ab Bora-Bora mit schlechtem Wetter rechnen sollte. Die langen böigen Regenfälle in Bora-Bora waren nur der Anfang gewesen. Wir liefen durch den Paß auf die offene See hinaus, und schon wurde es ruppig. Glücklicherweise wehte es von Nordost, so daß wir den Kurs nach Amerikanisch-Samoa gut anliegen konnten, ohne daß wir gleich zu Beginn die Passatsegel setzen mußten. Gerade auf den ersten hundert Meilen ist jeder besonders anfällig gegen die Seekrankheit. Wenn zum schwachen Magen dann noch körperliche Anstrengung kommt, kippt man schnell aus den Latschen. Auch Carla ist nicht ganz unempfindlich, doch sie fühlt sich draußen im Cockpit am wohlsten, während ich in der Koje besser aufgehoben bin.

Am problemlosesten sind noch die Starts, wenn zu Beginn nur die Segel gesetzt werden müssen und die Selbststeueranlage eingekuppelt wird: bei freiem Wasser und anspruchsloser Navigation also. So war es auch, als wir den Kurs auf das 1100 Seemeilen entfernte Samoa absetzten. Wir ließen das Inselgewirr hinter uns, und von dem wunderschönen Atoll Maupiti würden wir sicher freibleiben.

Am nächsten Tag hatte der Wind zugenommen. Bei einem guten „Sechser" begannen wir, die Segel zu verkleinern. Bevor wir aber die Baumfock statt der größeren Fock I setzten, drehten wir ein paar Reffs ins Groß. Diesen Tip hatte uns der Konstrukteur der THALASSA, Anton Miglitsch, auf den Weg gegeben. Er hat uns viel geholfen.

Die THALASSA war nämlich wie viele Langkieler recht luvgierig, das heißt, sie hatte immer die Tendenz, in den Wind zu schießen. Je stärker der Wind, um so stärker hatte die automatische Steueranlage zu arbeiten. Man konnte das gut sehen, denn wie ein Arm des menschlichen Rudergängers war dann die Leine auf der Luvseite der Pinne straff gespannt, während die Steuerleine auf der Leeseite durchhing. Mit jedem Reff mehr wurde die Sache besser.

Am Abend hatte der Wind noch weiter aufgebrist, und wir holten das Groß ganz runter, während wir die Baumfock stehenließen. Jetzt mußten wir sogar selber Ruder gehen, weil der Schaft der Windfahne offensichtlich keinen Halt mehr fand und ständig durchrutschte. Alle zwei Stunden wechselten wir uns an der Pinne ab, merkten aber, daß unsere Widerstandskraft allmählich nachließ. Das süße Leben in der Südsee rächte sich. Wir waren einfach nicht mehr belastbar.

Zwei Tage später blies es immer noch in gleicher Stärke, und wir fühlten uns nicht besonders wohl. Nach wie vor war das Wetter zu ruppig, als daß ich es hätte wagen können, kopfunter am Heck die große Windfahne der Selbststeuerung abzumontieren, um eine neue Kupplung einzubauen. Das einzig Erfreuliche war, daß wir den Kampf gegen die Seekrankheit gewonnen hatten. Aber unsere Kojen waren naß, was den Schlaf meist zu einem Alptraum werden ließ. Nein, es waren keine Seen übergekommen, die einen Weg durch den Niedergang gefunden hätten. Das war auf der THALASSA noch nie passiert.

Das Wasser fand andere Wege in unsere Kojen. Wir kannten sie nicht, obwohl ich während der ganzen Reise schon viele Stunden aufgewendet hatte, sie zu finden. Eigentlich sollte ein Kunststoffschiff absolut wasserdicht sein, denn anders als bei Holz, wo Planke an Planke stößt, gibt es hier keinen Durchlaß für das Wasser. Aber die vielen Verbindungsstellen!

Tatsächlich hatte ich schon mindestens ein dutzendmal die Holzverkleidung im Inneren der THALASSA abgenommen und das Deck von draußen mit dem Schlauch naßgespritzt. Aber das war im Hafen gewesen, und im Hafen war die THALASSA absolut wasserdicht.

Draußen auf hoher See allerdings lief das Wasser herein, als hätte jemand einen Hahn aufgedreht. Aber wo es genau herkam, wußten wir nicht, auch nicht, warum die THALASSA im Hafen dicht war und draußen nicht. Es gab keine andere Erklärung als die, daß ein Kunststoffrumpf sich verwindet, wobei an der Verbindung zwischen Rumpf und Deck eine oder mehrere undichte Stellen entstehen. Jedenfalls spürten wir wieder einmal die unter Blauwasserseglern bekannte Tatsache, daß nichts so sehr die Widerstandskraft lähmt wie nasse Kojen.

Wir waren zunächst froh, als am dritten Tag der Wind nachließ und um dreißig Grad drehte. Aber dann wurde es erst recht ungemütlich. Eine neue Dünung entstand und kabbelte sich mit der alten. Ein ums andere Mal donnerte plötzlich von der Seite eine See mit fürchterlichem Getöse an die Bordwand, daß man in der Koje hochschrak und hinausrief: „Steht noch alles?" Draußen sah es harmloser aus. Höchstens daß mal etwas Wasser hochspritzte und übers Heck hereinkrachte. Das war alles.

Trotzdem spielte uns die Kreuzsee einen bösen Streich. Die Sonne schien schon wieder, und Carla hatte sich eine Plastikschüssel ins Cockpit geholt, um – wie täglich – ihren Abwasch mit Seewasser zu erledigen. Plötzlich tobte es von der Seite heran. Der erwartete Knall an der Bordwand ertönte. Aber diese See, bedeutend höher als die vorangegangene, war auf einmal im Cockpit.

Alles ging so schnell, daß wir gar nicht richtig begriffen, was hier gespielt wurde. Wir schwammen beide in massivem Wasser, wenn auch nur für einen Sekundenbruchteil. Dann saßen wir auf der Reling, und das Cockpit unter uns war randvoll. Beim nächsten Überlegen der THALASSA floß aber schon der größte Teil des Wassers wieder nach draußen und damit alles, was vorher im Cockpit rumgelegen hatte. Also die Schüssel mit dem Geschirr, die Sitzkissen, zwei Bücher (waren ohnehin viel zu schlecht zum Lesen), eine Taschenlampe und noch ein paar Kleinigkeiten, die man benötigt, um es sich auf Wache gemütlich zu machen, beispielsweise Cassetten und natürlich Knabberzeug. Alles weg.

Wir erschraken. Nicht wegen der Verluste, nein, die waren leicht zu verkraften. Viel niederschmetternder war die Erkenntnis, daß in unsere THALASSA, die wir ja immer als besonders trockenes Schiff angesehen hatten, auch Seen einsteigen konnten. Dabei war dies vielleicht nur ein Vorgeschmack auf das, was der Ozean alles für uns bereit hielt. Denn bisher hatten wir ja kein schlechtes Wetter. Die Sonne schien, und der Wind hatte schon auf moderate vier Stärken (auf dem Chiemsee eine herrliche Segelbrise!) abgeflaut. Die Kreuzsee stammte auch nur von höchstens sieben Windstärken, das war noch nicht mal Sturm. Was würde uns erst am Kap der Stürme erwarten, dem Kap der Guten Hoffnung?

Dabei hatten wir noch riesiges Glück gehabt, daß wir nicht aus der THALASSA rausgeschwemmt worden waren. In Zukunft würden wir uns beim leisesten Verdacht auf einsteigende Seen anschnallen. Aber das hätte ja wohl geheißen, daß wir praktisch immer angeschnallt sein mußten. Ausgeschlossen!

Der Rest der Überfahrt verging problemlos. Aber wir fühlten uns nicht mehr so sicher wie früher. Dabei hatte ich immer gehofft, daß wir auf hoher See einmal ein seelisches Stadium erreichen würden, in dem wir uns so richtig wohl und in sich ruhend fühlten. Aber je weiter wir segelten, je mehr Seemeilen wir auf unsere Salzbuckel luden, um so vorsichtiger, um so respektvoller wurden wir dem Meer gegenüber. Ganz besonders schlimm wurde das, wenn die Nacht hereinbrach und die THALASSA von der Dunkelheit eingehüllt wurde, wenn wir allein waren mit einem rhythmischen Rauschen und dem meterlangen Planktonteppich im Kielwasser. Da wurde uns bewußt, wie sehr der Mensch von der Psyche abhängig ist. Unser Stimmungsbarometer stand auf See jeweils am tiefsten, wenn wir Neumond hatten und nachts nur auf das dürftige Sternenlicht angewiesen waren. Besser wurde es von Nacht zu Nacht, wenn der zunehmende Mond uns begleitete.

Als wir unser Ziel voraus hatten, war es fast Vollmond. Am 22. September standen wir vor Amerikanisch-Samoa. Die Sicht war sehr gut, so daß wir schon zwanzig Meilen vor der Insel zahlreiche Lichter erkennen konnten. Bald hatten wir auch die Richtfeuer der Hafeneinfahrt identifiziert. Solche Lichter machen jede Nachtfahrt zum Erfolgserlebnis. Du mußt nur beide Feuer in Linie halten und kannst sicher sein, daß sie dich, frei von jedem Riff, durch den gar nicht breiten Paß in den Hafen bringen.

So auch in Samoa. Allerdings fing es ausgerechnet zwischen den Riffen wolkenbruchartig zu regnen an, aber von Zeit zu Zeit tauchten die Lichter immer wieder auf. Natürlich hatten wir die Segel längst geborgen und unseren 20-PS-Diesel gestartet. Niemand läuft in einen unbekannten Hafen mit Berufsschiffahrt nachts unter Segeln ein, wenn es sich vermeiden läßt.

Wir wußten nicht, wohin wir motoren sollten, aber im Licht der Autoscheinwerfer, drüben auf der Uferstraße, konnten wir eine andere Yacht liegen sehen. Wir fuhren hin und weckten durch den Motorenlärm die Mannschaft auf. Der verschlafene Skipper kam an Deck und rief uns zu, wir sollten uns eine Boje in der Hafenmitte suchen. Im Stablampenlicht tauchte auch bald eine riesige Tonne auf, mindestens drei Meter im Durchmesser, so eine, wie sie die Berufsschiffahrt zum Festmachen der Tanker benutzt. Aber wir waren jetzt viel zu müde, um weiterzusuchen. Also sprang ich hinüber und hielt gleichzeitig die THALASSA von der scharfkantigen, muschelbewachsenen Tonne fern. Kurz darauf war unsere Trosse fest.

Viel, viel Leine steckten wir, denn eine Kunststoffyacht ist zwar weitgehend unempfindlich gegen die Einflüsse von Seewasser, aber recht kratzempfindlich. Nicht daß es gefährlich gewesen wäre, wenn wir nachts beim Schwojen gegen die Tonne gebumst wären, aber das Gelcoat hätte doch verletzt werden können. Zu Hause kann so was leicht im Winterlager wieder in Ordnung gebracht werden. Wir aber wußten nicht, wann wir das nächste Mal auf den Slip konnten, wie lange die THALASSA noch im Wasser bleiben mußte.

Eines der spannendsten Erlebnisse beim Fahrtensegeln ist immer wieder das nächtliche Einlaufen in einen Hafen. Man weiß zwar, wo man ist, hat man doch ein gewisses Bild seiner Umgebung aus der Seekarte. Dieses Bild gründet sich aber meist auf nautische Tatsachen: wie tief es hier ist, wie viele Kabellängen der Hafen breit oder lang ist, usw. Dadurch wird man aber verführt, sich auch ein gewisses Bild von dessen natürlicher Umgebung zu machen, was meistens falsch ist.

Jedenfalls schläft man nach ein paar Dosen Bier (zur Feier der glücklichen Ankunft) entspannt ein und wird meist am anderen Morgen durch ein Klopfen an der Bordwand geweckt. Erster Gedanke: „Wo bin ich?" – „Jedenfalls nicht mehr auf See, wir haben weder Lage, noch rollen wir!" – „Ah, wir sind doch heute nacht in einen Hafen eingelaufen! Richtig, wir müssen in Pago-Pago sein!"

Immer, aber wirklich jedes Mal, bot sich uns ein ganz anderes Bild, als wir erwartet hatten. Hatten wir uns in der Nacht einen Industriehafen vorgestellt, fanden wir uns am nächsten Morgen in einer typischen Südseelagune wieder. Erhofften wir aber einen verschlafenen Hafen, lagen wir bestimmt nicht weit von der riesig hohen Bordwand eines Frachters entfernt.

25 Polynesien unterm Sternenbanner

Pago-Pago überraschte uns. Nur Berge waren rundum zu sehen, wir lagen in einer dreckigen Brühe inmitten eines Talkessels. Über die Bucht schwebte eine Drahtseilbahn. In einer Ecke lagen die vergammelten Schiffe einer koreanischen Fischereiflotte. Und von der Pier kam eine große Barkasse mit mehreren uniformierten Männern auf uns zu. Auf dem Dach eines einstöckigen riesigen Gebäudes an der Uferstraße wehte das Sternenbanner. Kein Zweifel, wir waren in Amerika!

Sorgfältig wurden unsere Papiere überprüft und der Schrank mit Munition und Revolver versiegelt. Nebenbei wies der lange Sheriff uns darauf hin, daß wir in diesem zivilisierten Land mit Sicherheit keine Waffen brauchen würden. Das war uns schon bewußt, aber es hatte sicherlich nichts mit amerikanischer Zivilisation zu tun, sondern mit der Freundlichkeit in ganz Polynesien. Rückblickend meine ich, daß man dort auf Waffen gut verzichten kann.

Die Vorteile der „Zivilisation" machten vieles wett. Im Supermarkt gab es alles, was sich ein (amerikanisches) Herz wünschte, angefangen von Peanut-Butter bis hin zu zwölf verschiedenen Sorten Ketchup. Für uns schwer verständlich: Die amerikanische Yacht WINDROSE war nur deshalb nach Amerikanisch-Samoa gesegelt, um Erdnußbutter kaufen zu können. Wir hatten das große Glück, ein paar ganz reizende Amerikaner kennenzulernen, die uns „ihr" Samoa zeigten und uns in ein Restaurant einluden, dessen Preise unsere knappe Bordkasse niemals verkraftet hätte. Es gab Austern (mit Tabasco-Sauce) und Hummer (mit Erbspüree und Ketchup). Bill und Mike, unsere neuen Bekannten, waren Angestellte der Fernsehstation und erzählten uns ausführlich von ihrem Leben in dieser amerikanischen Tropenkolonie.

Wer Vergleiche anstellen möchte, wie sich der Status einer Kolonie (speziell einer amerikanischen) auf ein Land auswirkt, dem sei Samoa empfohlen. Wir hatten nicht den Eindruck, daß die Samoaner besonders darunter litten. Die USA pumpen unvorstellbare Mengen Geld in diese Kolonie. Alle Kinder haben die Chance einer guten Ausbildung. Viele gehen zum Studieren nach Amerika, um nie mehr wieder heimzukommen. Denn das Klima in Samoa ist nicht jedermanns Sache. Häufige Regenfälle wechseln mit Stunden stechenden Sonnenscheins, ohne daß die Feuchtigkeit davon aufgesaugt werden kann. Besonders im Talkessel von Pago-Pago (die Amerikaner sagen: „Pängou-Pängou") ist die Luft zum Schneiden dick und so stickig, wie wir es nirgendwo sonst in den Tropen erlebt haben.

Die Samoaner in Pängou-Pängou sind echte Polynesier, also freundlich, zutraulich und – so scheint es – immer fröhlich und zu Späßen aufgelegt. Sie freuten sich jedesmal, wenn sie meine Kamera sahen, und besonders die Mädchen mußten nicht lange gebeten werden, sich fotografieren zu lassen. Sie kamen meist von selbst: „Do you want a picture?" Glücklich bedankten sie sich, wenn sie dann das Klicken der Kamera hörten.

Ansonsten sind die Samoaner nicht besonders aktiv, um das Wort „faul" zu umgehen. Am liebsten sitzen sie den ganzen Tag in ihren charakteristischen offenen Häusern und palavern, oder sie gehen fischen. Gutmütig hatten die Amerikaner überlegt, wie sie deren Hang zum Fischen in „nützliche" Bahnen lenken konnten. Schließlich bauten sie im Hafen von Pängou-Pängou eine Fischfabrik und schenkten sie den Samoanern. Die waren zunächst begeistert. Aber als sie merkten, daß man für den ökonomischen Fang mehrere Tage und Nächte mit den Trawlern auf See bleiben mußte, das Ganze also in Arbeit ausartete, verloren sie bald die Lust an dieser Art Fischerei. Die Fabrik begann zu verfallen.

Um noch ein wenig von dieser Investition zu retten, wurde sie kurzerhand an eine japanische Firma verpachtet, die für die Knochenarbeit wiederum Koreaner mit ihren Fischerbooten nach Samoa holte. Den Samoanern machte das alles nichts aus. Einer der begehrtesten Supermarkt-Artikel – neben Weißbrot – war Thunfisch in Dosen, „canned in American Samoa"! Das Weißbrot wurde übrigens in Hawaii gebakken und jeden Tag eingeflogen.

Bei soviel Trägheit wunderte es uns nicht, daß die Kriminalität in Samoa niedrig war. Es gab zwar ein Gefängnis, aber das war so klein, daß es kaum Übernachtungsgelegenheiten bot. Die Insassen wurden jeden Abend nach Hause geschickt, mit dem Auftrag, am nächsten Morgen wieder pünktlich zum Strafvollzug zu erscheinen. Manchmal kamen die Arrestanten dann zu spät, manchmal auch gar nicht. Niemand regte dies besonders auf, denn der Gefangene würde sich schon wieder mal blicken lassen. Wenn nicht heute, dann eben nächste Woche. Abhauen konnte er ja nicht auf einer Insel, wo praktisch jeder jeden kannte. Und daß er nach Western Samoa segelte oder ruderte, war so gut wie ausgeschlossen.

Western Samoa ist unabhängig und deshalb bettelarm. Seine Hauptstadt Apia versucht den Tourismus etwas in Gang zu bringen, aber die meisten Touristen wollen lieber in das reiche Pago-Pago. Den West-Samoanern fehlt es häufig am Nötigsten (aus europäischer Sicht), aber sie sind stolz darauf, daß sie keines Mannes Kolonie und unabhängig sind.

Mike und Bill erzählten uns das alles, bestimmt leicht amerikanisch eingefärbt. Doch sie hatten Vergleichsmöglichkeiten, denn sie fuhren häufig hin und her zwischen den Inselreichen. Sie hatten nämlich die Idee, irgendwo auf den Inseln einen starken Rundfunksender zu errichten, um den Südpazifik mit seichten Programmen, vor allem aber mit geldbringender Werbung zu beschallen. In Western Samoa waren sie eine Woche zuvor abgeblitzt (wahrscheinlich weil sie Amerikaner waren).

Jetzt starteten sie einen neuen Versuch in Amerikanisch-Samoa. Vor allem brauchten sie zur Errichtung der riesigen Sendeanlage ein geeignetes Stück Land. Ans Kaufen dachten sie von vornherein nicht, denn kein Amerikaner darf von Samoanern Land kaufen, das verbietet ein amerikanisches Gesetz zum Schutz der einheimischen Bevölkerung. Deshalb wollten Bill und Mike nur pachten.

Im Jeep fuhren wir über die Berge in ein Dorf, um dort Verhandlungen mit dem Dorfältesten zu führen. Wir hatten einen jungen Samoaner dabei, der fließend englisch sprach und für uns übersetzen sollte. Nach einer Fahrt über beste Teerstraßen hatten wir das Dorf erreicht und wurden gleich in das Haus in der Mitte geführt. Das schien so etwas wie ein Rathaussaal zu sein, nur gab es – ungewohnt für uns – darin keine Fenster, keine Wände. Ringsum war das Haus offen, was wohltat, denn so konnte der Passatwind durchstreichen und uns etwas Kühlung verschaffen.

Bald hatte sich der riesige Saal mit zahlreichen Männern gefüllt. Frauen nahmen an diesem Gespräch nicht teil. Mike begann die Situation zu schildern, erzählte von den enormen Verdienstmöglichkeiten, auch für die Samoaner, und von den großen Vorteilen für die Insel, wenn von hier aus der Stille Ozean mit Reklame für Coca-Cola und Kellogg's Corn Flakes (er nannte ausgerechnet diese beiden Firmen) beschallt würde. Die Samoaner nickten ernst.

Mike redete weiter, erzählte von Europa und Radio Luxemburg, was aber die Samoaner überhaupt nicht beeindruckte. Wieder ernstes Nicken. Dann steckten die Dorfältesten und der Bürgermeister lange die Köpfe zusammen und flüsterten. Schließlich wollten sie wissen, warum Mike und Bill ausgerechnet das Grundstück da unten am Meer interessierte.

Ich wußte, daß hierfür ausschließlich technische Gründe maßgeblich waren. Mike, der Ingenieur, erklärte: Um eine große Reichweite des Senders zu erzielen, sei es wichtig, daß er ganz nahe am Meer, also am Wasser, stünde. Denn beim Senden käme es nicht nur auf die Höhe der Antenne an, sondern auch auf die „Erde". Im Gegensatz zu vorher, als Mike seine rein kommerziellen Interessen den Samoanern gegenüber verschleiert hatte, wirkten die Worte des Radioingenieurs nun ehrlich und überzeugend – auf mich!

Nicht auf die Dorfoberen. Sie lächelten und fragten ungläubig: „Wenn du zum Senden eine gute ‚Erde' brauchst, warum willst du dann ans Wasser?"

Mike begann von vorn: „Also, das hängt mit dem Spannungsgefälle zusammen. Die Antenne ist nichts anderes als ein offener Schwingungskreis..."

Die Samoaner blickten Mike nun wissend an. In ihren Augen war er ein Lügner, denn er nannte ihnen keinen einleuchtenden Grund, warum er ausgerechnet dieses Land brauchte. Vielleicht hätte Mike besser von irgendwelchen Göttern erzählen sollen, die ihm gerade zu diesem Stückchen Land geraten hätten. Vielleicht wäre er dann verstanden worden.

Wir wurden höflich mit dem Hinweis verabschiedet, daß nun alles beraten werden müsse. Auf der Heimfahrt herrschte gedrückte Stimmung. Mike und Bill wußten, daß sie trotz des Dolmetschers nicht die richtige Sprache gefunden hatten. Tatsächlich erhielten sie nie eine Antwort auf ihr Ansinnen.

26 Hurrikansaison

Im Oktober machten wir uns auf den Weg ins „Winterlager". Das ist nicht wörtlich zu nehmen, denn zum einen befanden wir uns auf der Südhalbkugel, so daß wir jetzt Frühling hatten, zum anderen wollten wir unsere THALASSA nicht etwa einmotten. Im Dezember beginnt in der westlichen Südsee die Hurrikansaison, wo sich jederzeit tropische Orkane entwickeln können, die auf hoher See für eine Yacht, gleich welcher Größe, tödlich sind. Solche Hurrikans erreichen Windgeschwindigkeiten bis zu 200 oder gar 250 Stundenkilometern, aber sie haben Zuggeschwindikgeiten von lediglich 5 bis 15 Knoten. Mit einem schnellen Schiff könnte man ihnen also entfliehen, wenn man rechtzeitig gewarnt würde und einigermaßen die Zugrichtung wüßte.

Aber sich darauf zu verlassen, ist riskant. Denn die Warnungen kommen häufig zu spät. Gegen die Hurrikans gibt es nur ein hundertprozentiges Mittel, und das ist: gar nicht in einem hurrikangefährdeten Gebiet zu sein. Deshalb bleibt möglichst kein Yachty während dieser Saison in den Tropen.

Das Ausweichrevier im Pazifik ist Neuseeland. Das hatten auch wir ursprünglich so in der Reiseplanung. Doch dann wurden wir, vor allem durch das schlechte Wetter seit Bora-Bora, etwas segelmüde und sehnten uns nach ein paar Monaten Ruhe. So kam es zu unserer Entscheidung, trotz einer geringen Hurrikan-Wahrscheinlichkeit (in der Südsee sind tropische Orkane seltener als im Nordpazifik) in Fiji zu bleiben. Dieses Reich aus 600 Inseln hat in Suva, seiner Hauptstadt, ein paar gute Schlupfwinkel, in denen sich Yachten im Fall eines Hurrikans verstecken können. Ziemlich unbefangen hatten wir uns vorgestellt, einige dieser damals noch sehr ursprünglichen Inseln zu besuchen und bei Hurrikanwarnung zurück nach Suva zu segeln und in einem „hurrican hole" Schutz zu suchen. Doch Hurrikan Bebe belehrte uns eines besseren.

Er kam zu einer Zeit, als niemand in Suva mit einem tropischen Orkan rechnete. Denn die Hurrikansaison hatte noch nicht begonnen, schließlich war erst Oktober, und in diesem Monat hatte es bis dahin noch nie Hurrikans gegeben. Aber als er vor den Toren Suvas stand, da war er schon von Radio Suva mit Schreckensmeldungen angekündigt worden: „Mit Windgeschwindigkeiten bis zu 150 Knoten fiel heute morgen der Orkan Bebe über die Dörfer in der Yasawa-Gruppe her. 95 Prozent aller Häuser wurden zerstört. Die Zahl der Toten steht noch nicht fest. In Suva wird empfohlen, Trinkwasservorräte anzulegen. Schulen und Behörden werden geschlossen."

Hysterie griff um sich. Die Yachten flüchteten aus dem ungeschützten Royal Suva Yacht Club. Wir versteckten uns in einem Flußlauf und sicherten die Thalassa mit fünfzehn Leinen zu den Mangroven. Dann warteten wir zwei Tage lang – und überlebten mit viel Glück ohne Schaden.

Die amerikanische Yacht CASSIOPEIA glaubte den Lehrbüchern, die gelegentlich in solchen Fällen meinen, der sicherste Platz sei auf hoher See. Aber im aufgepeitschten Seegang war an eine Flucht nicht mehr zu denken. Jedes Segel wurde gnadenlos zerfetzt und die Yacht in Richtung Riff getrieben. Kurz vor der Brandung konnten die Jungs noch alle Anker ausbringen. Die Yacht verharrte in der kreischenden Brandung wenige Meter vor den tödlichen Korallen. Die Stimmung an Bord schwankte zwischen Angst, gespielter Gelassenheit und Panik. Die Notfrequenz 2182 im Radio war überlastet, der Notruf der CASSIOPEIA kam nicht durch. Er hätte auch nichts genutzt, denn die Retter waren in erster Linie damit beschäftigt, sich selbst zu retten.

Stunde um Stunde verging. Die Boys sahen schließlich ihre Ohnmacht ein und ergaben sich in ihr Schicksal – aber auf amerikanisch. Sie konnten nichts mehr tun, nur noch auf ihr Glück vertrauen. Ablenkung war angesagt, und so begann der Skipper die letzten Fleischvorräte aus dem Kühlschrank zu holen und im tosenden Orkan mit gespielter Ruhe Steaks zu braten.

Das gab der 25jährigen Freundin seines Sohnes nervlich den Rest. Sie holte aus der Pantry ein langes Messer, stürzte in die Dunkelheit hinaus und versuchte durch den Holzmast der CASSIOPEIA ein Loch zu bohren, „um besser sehen zu können". Mit Brachialgewalt mußte die junge Frau in die Koje gebracht und dort gefesselt werden.

SKYLARK hatte sich auf einem offenen Ankerplatz befunden, 70 Seemeilen von Suva entfernt, als die Hotelgäste im Radio vom herannahenden Hurrikan hörten. Der Seegang war schon zu hoch, als daß Skipper Bob noch eine Chance gesehen hätte, das schützende Suva zu erreichen. Es mußte eine schwere Entscheidung für ihn gewesen sein, seine wunderschöne Sparkman-&-Stephens-Yacht auf diesem tödlichen

Ankerplatz zu lassen. Aber es blieb ihm keine andere Wahl. Bob und seine Mannschaft bargen alles von der SKYLARK ab, was nicht niet- und nagelfest war, und schafften es mit dem Beiboot zum Hotel. Bob ruderte allein auf seine SKYLARK zurück und brachte mit dem Beiboot alle vier Anker aus. Kurz vor Einbruch der Dunkelheit kehrte er mit Tränen in den Augen zum Hotel zurück. Jahrzehntelang hatten er und seine hübsche Frau nur dafür gearbeitet, auf dieser schönen Yacht über die Weltmeere zu ziehen.

Die Hotelleitung stürzte sich in Unkosten, um eine Panik unter den Gästen zu vermeiden. Sie lud zu einer Hurrikanparty ein. Die Drinks waren kostenlos, was zeigt, wie verzweifelt die Lage war. Alle Gartenmöbel waren in den Swimmingpool versenkt worden, damit der Orkan sie nicht mitreißen konnte. Als das Auge des Hurrikans bis auf fünfzig Meilen an die SKYLARK herangekommen war, schlug die Stimmung unter den Hotelgästen so hohe Wellen, wie es eben sein kann, wenn sich Hysterie und gewaltige Mengen Alkohol mischen. Allein die Crew der SKYLARK hatte nur Augen für das tanzende Topplicht ihrer Yacht draußen in der kochenden See.

Gegen Morgen, als die Dächer der Hütten davonzufliegen begannen, war das kleine Licht auf dem Wasser verschwunden. Ein paar Stunden später stand das Auge von BEBE über dem Hotel, der Wind war fast erstorben, und das Morgengrauen erleuchtete die riesige schwärzliche Dünung mit dem bösartig gezackten Horizont. Keine Spur von der SKYLARK. Aber die Hotelgäste und ihre Crew hatten die Katastrophe überlebt.

Für Bob schien es ein Wunder zu sein, als er im Lauf des Tages die Nachricht erhielt, daß seine SKYLARK unbeschädigt auf offener See treibend gefunden worden war.

BEBE hatte uns alle paralysiert. Tagelang trauten sich die Yachtleute, die die Saison in Fiji verbracht hatten, nicht aus ihren Schlupflöchern heraus. Monatelang lagen wir auf unseren Ankerplätzen, reparierten unsere Schiffe und warteten im übrigen auf das statistische Ende der Hurrikanzeit. Ab Mai war laut Spezialkarten die Orkanhäufigkeit so gering, daß nach menschlichem Ermessen nichts mehr passieren konnte. Denn außer in der Hurrikansaison gibt es in der Südsee keine Orkane. Das sagten die Optimisten. Die Pessimisten hingegen wiesen darauf hin, daß auch BEBE außerhalb der Hurrikanzeit über die Inseln Fijis gefegt war.

Carla und ich versuchten den Mittelweg zu gehen, wobei wir uns dadurch beruhigten, daß innerhalb eines halben Jahres nicht zweimal die ganze Statistik über den Haufen geschmissen wird. Zaghaft begannen wir also, den Bug der THALASSA wieder aus unserem Schlupfloch am Mosquito Island zu stecken. Unser erster Ausflug führte uns zum 60 Meilen entfernten Astrolabe-Riff, einer Gruppe von Dutzenden hinter einer Korallenbarriere verstreuten und geschützten Inselchen. Dort hätten wir bei den ersten Warnungen noch eine gute Chance gehabt, nach Suva zurückzuflüchten.

Wir waren nachts hingesegelt. Nicht weil es nachts angenehmer gewesen wäre, sondern weil wir in der Südsee gelernt hatten, vor allem unsere Ankunft zu „timen". Pünktlich standen wir dann auch beim ersten Morgenlicht vor dem Paß, der uns in das Inselgewirr der Astrolabe führen sollte. Der Himmel verhieß zwar etwas Regen, doch war die schmale Rinne in die Mangrovenlagune gut auszumachen. So schlichen wir uns unter Maschine hinein. Bevor der Regenschauer niederprasselte, waren unsere Anker schon draußen, und wir konnten uns gemütlich in die THALASSA zurückziehen.

Ein paar Stunden später hörten wir zaghaftes Klopfen am Vorschiff. Ich ging nach vorn und sah unter mir einen Einbaum voller kleiner kraushaariger, dunkelhäutiger Kinder. Schüchtern reckten sie uns Früchte entgegen und bettelten um Biskuits. Ein Strahlen ging über ihre Gesichter, als wir sie baten, doch an Bord zu klettern. Bald war das Cockpit gefüllt mit scheu flüsternden kleinen Fijianern.

Wir spürten, daß wir von Land aus beobachtet wurden. Und tatsächlich, kaum hatten es sich unsere kleinen Gäste gemütlich gemacht, kam das nächste Kanu von Land. Dieses Mal saßen lauter finster blickende Männer drin, die wortlos an Bord stiegen.

Einer von ihnen, ein stattlicher Fijianer von mindestens 195 cm Körpergröße, erklärte uns in gebrochenem Englisch, daß er Zöllner, Einwanderungsbeamter und vor allem Kokosnußkäfer-Beauftragter sei. Er müsse unsere Obst- und Gemüsevorräte untersuchen. Was er auch sorgfältig machte – mit negativem Ergebnis. Pässe und sonstige Papiere interessierten ihn nicht. Er erzählte uns von der enormen Gefährlichkeit des Kokosnußkäfers. Groß wie ein europäischer Hirschkäfer, ernährt er sich von Kokosnüssen, die er anfrißt, solange sie noch an den Palmen hängen. Dadurch sterben sie ab. Ist eine Plantage von diesem Käfer befallen, dann kann der Schaden so groß sein, daß die nächste Ernte vollständig ausfällt.

Es gibt zahlreiche Inseln, die frei vom Käfer sind. Dazu gehörten auch die im Astrolabe-Riff. Klar, daß die Leute dort ängstlich darüber wachten, daß der Käfer nicht etwa von einer Yacht eingeschleppt wurde.

Nachdem wir unsere zahlreichen Gäste so gut es ging bewirtet hatten, luden sie uns ein, mit ins Dorf zu kommen. Für diesen Zweck hatten wir uns in Suva eine Kavawurzel besorgt.

Wie uns Freunde, die schon einige Zeit in den Inseln lebten, geraten hatten, stellten wir uns dem Häuptling des fijianischen Dorfes vor. Wir dankten ihm für das Entgegenkommen, an seinem Ufer landen zu dürfen, und baten um die Erlaubnis zum Ankern, Tauchen und Fischen. Anschließend hielt ihm Carla die Wurzel entgegen. Er blickte uns lange an, während seine Landsleute ihm offensichtlich auf fijianisch berichteten.

Dann nahm er die Wurzel entgegen und erlaubte uns, mit der THALASSA so lange in „seinen" Gewässern zu kreuzen, wie wir wollten. Außerdem lud er uns zu einer Kavaparty am Abend in seiner Hütte ein. Davor waren wir gewarnt worden, aber wir sahen keine Chance, diese Einladung auszuschlagen, ohne den Häuptling auf schlimmste zu beleidigen.

Als wir abends seine Hütte betraten, erwartete er uns bereits. Außer ihm waren noch einige Fijianer anwesend, nur Männer. Die einzige Frau war Carla.

Nachdem wir uns auf einige Strohmatten am Boden gesetzt hatten, wurde eine große Schale mit einer mörserähnlichen Keule hereingebracht. Dann zerstieß der Häuptling die Wurzel, die er von uns bekommen hatte, und goß eine graubraune Brühe darüber. Anschließend wurde das Ganze in einem Tuch ausgepreßt und in der großen Schüssel verrührt. Die Kava war fertig.

Der Chief rührte mit einer Kokosschale lange in der Schüssel und flüsterte dabei leise auf fijianisch; kaum daß er das Zischen der Petroleumlampen übertönte. Wir verstanden nichts davon, aber sein Stellvertreter übersetzte die Rede des Häuptlings in gebrochenem Englisch. Im wesentlichen sagte der Chief nur, daß er sich über unsere Anwesenheit freue. Warum das Ganze aber so feierlich ablaufen mußte, wurde uns nicht klar.

Endlich nahm der Häuptling die Kokosschale und füllte sie mit Kava. Bevor er sie an den Mund setzte, klatschten wir alle in die Hände und brummten mit möglichst tiefer Stimme: „Mala Mala!" Nachdem der Chief einen Schluck Kava genommen hatte, gab er die Schale an Carla weiter, die ebenfalls – vorher mußte aber wieder geklatscht und „Mala Mala" gerufen werden – einen Schluck nahm und dann die Kokosnußhälfte weiterreichte.

Ohne daß sonst etwas passierte, ging dies Stunde um Stunde so weiter. Die Fijianer flüsterten gelegentlich. Daß die Kava „high" machte oder eine andere tolle Wirkung zeigte, war nicht festzustellen. Der Mund wurde leicht pelzig, ähnlich wie nach einer Zahnarztspritze. Aber sonst: Fehlanzeige! Wir konnten nicht verstehen, was die Fijianer an einer Kavaparty so besonders fanden.

Als uns die Sache allmählich langweilte, flüsterte der Chief wieder einmal seinem Landsmann etwas zu, der sich daraufhin mit bedeutungsschwangerer Stimme an uns wandte: „Mein Häuptling hat eine wichtige Mitteilung an euch!"

Wir glaubten schon, daß wir nun rausgeschmissen würden, aber er fuhr fort: „Habt ihr an Bord noch ein paar Flaschen Bier? Denn der Häuptling hat einen schlechten Magen und verträgt das dauernde Kavatrinken nicht mehr gut."

Damit hatte er uns aus der Seele gesprochen. Schleunigst machte ich mich mit dem Beiboot auf zur THALASSA, um warmes fijianisches Bier in Pfandflaschen heranzuschaffen.

Als wir am nächsten Tag durch die in der Sonne strahlende Lagune unseren Heimweg zwischen tausend Korallenköpfen suchten, litten Carla und ich unter verheerenden Magenkrämpfen. Dies war die erste und letzte Kavaparty, die wir mitmachten, schworen wir uns. Wir verstanden jetzt den Ratschlag unserer Freunde aus Suva: „Wenn ihr zu einer Kavaparty eingeladen werdet, sofort nein sagen!"

April – zweites Jahr der Weltumsegelung

Die Hurrikansaison neigte sich jetzt dem Ende zu. Wir waren einigermaßen fijimüde und dachten nur noch an die Weiterfahrt. Aufmerksam verfolgte ich am Radio die Wetterberichte. Aber immer noch war ständig von der Konvergenzzone die Rede, die uns schon seit fast einem halben Jahr täglich in den Acht-Uhr-Nachrichten serviert wurde.

Der Suva-Wetterbericht war nicht besonders gut, doch ich hatte herausgefunden, daß die Vorhersage von Radio Wellington/Neuseeland einen viel besseren Überblick über den westlichen Südpazifik gab. Der Wetterbericht von Wellington wurde zwar gemorst, aber ich konnte ihn trotzdem verstehen. Ich ließ nämlich einfach ein Tonband mitlaufen, während Radio Wellington auf Kurzwelle sendete. Anschließend spielte ich das Tonband mit der halben (zu Beginn mit einem Viertel der) Geschwindigkeit ab, was so langsam war, daß ich nach einigen Tagen den Wetterbericht mitschreiben konnte. Und wenn es nicht gleich beim erstenmal klappte, hörte ich halt das Tonband noch ein paarmal ab.

Wir sahen am täglichen Wetter, daß es allmählich Zeit wurde, sich auf die Weiterfahrt vorzubereiten. Aber es traten immer wieder Verzögerungen ein, mit denen wir nicht rechneten. Allein die Sache mit der Uhr kostete mich zwei Tage.

Mike aus Samoa hatte mir nämlich in Amerika eine besonders genaue Quarzuhr besorgt, die uns die Astronavigation in den riffreichen Gewässern der gefährlichen Torresstraße erleichtern sollte. Eines Tages wurde ich zum Zoll bestellt und erfuhr, daß ich keine Uhr nach Fiji einführen dürfe. All meine Proteste, daß ich sie ja wieder ausführen würde, halfen nichts. Der indische Zollbeamte in seiner kurzen weißen Uniformhose, über der sich ein stattlicher Bauch wölbte, war nicht umzustimmen.

Erst als ich darauf hinwies, daß es sich dabei gar nicht um eine Uhr handelte, wurde er nachdenklich. „So? Was ist es denn sonst?" fragte er spöttisch.

„Das ist ein NAVIGATION-PRECISION-TIME-RUNNER!" behauptete ich mit fester Stimme.

Der Inder dachte einen Moment nach und zuckte dann die Achseln: „Das ist natürlich was ganz anderes. Gehen Sie auf Ihr Schiff zurück, Ihr Navigation-Precision-Time-Runner wird an Bord gebracht!"

Am nächsten Tag kam eine Barkasse mit vier Zöllnern in suvaweißen Uniformen zur THALASSA heraus; sie überreichten mir feierlich das Päckchen mit der Quarzuhr.

Carla war es noch gelungen, bei der Werft einen Termin zum Trockenfallen an der Pier zu bekommen. Unser Unterwasserschiff war wegen des langen Stilliegens in besonders üblem Zustand. Obwohl wir fast täglich tauchten und alles abkratzten, dauerte es stets nur ein paar Tage, bis das Unterwasserschiff wieder voller Bewuchs war. Bis Südafrika oder zum Mittelmeer würden wir keine Möglichkeit mehr zum Aufslippen bekommen.

Am Abend vor dem Termin beobachtete ich noch einmal die Tide: nur einen Meter fünfzig! Ob das wohl gutging? Um wirklich saubere Arbeit zu leisten, brauchten wir mindestens einen Meter sechzig. Aber es gab eben keine Alternative.

Am nächsten Morgen war der Himmel grau, es nieselte so leicht wie regelmäßig während der Hurrikansaison. Radio Suva sprach wieder einmal von der Konvergenzzone und von einer „small depression". Trotzdem machten wir uns unter Maschine auf den ungefähr fünf Meilen langen Weg zum Handelshafen Suva.

Ein freundlicher Neger half uns beim Vertäuen der THALASSA an der Pier. Schon bald darauf spürten wir die ersten Stöße des Aufsetzens. Die Yacht stand gut, ihre Neigung von vielleicht 5 % zur Pier war optimal. So konnte nichts passieren, und wir wollten in einer Stunde anfangen, bei ablaufender Flut das Unterwasserschiff abkratzen, bis zur Brust im Wasser stehend.

Da tauchte an der Pier plötzlich der Skipper der ARGON auf und meinte in texanischem Understatement: „So ganz optimal ist dieser Platz wohl nicht, um einen Hurrikan abzuwettern!"

Das Wort „Hurrikan" fuhr uns nach dem BEBE-Schock in die Glieder. „Wie meinst du das?"

„Tja, eben ist in den Nachrichten durchgekommen, daß wieder mal ein Hurrikan im Anmarsch auf Fiji ist. Sein Name ist KATHY."

Das war wirklich fatal, denn hier an der Pier stand die THALASSA bei jedem Sturm wie auf dem Präsentierteller. Frei zum Abschuß durch die Riesenseen, die quer über den großen Hafen anrollen würden, wo schon mal ein Fünftausendtonner auf den Strand geschmissen worden war. Hätten wir das vor einer Stunde gehört, hätten wir die Festmacher losgeworfen und uns wieder in unser Hurrikanloch bei Mosquito Island verkrochen. Aber jetzt war es zu spät. Die THALASSA saß fest auf Grund, ihre Wasserlinie lag schon zwanzig Zentimeter über dem Wasserspiegel. Keine Chance mehr, sie in den nächsten zehn Stunden hier wegzubringen.

Wenn der Hurrikan wirklich in dieser Zeit kam, war unser Schiff weg. Weltumsegelung ade! Ziemlich mißmutig arbeiteten wir weiter mit Bürste und Sand im Wasser, denn wir wußten nicht, ob diese Arbeit noch einen Sinn hatte. Aber für unsere Nerven war Beschäftigung das Beste. Der Nieselregen hörte auf, wir konnten sogar malen. Leider reichte die Farbe nicht ganz. Aber plötzlich war der Neger wieder da, der uns beim Festmachen geholfen hatte, und stellte uns eine alte Dose mit Farbe hin. Prima!

Ich hatte ausgerechnet, daß der höchste Wasserstand um 21 Uhr 45 eintreten mußte. Aber die THALASSA rührte sich zu dieser Zeit nicht. Es fehlten einfach zehn Zentimeter Wasser. Eine schöne Pleite war das! Wir hatten der Werft versprochen, daß wir abends verschwunden sein würden.

Am nächsten Morgen erschien vor unserem „Liegeplatz" ein Riesenfrachter und spannte seine Leinen wie eine Spinne ihr Netz quer durch den Hafen. Wir waren eingesperrt. Allerdings war das nicht unser einziges Problem. Der Frachter wollte offensichtlich auf den Slip hinter uns, und dort kam er nicht hin, weil THALASSA dastand und nicht wegkonnte.

Schon stand der Vormann der Werft auf der Pier und schrie aufgeregt, was denn geschehen sei? Mir wurde siedend heiß, als ich an die Schadenersatzforderungen des Frachters dachte, der vielleicht unseretwegen einen ganzen Tag verlor. Alle seine Arbeiter, rund 30 Mann, kommandierte der Vorarbeiter jetzt an die Trossen der THALASSA. Fünf andere Männer drückten sie an den Wanten hin und her, bis sie sich langsam auf knirschendem Kiel vorwärts bewegte. Wir schwammen wieder. Gerade rechtzeitig zum Hochwasser! Aber wir waren fix und fertig.

Der nächste Ärger erwartete uns am Tag darauf.

Ich erzähle das alles wahrheitsgemäß, um dem Leser vor Augen zu führen, daß eine Weltumsegelung nicht nur aus Faulenzen und Sonnenbaden besteht, sondern daß auch hier wie im „bürgerlichen" Leben schöne Tage mit Sorgen und Ärger abwechseln. Was zu Hause keine Schwierigkeit bereitet, kann in der Fremde zu unüberwindlichen Problemen führen.

Wir hatten noch kein Geld für die Weiterfahrt überwiesen bekommen. Kein Yachty schleppt seine Ersparnisse ständig an Bord mit sich herum. Das wäre viel zu gefährlich gewesen, vor allem in Fiji, wo praktisch jeden Tag in eine Yacht eingebrochen wurde. Wir erwarteten also von zu Hause eine Überweisung von 5000,– DM, die uns durch den Indischen Ozean reichen sollten.

Endlich kam der Bankscheck. Aber ein Scheck ist nur ein Stück Papier, weiter nichts, wenn er nicht eingelöst wird. Und genau das verweigerte die Bank of America in Suva. Sie hatte zwar ein dickes Buch mit den Unterschriften aller Banker der Welt. Aber von den drei Unterschriften auf unserem Scheck einer deutschen Bank (die sich eine Bank mit Weltgeltung nennt) waren eben nur zwei Unterschriften drin. Da konnte ich reden, soviel ich wollte, ich bekam kein Geld auf diesen Scheck. Jetzt waren wir aufgeschmissen. Nichts ist auf der Welt – leider – unersetzlicher als Geld.

Wir wußten nicht, wie es weitergehen sollte. Ohne Geld konnten wir nicht auslaufen, nicht einmal Reisevorräte konnten wir einkaufen. Schließlich sah ich ein, daß der Scheck nicht eingelöst werden konnte. Deshalb bat ich um einen Kredit von 50(!) Dollar. Der Manager lächelte höflich und wies mich ab. Jetzt wußte ich, daß ich ihm nicht einmal 50 Dollar wert war, eine niederschmetternde Tatsache. Ich verlangte den Managing Director zu sprechen.

Das war ein älterer Herr mit gütigen Augen, der sich meine Geschichte anhörte. Ohne den Scheck auch nur eines Blickes zu würdigen, zog er seine Brieftasche und reichte mir einen Hundert-Dollar-Schein. „Unsere Vorschriften lassen es nicht zu, Ihren Scheck einzulösen oder Ihnen ein kleines Darlehen zu geben", sagte er. „Deshalb leihe ich Ihnen aus eigener Tasche hundert Dollar, damit Sie Suva in guter Erinnerung behalten. Der Scheck wird Ihnen dann in den Neuen Hebriden ausbezahlt. Wir veranlassen das."

Trotzdem hatten wir von Fiji die Nase voll.

27 Hebriden und Salomonen

Mai – drittes Jahr der Weltumsegelung

Kaum hatten wir Viti Levu, die Hauptinsel von Fiji, 50 Seemeilen hinter uns gelassen, stellte sich der Passatwind ein, der uns täglich 130 Seemeilen vorwärts brachte. Nach vier Tagen schon machte Carla in der Dämmerung die Berggipfel der Insel Efate auf den Neuen Hebriden * aus, und ein paar Stunden später leitete uns das starke Richtfeuer in den Hafen von Vila.

Die Neuen Hebriden waren das einzige Kondominium auf der Welt, das heißt, sie wurden von zwei Ländern gemeinsam verwaltet. Wer die innigen freundschaftlichen Gefühle kennt, die Franzosen und Engländer füreinander hegen, kann sich kaum vorstellen, wie diese Regierungsform funktionieren soll. Es ging aber sehr gut, und zwar offensichtlich deshalb, weil jeder vor sich hin regierte, ohne jede Koordination, die sicher nur Reibereien erzeugt hätte. Es gab fast alle Behörden dreifach, mindestens aber doppelt: eine französische, eine englische und eine Eingeborenen-Polizei, ein französisches und ein englisches Krankenhaus, französische und englische Briefmarken, ein französisches und ein englisches Gericht und so weiter.

Am frühen Morgen unserer Ankunft erhielten wir gleich Besuch von den Einwanderungsbehörden, dreifach, versteht

* heute Vanuatu

sich. Der wichtigste Mann war der Dolmetscher, denn der englische Kolonialbeamte war „erst" seit fünfunddreißig Jahren in dieser französisch sprechenden Inselgruppe und konnte deshalb kein Wort Französisch. Als er bemerkte, daß auch ich mich nicht mit seinem Kollegen unterhalten konnte, nahm er mich beiseite und flüsterte mir schamlos zu: „Falls Sie mit dem Franzmann irgendwelche Schwierigkeiten haben sollten, wenden Sie sich nur vertrauensvoll an die englischen Behörden!"

Natürlich hatten wir mit dem liebenswürdigen Franzosen keine Schwierigkeiten, ganz im Gegenteil, wir genossen den Einfluß, den die Grande Nation auf den Neuen Hebriden ausübte – in erster Linie auf die Eßkultur. Rôtisseries, gegrillte Hühnchen, ungesalzene Butter, Käse, Salami und dazu Bier „brewed in Munich" waren die kulinarischen Kostbarkeiten, die wir so lange entbehrt hatten.

Nur sieben Tage hatten wir Zeit für Vila mit seinen freundlichen Bewohnern. Über Epi, einen der „Haupthäfen" der Neuen Hebriden (der nichts anderes war als ein Stück Strand, an dem die Landung mit dem Beiboot möglich war), ging es weiter nach Port Sandwich, einer fast geschlossenen Bucht. Die Einwohner dort sind Angehörige des einstmals sehr kriegerischen Stammes der Big Nambas. Das Namba ist ein steifes Bananenblatt, einziges Bekleidungsstück der Männer, das so getragen wird, daß ständige Liebesbereitschaft vorgetäuscht wird. Je nach Größe des Blattes gehören die Krieger zum Stamm der Big oder der Small Nambas.

Die Nambas sind jetzt das, was man so schön mit „zivilisiert" beschreibt, und trotzdem gibt es auch in neuerer Zeit zuweilen Rückfälle. Ende der sechziger Jahre begann ein weißer Schullehrer mit einer Eingeborenen ein Verhältnis. Die Nambas waren darüber sehr mißmutig und fraßen ihn auf.

Wir aber fanden sie sehr entgegenkommend und freundlich. Sie interessierten sich vor allem für die THALASSA. Stundenlang ruderten sie mit ihren wackeligen Einbäumen um unsere verankerte Yacht herum. Am meisten beeindruckte sie die Tatsache, daß eine Kielyacht wie die THALASSA nicht umfallen konnte.

Bevor wir die Neuen Hebriden verließen, fuhren wir noch im Kanal von Santo in eine Schule Killerwale hinein, für mich ein sehr beunruhigendes Erlebnis. Yachtleute, mit denen wir bisher darüber gesprochen hatten, fürchteten Wale mehr als schlechtes Wetter. Und tatsächlich weiß ich keinen Fall, bei dem in den letzten Jahren eine Fahrtenyacht auf hoher See Opfer eines Sturms geworden wäre. Wohl aber sind mindestens acht, die ich namentlich kenne, nach Kollisionen mit Walen gesunken. Auffallend war, daß wir nie von Fischerbooten hörten, die Schwierigkeiten mit Walen gehabt hätten. Das brachte Carla auf die Idee, Wale mit Maschinengeräuschen zu vertreiben. Vielleicht war es nur Zufall, aber als wir im Kanal von Santo die Maschine starteten, gingen alle Wale auf Tauchstation.

Von den Neuen Hebriden nach den Salomon-Inseln brachte uns der Südostpassat in einer Woche. Die Salomonen waren britisch und wohl deshalb in ihrer Entwicklung etwas zurückgeblieben. Löhne und Preise lagen um das doppelte über deutschem Niveau, freilich nur für die Weißen. Ein schwarzer Arbeiter konnte sich mit seinen zwanzig Dollar Monatsgehalt kaum etwas leisten, was über seine Grundbedürfnisse hinausging. Bei diesem Lohngefälle lebten die Europäer wie russische Großfürsten. Rudi zum Beispiel – von Beruf Mechaniker und Junggeselle – bewohnte eine Villa, die hundert Meter hoch über der Brandung stand, wo der ständige Passat für Kühlung sorgte. Drei schwarze Boys arbeiteten für sein Wohlergehen, und das nicht schlecht, auch wenn Rudi darüber meckerte, daß sein Koch, ein „ganz ekelhafter Kerl", die Steaks immer zu lange briet.

Der Höhepunkt in den Salomonen freilich war der Besuch der größten Lagune der Welt, der Marovo-Lagune. Sie hat annähernd die Größe des Bodensees und ist über weite Strecken nicht vermessen, das heißt, man muß ausschließlich mit den Augen navigieren. Aber das ist nicht weiter aufregend, denn wirklich schlechtes Wetter kann es dort nicht geben, weil die See von draußen keinen Zutritt zur Lagune hat. Die Wellen können keine zwei Meter Höhe erreichen. Das ist ein sehr geeignetes Gewässer für die ranken Einbäume. Die Eingeborenen nutzen die Lagune gelegentlich zum Delphinfangen aus, einem blutigen Schlachtfest.

Denn die neugierigen Delphinschulen machen mitunter einen Abstecher von der hohen See in die Marovo-Lagune. Die Einheimischen sperren dann mit Netzen die enge Zufahrt, und Hunderte von Delphinen, denen man doch so hohe Intelligenz nachsagt, sind gefangen. Sie werden von den Insulanern mit langen Macheten von den Einbäumen aus abgestochen.

Aber das erzählte man uns erst viel später, mit eigenen Augen gesehen haben wir es nicht, wie wir überhaupt niemals erlebt haben, daß Delphine getötet wurden. Der Mensch scheint eine gewisse Ehrfurcht vor diesen verspielten Tieren zu hegen. Auch die Yachties bauten bei der Konstruktion ihrer Angelgeräte immer wieder Sicherungen ein, die verhindern sollten, daß Delphine anbissen.

Wir wollten die Marovo-Lagune in ihrer ganzen Ausdehnung durchsegeln und steuerten Kurs Nord. Das Wasser, zu Beginn noch glasklar, wurde immer dunkler und trüber. Schließlich mußten wir uns allein auf unser Echolot verlassen. Aber das zeigte immer beruhigende Tiefen von über zehn Metern an. Über Nacht ankerten wir in einer weitgeöffneten Bucht. Da aber der Wind wie auf einem Binnensee einschlief, verlebten wir eine ruhige Nacht. Bis dahin hatten wir noch keinen Menschen gesehen; doch jetzt glaubten wir, am Ufer manchmal Bewegungen in den Sträuchern zu erkennen. Das konnten allerdings auch Tiere sein. Noch selten hatten wir ein so intensives Gefühl der Einsamkeit gehabt. Wir waren erleichtert, als die Sonne wieder am Himmel stand. Weiter ging es durch die bräunliche Brühe. Mittags dachten wir, wir hätten nun das Ende der Lagune erreicht. Das Wasser war plötzlich wieder glasklar geworden. Als die THALASSA schon an den Sträuchern am Ufer vorbeiglitt, öffnete sich die Lagune plötzlich nochmals nach Norden, und wir sahen eine riesige Ankerbucht, in deren Mittelpunkt eine vielleicht hundert Meter lange, hoch aufgeschüttete Pier ins Wasser ragte. Das hatten wir hier nicht erwartet, denn in unseren Handbüchern und Seekarten, die allerdings noch aus der Zeit vor dem Zweiten Weltkrieg stammten, war eine solche Pier nicht eingetragen. Ich wurde schon nervös: War dieser Ankerplatz tatsächlich identisch mit der Bucht, die ich als unseren Schiffsort ausmachte?

Unser Schiffsort war schon richtig, zumal die Karte auch woanders keine große Pier aufwies. Es ist nichts Ungewöhnliches, in Melanesien mit alten, gelegentlich auch veralteten Karten herumzunavigieren. Die meisten hatte Carla von den größeren Handelsschiffen in Suva besorgt. Denn die kommerziellen Schiffe waren strengeren Vorschriften (schon aus Gründen der Versicherung) unterworfen. Von den Berichtigungsinstituten aber werden die Karten kaum auf den neuesten Stand gebracht. Es fehlen einfach die Informationen, weil diese Reviere zu selten angelaufen werden. Ich war jedenfalls überzeugt, daß selbst in der neuesten Seekarte diese Pier nicht eingezeichnet war.

Übrigens lief unser Freund, der österreichische Katamaransegler Wolfgang Hausner, in dieser Gegend mit seiner TABOO auf ein Riff mitten im Fahrwasser, das ebenfalls nicht in der Karte eingezeichnet war. Er verlor dabei sein Schiff und konnte sich erst nach vielen Stunden in seinem winzigen Beiboot retten. Das Riff steht auch heute noch nicht in den Karten, weil sich niemand die Mühe machte, dieses abgeschiedene Gewässer nochmals zu vermessen.

Kaum hatten wir unseren Anker rasselnd auf Grund gelassen, da war die THALASSA schon umringt von zahlreichen Einbäumen mit finster dreinblickenden, kraushaarigen Gestalten. Aber ihre Absichten waren friedlich, wie wir schon nach ein paar Minuten feststellen konnten. Sie bedeuteten uns, das Beiboot klarzumachen und ihnen an Land zu folgen. Es kostete uns einige Überwindung, die THALASSA unverschlossen mit offenem Niedergang zurückzulassen. Aber bis jetzt war unser Vertrauen in fremde Menschen noch nie enttäuscht worden. Vielleicht wäre es von den Schwarzen als Beleidigung empfunden worden, wenn wir die Schotts in den Niedergang gesteckt und ein großes Vorhängeschloß angebracht hätten.

Als wir unser Dingi an der Pier befestigt hatten und nach oben schauten, fiel mein Blick auf braune, elegante Lederschuhe und halblange Wollsocken. Das war ein ziemlicher Gegensatz zu den braunen Eingeborenenfüßen in einfachen Gummisandalen („Flip-flops", made in Hongkong), wie sie in der ganzen Südsee getragen werden. Der Inhaber der Schuhe beugte sich herab und reichte Carla höflich die Hand, um ihr auf die Pier zu helfen. Es war ein langer schlanker Mann mit blonden, nach hinten gekämmten Haaren. Der Slang, in dem er uns begrüßte, verriet den Australier. Er war Missionar der Seventh-Day-Adventisten, der Heiligen der Letzten Tage, und lebte seit fünfzehn Jahren an diesem Ende der Welt. Sein ganzer Stolz war die Missionsstation. Mit Recht, denn welch einen Gegensatz bildeten die Gebäude der Missionsstation zu den armseligen Hütten der Einheimischen! Sogar ein kleines, blitzblankes Krankenhaus war da. Aber leider kein Arzt, wie unser neuer Freund betonte. Ohne Bitterkeit wies er darauf hin, daß ein Arzt in der Stadt ja erheblich mehr verdiente und es kaum jemandem zugemutet werden könne, hier allein aus Menschenliebe zu wirken.

Am meisten waren wir von der Tatsache fasziniert, daß diese schmucken Gebäude, auch das Krankenhaus, von eben den Menschen erbaut worden waren, die für sich selbst nichts anderes zustandebrachten als ihre zerbrechlichen, sicher nicht besonders hygienischen Hütten. So war es zu einer fruchtbaren Symbiose gekommen zwischen der Arbeitskraft der Insulaner und dem Knowhow des Missionars aus Australien. Denn ein weiterer Weißer war nicht da, alles hatten die Insulaner allein geschaffen. Sogar ein Sägewerk hatten sie unter Anleitung des Australiers errichtet, wo als einzige Maschine ein dreißig Jahre alter Lister-Einzylinder-Diesel vor sich hin stampfte.

Besonders stolz war der Missionar darauf, daß er alles nur mit Hilfe seiner dunklen Schutzbefohlenen, ohne Zwang und ohne Geld, geschaffen hatte. Er hatte sie zu seinem Glauben bekehrt, und danach kam alles von allein. „Wie ein Apfel am Baum reift", meinte er. Man mußte nicht besonders religiös sein, um angesichts solcher Leistungen von der Kraft des Glaubens beeindruckt zu werden.

Nachdem der Missionar uns in kurzen Worten die Geschichte seiner Station erzählt hatte, deutete er stolz auf eine Gruppe Insulaner, die am Ufer über ihren Einbäumen palaverten: „Kein einziger Mann meines Dorfes hat jemals Menschenfleisch gegessen!"

Das brachte uns wieder auf den Boden der Tatsachen zurück. Wir schauten doch etwas erstaunt drein, als uns bewußt wurde, daß es schon Sinn hatte, dies zu betonen. Früher waren gerade die Salomon-Insulaner als Menschenfresser berüchtigt gewesen. Und das lag erst eine oder zwei Generationen zurück. Der Missionar schien meine Gedanken erraten zu haben. „Sie waren keine Kannibalen. Sie waren lediglich Kopfjäger", betonte er.

In manchen Dorfgemeinschaften gab es noch immer riesige

Kriegskanus für 30 bis 50 Mann. Sie wurden vom Priester, wenn die Geister es befahlen, ins Wasser gestoßen; dann beobachtete man das Boot, bis es bewegungslos auf der Stelle stand. In die Richtung, in die der Bug zeigte, wurde dann so lange gesegelt oder gerudert, auch über offenes Wasser, bis man auf eine andere menschliche Ansiedlung traf.

Nur einige besonders schöne Jünglinge wurden von dort als Gefangene zurückgebracht, alle anderen tötete man „auf Geheiß der Götter" sofort. Das Schicksal der Knaben war nicht viel besser. Man hielt sie eingesperrt und mästete die Bedauernswerten manchmal zehn Jahre lang, bis die Priester und Häuptlinge sie während einer Art Gottesdienst auffraßen. Das gemeine Volk war von diesem Opfermahl ausgeschlossen.

All dies erzählte uns der Missionar; aber nun hatten sich seine Schutzbefohlenen dem christlichen Glauben zugewandt und praktizierten diesen täglich. Das beeinflußte selbst ihre Eßgewohnheiten. Beispielsweise dürfen, so wollen es die Adventisten, keine Tiere verzehrt werden, die von Abfällen leben. Dazu gehören auch die Langusten. Deshalb wimmelte es in der Lagune von Langusten. Unsere dunkelhäutigen Freunde brachten uns als Geschenk jeden Tag mehrere Tiere, bis wir sie bremsen mußten.

Der Missionar erzählte uns am letzten Tag unseres Aufenthalts aber auch von den Grenzen seines Glaubens. Die große Pier vor dem Dorf war ein Auswuchs des sogenannten Cargokultes, der sich nach dem Zweiten Weltkrieg in zahlreichen Abwandlungen über ganz Melanesien ausgebreitet hatte. Mit den Augen der Insulaner hatte nämlich die Ankunft der Amerikaner und Japaner in ihrem Inselreich so ausgesehen: Da landeten riesige Schiffe und Flugzeuge von weither und luden alle Kostbarkeiten der Erde aus. Andere Weiße kamen zu den Häfen und nahmen Kühlschränke, Radios, Autos und anderes einfach mit. Die biederen Insulaner schlossen daraus, daß es irgendwo einen großen Gott gab, der alle Menschen mit diesen Luxusgütern versorgte – selbstverständlich kostenlos! Ihrer Meinung nach verhinderte nur der weiße Mann, daß auch ihnen diese Reichtümer zuteil wurden. Das aber wollten sie ändern (und deshalb ist der Cargokult bei den Engländern nicht beliebt). So legten sie auch die große Geisterpier vor dem Dorf an – in Erwartung der großen Schiffe. Vor kurzem hatte man mitten in den Bergen eine fertige Landepiste für Flugzeuge entdeckt. Täglich erwarteten nun diese einfachen Leute sehnsüchtig die Landung eines „Eisenvogels".

Gleich nach unserer Abfahrt von dieser verschlossenen Inselwelt standen wir vor einem ganz neuen navigatorischen Problem. Genau auf unserer Kurslinie in der Karte fand sich der Vermerk: „1964 Unterwasservulkan berichtet" und darunter: „1972 bestätigt, aktiv!" Frage: Wie weit umfährt man einen aktiven Vulkan, und wie peilt man ihn? In meinen gescheiten Lehrbüchern über Navigation fand ich selbstverständlich nichts darüber. Das Problem löste sich dann von selbst, als wir wegen schlechten Wetters unseren Kurs nicht halten konnten und ungefähr zehn Seemeilen daran vorbeisegelten. Sehen konnten wir nichts. Vom Seegang war uns ohnehin so kotzübel, daß wir ganz froh waren, keine großen Ausweichmanöver vor einem Unterwasservulkan segeln zu müssen.

Eigentlich sollte unsere nächste Station Port Moresby sein, aber wegen einer kleinen Ruderreparatur mußten wir unsere Pläne ändern. Mit dem Ruder hatten wir öfter Probleme, was uns sehr beunruhigte. Zwar lernt man auf jeder Segelschule, daß ein Segelschiff auch ohne Ruder, nur mit richtiger Segelstellung, zu steuern ist. Das aber sind Kunststückchen, die vielleicht auf dem Steinhuder Meer für eine halbe Stunde unter großem Segelschlagen funktionieren, nicht aber auf hoher See. Wenn der Mast von oben kommt, kann man zunächst einmal unter Maschine weiterlaufen und später mit einem kleinen Notrigg segeln, wenn auch erheblich langsamer. Das wurde schon häufig bewiesen. Sogar der Atlantik ist mit einem selbstgebastelten Notrigg sicher überquert worden, nachdem gleich in den ersten Tagen der Mast gebrochen war und die Crew wegen des steifen Passatwindes nicht mehr zurückkonnte. Andererseits hatte ich schon von Yachten gehört, die aufgegeben werden mußten, da es ihnen nicht gelungen war, ein Notruder zu installieren. Vor einem Ruderbruch hatten wir somit am meisten Angst, noch mehr als vor einer Kollision mit einem großen Wal.

Wegen der notwendigen Ruderreparatur mußten wir unvorhergesehen in eine kleine Bucht im Lousiade-Archipel einlaufen, der östlichsten Inselgruppe von Neuguinea. Die Bewohner dort sind sicher die primitivsten Menschen, die wir je auf unseren Reisen trafen. Der Empfang verlief überaus herzlich, obwohl die Freundlichkeit der Leute nur schwer zu erkennen war. Alle, ob Mann oder Frau, kauten nämlich Betelkerne, die Gaumen und Lippen feuerrot färben. Sie schienen alle aus dem Mund zu bluten. Man mußte sich erst daran gewöhnen, diesen Leuten ins Gesicht zu sehen und dabei zu lächeln. Aber offensichtlich wußten auch diese grasberockten, dunkelhäutigen Insulaner nicht so richtig, was sie mit uns anfangen sollten. Die mutigeren unter ihnen kamen langsam auf uns zu, nahmen schüchtern unsere Hände und rieben mit den Fingern über unsere helle Haut, als hätten sie so eine Hautfarbe noch nicht gesehen.

Erst als wir anfingen, Geschenke auszutauschen – auf der einen Seite Orangen und Limonen, auf der anderen Seite kleine Messer, Spiegel und Glasperlen – löste sich die Spannung etwas. Eine Gruppe von Frauen kam herbei und bedeutete uns, ihr ins Dorf zu folgen. Im Gänsemarsch ging es auf dem schmalen Pfad durch mannshohes Gras zu den Hütten. Dort erlebten wir zum erstenmal eine Dorfgemeinschaft, die vollkommen unberührt von jeder „Segnung" der Zivilisation

31

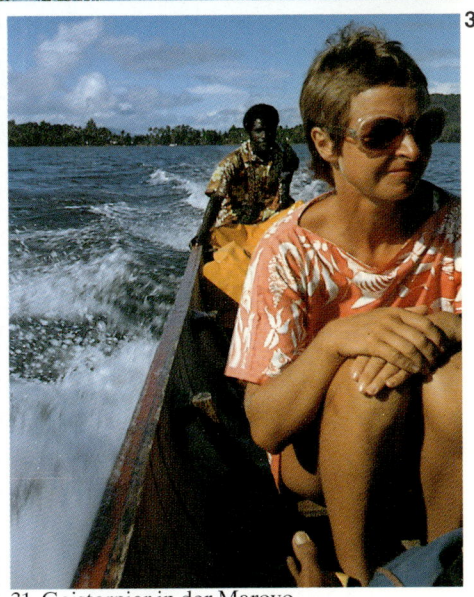

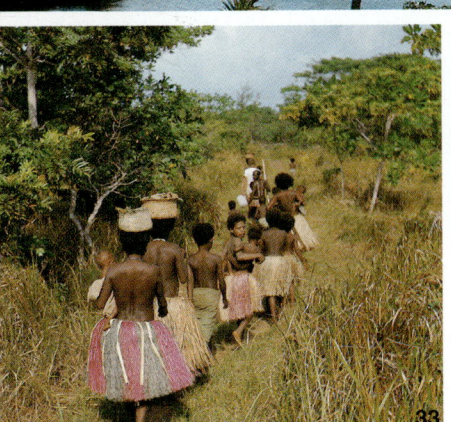

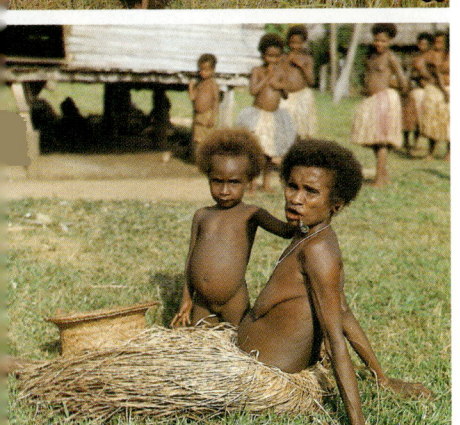

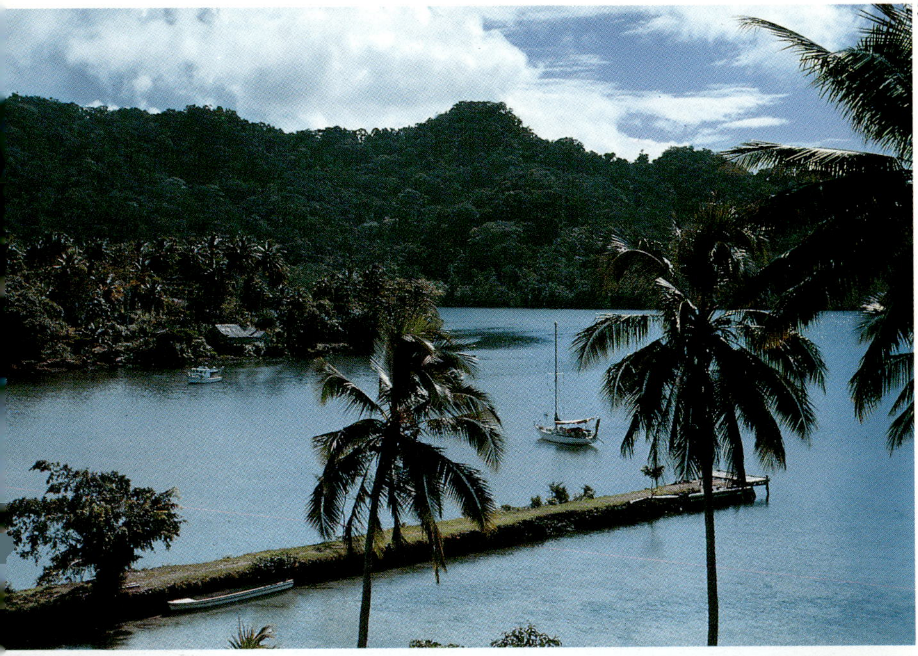

32

33

34

31 Geisterpier in der Marovo-lagune, Solomoninseln

32 Mit wackeligen Einbäumen gingen die Solomon-Insulaner noch vor 80 Jahren auf Kopfjagd.

33 In Kolonne brachten uns die Frauen vom Lousiade-Archipel in das Dorf.

34 Im Dorf hatten sie noch keine Weißen gesehen.

35

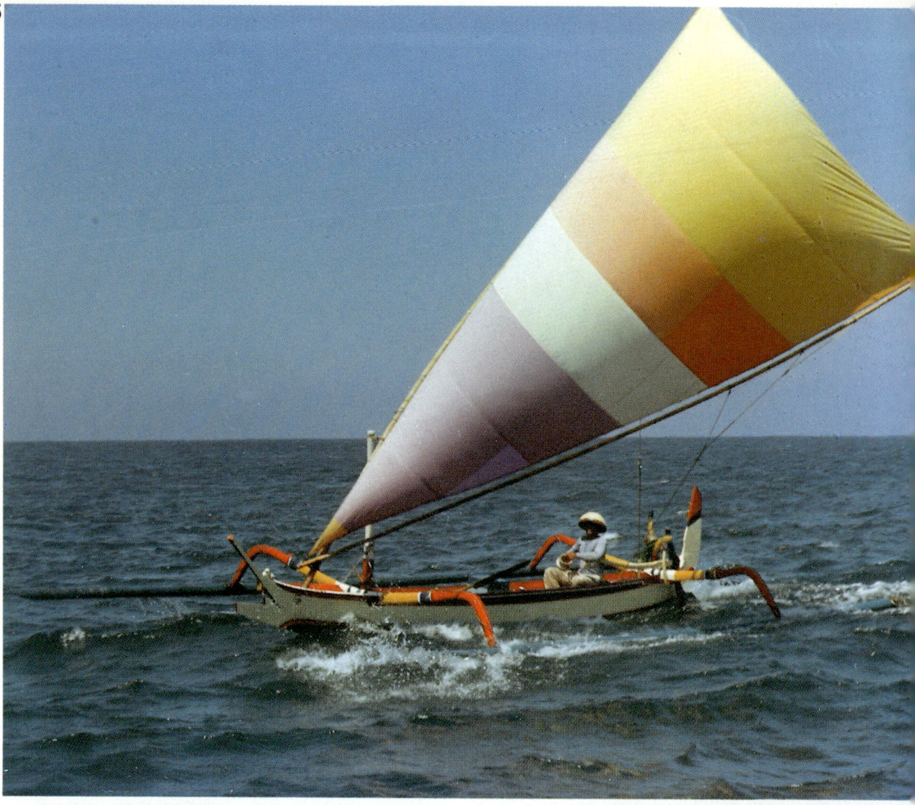

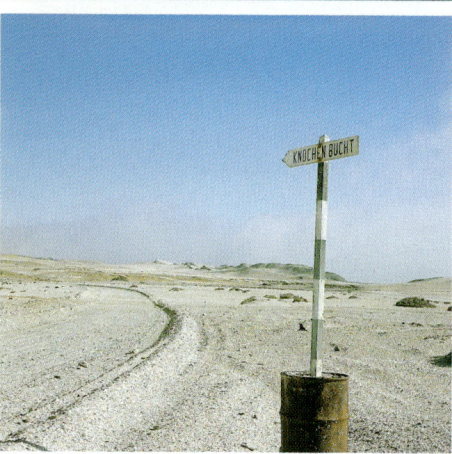

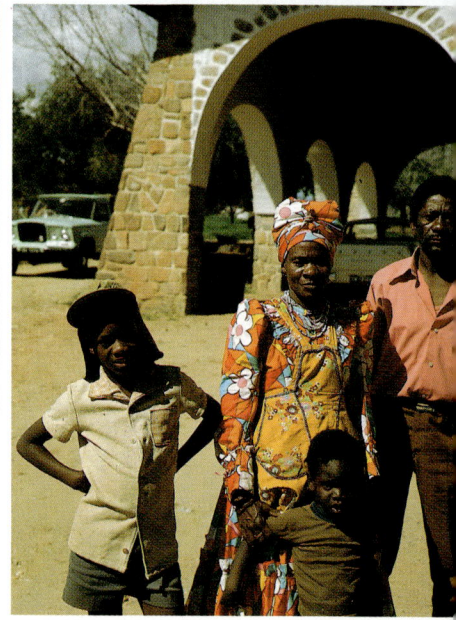

35 Spinne von Bali – Fischerboot für die offene See

36 Hererofrau im ehemaligen Deutsch-Südwest-Afrika

37 Unfreundliches Gestade – Skelettküste

37

3

38 Horta/Azoren, Yachttreffpunkt
im Nordatlantik

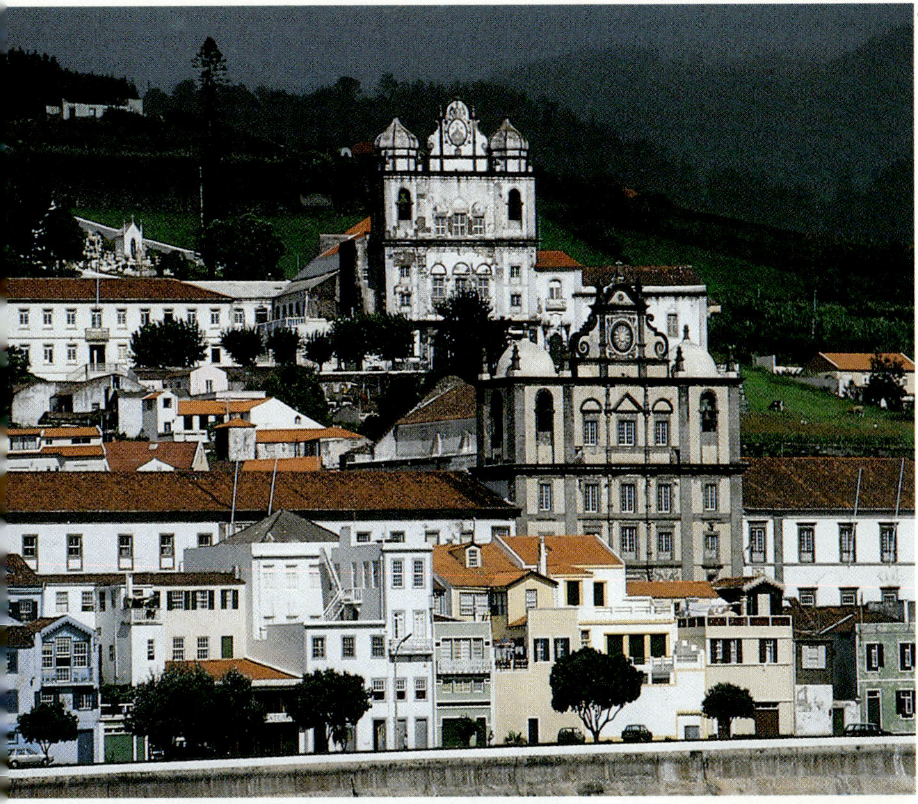

39 Das Café Sport ist das berühm-
teste Seglerlokal der Welt. Vater,
Sohn (Bild) und Enkel arbeiten
im Café. Alle heißen „Peter".

40 Im Café Sport

Die berühmte Hafenmauer in Horta. Es ist alte Tradition, daß sich die Yachten dort verewigen. Viele kalkulieren zwei Extratage in Horta ein, um solche Kunstwerke zu schaffen.

war. Die Menschen schienen mit Gras für Kleidung und Hütten und mit Obst und Gemüse fürs Essen auszukommen. Der einzige Luxus waren ein paar alte Rasierklingen und zerbeulte, blecherne Kochtöpfe. Nein, halt, ihr größter Luxus war das Feuer. Ein Holzscheit glimmte ständig in der Hütte des Häuptlings. Wenn jemand Feuer brauchte, holte er sich das Scheit und brachte es nach Gebrauch wieder zurück.

Unser letzter Hafen im Pazifik war Port Moresby mit dem gastfreundlichen Papua Yacht Club. Dort trafen wir einige alte Bekannte wieder und machten uns wie üblich mit Informationen über die Gefährlichkeit der Torresstraße gegenseitig nervös, vor allem, als wir hörten, daß die holländische Yacht RIK eine Woche zuvor 30 Seemeilen östlich von Bramble Cay auf ein Riff gelaufen war. Dieses Bramble Cay – fünf Meter hoch und eine Seemeile lang – mußte man nämlich finden, um in den Großen Nord-Ost-Kanal einlaufen zu können. Mit Koppeln geht da gar nichts mehr, denn Bramble Cay liegt 180 Seemeilen westlich von Port Moresby. Dazwischen setzt ein unberechenbarer Strom.

28 Durch die Torresstraße

Aus dem Logbuch der THALASSA:

19. 7. Port Moresby – Seekarten sind immer noch nicht angekommen. Unter Segeln legen wir trotzdem ab, wir müssen hier weg, ob mit oder ohne Seekarten. Mittags sind wir schon am Riff. Günstiger Wind. Keine rauhe See. Abends kotze ich fast, als ich eine Stunde lang Stromfix berechne. Fock 1, Groß dreimal gerefft.
20. 7. Mittagsposition: 144 Grad 46 Minuten W, 9 Grad 02 Minuten Süd, Entfernung bis Bramble Cay 54 Seemeilen, Etmal 144 sm, Strom 0,3 Knoten WNW, rechtweisender Kurs Bramble Cay 260 Grad. Abends noch guten Fix bekommen. 28 Seemeilen vor Bramble Cay, aber starker SSW-Strom. Neuer Kurs 300. Gegen 10 Uhr kommt dann Backbord querab Feuer von Bramble Cay in Sicht. Ich bestimme mit Feuer in der Kimm Standort, 13 Seemeilen zum Feuer.
21. 7. Wir warten auf die Morgendämmerung. Ein paarmal auf und ab gesegelt. Dann um Bramble Cay rum. Dabei festgestellt, daß das Feuer nach 7 Seemeilen nicht mehr zu sehen war. Nachts Regen und starker Südost. Bei Dämmerung Stephen's Island ausgemacht. Wir können jeden Kurs anliegen. Kurz vor Dalrymple lange auf Kollisionskurs mit japanischem Dampfer von hinten. Ich halte Signalpistole bereit. Der Kerl än-

dert nicht seinen Kurs. Ich wende. Im nächsten Moment ändert er seinen Kurs nach derselben Seite. Ich halse, der Japaner dreht Gott sei Dank weiter. Das war knapp! Mittagsposition: Arden Island querab. Etmal 112 Seemeilen, trotz Stopp bei Bramble Cay. Günstiger Wind. Kaum je unter 6 Knoten. Wunderbares smaragdblaues Wasser. Schönes Segeln. Um 1630 mit 50 Meter Kette auf 10 Meter Grund bei Leuchtfeuer von Sue Island. Abends leider festgestellt, daß auf unseren Karten die Tuesday-Inseln Nr. 1, 2, 3 und 4 nicht mehr drauf sind. Kleiner Krach deswegen. Hätten vielleicht noch ein paar Tage auf die Karten warten sollen. Ruhige Nacht, Ankerplatz viel besser als erwartet.

22. 7. Frühmorgens um 0700 schon los. Weniger Wind als gestern, aber wieder dasselbe schöne Wetter. Segeln mit dem großen Löffel! Wenig Dünung. Alles läuft wunderbar. Carla sieht eine große Seeschlange. Gegen 1500 OZ vor Thursday Island. Offensichtlich eine Menge Strom. Wir bringen zwei Anker aus. Zoll und Immigration kommen an Bord. Unheimlicher Schreibkram. Bevor wir einlaufen, opfern wir noch Rasmus einen Schluck für die geglückte Überfahrt über den Stillen Ozean, das große Meer.

Als uns am nächsten Tag der Hafenkapitän erzählte, daß es gelegentlich an unserem Ankerplatz bis zu neun Knoten Strom geben konnte – das liegt weit über unserer Rumpfgeschwindigkeit –, liefen wir bereits tags darauf mit vier anderen Yachten in Richtung Indonesien aus. Ein seltenes Bild: fünf Boote unter bunten Passatsegeln. Da Weltreiseyachten üblicherweise allein ihrer Wege ziehen, sieht man nur selten einmal von außen eine Passatbesegelung; an den heimatlichen Seen oder Küstengewässern ist diese Besegelung viel zu umständlich, um sie für ein paar Stunden zu setzen. Die Passatsegel werden nur dann vorgeheißt, wenn man wirklich mit ein paar Tagen achterlichen Winden rechnet.

Jede der fünf Yachten hatte nun schon mehrere Weltmeere hinter sich und ihr Passatsegelsystem ständig verbessert, denn es ist kaum möglich, diese unübliche Besegelungsart vorher so genau zu planen, daß sie später nicht noch optimiert werden könnte. So war jeder der fünf Skipper überzeugt, auf den letzten 20000 Meilen das Patentrezept beim umständlichen Setzen der P-Focks gefunden zu haben. Tatsächlich glichen sich die Systeme nun auf allen Yachten.

Die Arafura-See empfing uns mit glattem Wasser, drei Windstärken und täglich 30 Meilen Schiebestrom. Was will man mehr? Leider schlief nach sieben Tagen der Wind ein, als wir uns der Inselwelt Indonesiens näherten. Aber nicht nur das machte uns nervös. Gerade in letzter Zeit hatten wir immer wieder von Piratenüberfällen in eben diesen Gewässern gehört, zum Teil mit tödlichem Ausgang. Denn vielen dieser Verbrecher galt ein Menschenleben nichts, und warum sollten sie sich dann damit begnügen, eine Yacht nur zu überfallen? Schließlich blieben überfallene Yachties eine ständige Gefahr, weil sie als Zeugen gute Beschreibungen der Räuber geben konnten.

Unter den Fahrzeugen der Seeräuber darf man sich nicht etwa schnittige Segelschiffe vorstellen, von deren Rahen die Totenkopfflagge weht. Meist kommen sie in schnellen kleinen Motorbooten an Yachten heran, die sich, waffenlos und langsam, nicht wehren können. Häufig handelt es sich aber auch um Fischer, die sich auf kriminelle Weise ein Zubrot verdienen wollen. Denn eine Segelyacht birgt für diese Armen eine Menge Schätze, angefangen vom Transistorradio bis hin zu den zahlreichen Leinen. Die gefährlichsten „Seeräuber" aber sind ganz legale Polizisten, die ihre Befugnisse dazu mißbrauchen, eine Yacht in abgelegenen Gewässern zu überfallen. Alles schon passiert!

Letzteren ist man immer hilflos ausgeliefert. Falls zerlumpte Gestalten sich der Yacht nähern, dann lassen sie sich vielleicht verscheuchen, wenn man ihnen aus der Ferne ein Gewehr oder noch besser eine Maschinenpistole zeigt. Aber wer macht das schon, wenn sich ein Polizeiboot mit Uniformierten nähert? Sind es wirklich Polizisten, die nur irgendwelche Amtshandlungen vornehmen wollen, dann könnte allein schon das Drohen mit einer Waffe für den Yachty tödlich enden. Handelt es sich aber um uniformierte Verbrecher, dann gelangen sie ohne jedes eigene Risiko an Bord, und jeder Widerstand gegen den Überfall, wenn man ihn erst als solchen erkennt, kommt zu spät und ist sinnlos.

So gibt es nur ein Patentrezept gegen Seeräuber, und das ist, die gefährlichen Gewässer zu meiden. Tatsächlich werden einige Meere von Yachten nur aus diesem Grund nicht befahren. Dazu gehörten damals nicht die Gewässer Indonesiens, die als risikoarm galten. Aber es hatte schon gelegentlich Überfälle gegeben.

Die einzige Bewaffnung auf der THALASSA war die schon erwähnte Beretta 38 Spezial, auf kurze Entfernungen eine tödliche Waffe. Aber wir hatten nicht die geringste Absicht, jemanden damit zu verletzen oder gar zu töten. Andererseits war die Abschreckungswirkung dieses Revolvers nicht besonders groß. Aus fünfzig Meter Entfernung konnte man ihn nicht von einer Spielzeugwaffe unterscheiden. Besser wäre eine großkalibrige Flinte gewesen, denn es war gut vorstellbar, daß nur mit Macheten bewaffnete Fischer rechtzeitig abdrehten, wenn eine Flinte auf sie zielte.

Es gibt Yachtleute, die ihre Signalpistole als die ideale Bewaffnung ansehen. Ich bin da anderer Ansicht. Eine Signalpistole ist zwar auf ganz kurze Entfernung eine furchtbare Waffe, die mit Sicherheit tödliche Wunden reißt, aber das wissen nur wenige und nehmen deshalb eine Signalpistole nicht ernst. Ein untauglicher Schutz!

Als wir in die indonesischen Kanäle einsegelten, legten wir

den Revolver griffbereit ins Cockpit, sobald wir am Horizont ein anderes Schiff ausmachten. Danach fühlten wir uns etwas sicherer, auch wenn wir wußten, daß wir mit der Beretta nicht viel anfangen konnten. Aber sie beruhigte uns.

Wir hatten als ersten Stop in Indonesien den Hafen von Timor ausgewählt, jenen Platz, wo Captain Bligh vor 200 Jahren landete, nachdem die Meuterer ihn und seine Getreuen in einem Ruderboot ausgesetzt hatten. Ohne unsere Angst vor Seeräubern wäre es ein ruhiges, gemütliches Segeln gewesen. Der Wind war bis auf zwei, drei Windstärken abgeflaut, und wir konnten sogar zeitweise unseren 80 Quadratmeter großen Spinnaker setzen. Das Meer hatte fast zu atmen aufgehört, und vom Land her kam der Duft grüner Bäume. Wir waren fast in derselben Stimmung wie beim Nachhausesegeln am Chiemsee, nach einem erholsamen Sonntagnachmittag im Spätsommer. Wir überlegten uns schon, ob wir noch ein Restaurant offen finden würden, wo wir ein Steak essen konnten. Zwar waren wir erst acht Tage auf See, aber auch auf Thursday Island waren wir mit gutem Fleisch nicht gerade verwöhnt worden. Wir wußten zwar, daß Timor als portugiesische Kolonie ziemlich arm war, doch das – so unsere Erfahrung – brauchte ja nicht für das Essen zu gelten.

Noch bevor die Dämmerung hereinbrach, standen wir vor der Hafeneinfahrt. Der Wind war fast auf null zurückgegangen, also holten wir die Segel herunter und warfen die Maschine für die letzten zwei Seemeilen zum Ankerplatz an. Leider aber kochte das Wasser im Hafen. Zumindest schien es uns so. Es war zwar kein Wind, aber der Schwell ging wenigstens einen Meter hoch. Den Grund dafür suchten wir vergeblich, aber das half nun auch nichts. Unter diesen Umständen war es nicht möglich, vor Anker zu gehen. Schweren Herzens vergaßen wir die Aussicht auf ein saftiges Steak und motorten wieder zum Hafenausgang. Dies ist eine der schwersten Entscheidungen für den Seemann: Unmittelbar vor der Hoffnung auf eine ruhige Ankernacht abdrehen zu müssen und 1000 Seemeilen weiter zu segeln. So bekamen wir Timor zwar zu sehen, aber an Land waren wir nicht gewesen!

Die Überfahrt nach Bali verlief ohne Zwischenfälle, wären da nicht die letzten zehn Meilen in der Straße von Lombok gewesen. Aber was waren das für zehn Seemeilen! Wir hatten vier Knoten Strom nach Backbord und keinen Hauch Wind. Auf diesen Strom traf die 1000 Seemeilen alte Dünung des SE-Passats. Ohne Übertreibung – es waren die schlimmsten Wellenungetüme, die ich bis dahin auf der Weltumsegelung gesehen hatte! Nur die Maschine konnte uns da rausholen. Welch ein Torkeln! Wir fielen im Cockpit selbst dann noch umher, wenn wir uns mit beiden Händen an der Reling festhielten. Wie es nicht anders sein konnte, saugte die Maschine Dreck aus dem aufgewühlten Treibstoff an und blieb fast stehen. Glücklicherweise nur fast. Mit stotternder Maschine tukkerten wir schließlich in den Hafen von Benoa auf Bali. Wir waren in Asien, dem fünften Kontinent, den die THALASSA auf ihrer Weltumsegelung angelaufen hatte.

Bali, Insel der tausend Tempel genannt, war mit seinen hohen Bergen, den grünen Reisfeldern und den herrlichen Sandstränden schon landschaftlich ein schroffer Gegensatz zur Südsee. Am meisten aber verwirrten uns die Menschenmassen, die wir nicht mehr gewohnt waren. Es schien auf Bali nicht möglich zu sein, auch nur eine Sekunde allein und unbeobachtet zu bleiben. Die THALASSA hatte ihren Platz in einer geschützten Ankerbucht, und täglich konnten wir das Schauspiel erleben, daß Hunderte von segelnden Praus, spinnengleiche zierliche Auslegerkanus, unter farbenfrohem Tuch zum Fischen ausliefen. Ohne Motor, versteht sich, obwohl da draußen der Strom mit bis zu sechs Knoten setzte. Das war echte Seemannschaft, was diese einfachen Fischer in ihren zerbrechlichen Booten auf hoher See zeigten; mancher Weltumsegler schaute von seiner großen, mit allen Schikanen ausgerüsteten Yacht neidischen Blickes zu, mit welcher Sicherheit die einheimischen Seeleute ihre Boote manövrierten, ohne jemals einen Segelschein gemacht zu haben.

Für die Yachties waren die Preise eine große Attraktion: An jeder Ecke konnte man Mi-Goreng oder Nasi-Goreng für umgerechnet 25 Pfennige kaufen; eine Flasche Brandy kostete 75 Pfennige. Allerdings traf ich niemanden, der davon größere Mengen trank. Obwohl dank der niedrigen Preise alle Yachtleute, die den anderen eine Einladung auf ihr Boot schuldig waren, nun ihre Verpflichtung einlösen konnten.

Klar, daß diese Preise auch für andere junge Leute eine große Verlockung waren. So trafen wir auf Bali zahlreiche Hippies und Studenten, die hier für wenig Geld Traumferien verlebten. Der besondere Reiz Balis, von dem man sagt, es habe auch gegenüber dem übrigen riesigen indonesischen Inselreich etwas Fremdländisches, Mystisches, geht sicher von den Menschen aus, die einerseits freundlich und zuvorkommend sind, andererseits aber dem Besucher viele Rätsel aufgeben. Die Balinesen leben so innig mit ihren zahlreichen Göttern zusammen, wie wir es nirgendwo sonst gesehen haben. Vieles wirkt auf uns wie Aberglaube, doch entspringt alles Tun und Handeln auf Bali tiefem religiösem – uns manchmal seltsam scheinendem – Empfinden.

So hatte eines Tages ein junger Franzose das Pech, von einem Auto auf der Straße überfahren zu werden. Man ließ den Armen einen ganzen Tag lang unbeachtet liegen, obwohl tausende Menschen an ihm vorbeieilten. Hatte man nämlich Pech in diesem Land, dann verstieß einen die Gesellschaft aus Angst vor bösen Geistern. Denn Unglück gilt in Bali als ansteckend.

Das hat aber nichts mit Herzlosigkeit oder Gefühlskälte zu tun, sondern findet seine Erklärung nur in der Religion. Auch das Verhalten der Balinesen nach dem Tod eines Familienangehörigen ist uns fremd. Es wird nämlich meist Anlaß für ein fröhliches Fest. In einem gemieteten Restaurant wird der

Tote aufgebahrt, Verwandte und Freunde sitzen lärmend, essend und trinkend um die Leiche, spielen Karten oder würfeln. Auch wenn der Verblichene am nächsten Tag auf dem Scheiterhaufen schmort, sieht man traurige Mienen nur bei den Touristen mit den gezückten Fotoapparaten; die Angehörigen wohnen dieser Szene mit Bierflaschen oder Eiscreme in der Hand und einem laut grölenden Transistorradio unter dem Arm bei. Andere Länder, andere Sitten.

29 Depressionen im Indischen Ozean

Sechs Wochen später befanden wir uns wieder auf dem Meer. Bis Afrika waren es ungefähr 5300 Seemeilen, und schon nach kurzer Zeit begann der Indische Ozean zu zeigen, was er mit uns vorhatte. Zunächst lagen 2500 Seemeilen vor uns, denn wir wollten die Insel Chagos mit ihrer „Hauptstadt" Diego Garcia anlaufen. Wer diese Insel auf einem Atlas sucht, bekommt Respekt vor der Kunst der Navigation mit Hilfe des Sextanten und der Sonne. Chagos liegt wie die berühmte Stecknadel inmitten des riesigen Indischen Ozeans. Aber in Wirklichkeit ist es mit Hilfe der Gestirne keine Kunst, auch eine so kleine Insel zu finden, wenn man die Sonne sieht. Denn dann sind die Schiffsorte auf ungefähr zwei Seemeilen genau. Außerdem hatte ich meine Navigationskünste nun schon so oft unter Beweis gestellt, daß ich darob wirklich nicht mehr nervös wurde.

Zunächst waren wir aber noch so weit von der Inselgruppe entfernt, daß wir an einen Landfall gar nicht dachten. Andere Sorgen quälten uns. Zum ersten Mal schlugen wir uns auf hoher See mit wirklich schlechtem Wetter herum. Nicht daß wir einen Sturm hatten, daß die Fetzen flogen. Nein, es begann eigentlich recht harmlos: Zuerst paßten der steife Wind und die Dünung nicht mehr zusammen. Ein ums andere Mal krachte es gegen die Bordwand, und die THALASSA wurde auf die Seite gelegt. Dann rauschte die See aus der „verkehrten" Richtung heran, und eine Tonne grünen Wassers wurde über uns geschleudert. Ein großer Teil dieser Wassermassen fand immer seinen Weg ins Schiffsinnere, selbst dann, wenn wir die Luken vollkommen geschlossen hatten. Obwohl wir jedes Mal zum Schutz unseres Bettzeugs sofort die großen Kunststoffeimer drunterhielten, konnten wir nicht verhindern, daß unsere Betten tropfnaß wurden. Jeder, der die Probleme mit Salzwasser kennt, weiß, was das bedeutet: Auf dem ganzen Törn wurden unsere Kojen nicht mehr trocken. Wir bekamen Hautausschläge, die bald anfingen zu eitern. Zur Ungemütlichkeit kamen Schmerzen, zu den Schmerzen Depressionen.

Wochenlang vegetierten wir unter diesen Umständen, anders kann man ein solches Leben nicht nennen. Das einzige, was uns dabei aufrechterhielt, war der Gedanke an den Hafen.

Was uns aber vor allem auf den Geist ging, war die Angst, als am Schiff ein Teil nach dem anderen defekt wurde; als wir anfingen, an der Seetüchtigkeit unserer THALASSA zu zweifeln. Zuerst zerriß die Membran der Bilgepumpe, so daß wir die Wassermassen nicht mehr mit dem Pumpenschwengel unter Kontrolle halten konnten. Nicht daß damit die THALASSA schon gefährdet gewesen wäre, aber es klang so unheimlich, wenn zum Überlegen und Rollen der Yacht gleichzeitig der hohle Lärm des hin und her schwappenden Wassers kam. An eine Reparatur war nicht zu denken: Unsere Ersatzmembran war schon eingebaut, die neue war in Port Moresby nicht mehr rechtzeitig angekommen. So mußten wir uns jeden Tag dreimal und in der Nacht zweimal auf die Bodenbretter legen und das Wasser mit dem Eimer mühsam ausschöpfen. Dann klemmte die Rolle des Blocks für das Fockfall. Da wird das Segeln zu einer Frage der psychischen Kondition. Der nasse Skipper denkt: „Nicht so schlimm, bis nach Chagos hält das Fall schon durch!" Das nautische Gewissen dagegen meint: „Da muß jemand in den Mast, denn wenn die Scheibe nicht läuft, ist das Fockfall innerhalb der nächsten 48 Stunden durch. Dann kommt es von oben, und es wird doppelt so schwer, in den Mast – und zwar ohne Sicherung durch das Fockfall – aufzuentern."

Die Vernunft wird zunächst durch den nassen Körper beeinträchtigt, man möchte jeder weiteren Unbequemlichkeit aus dem Weg gehen. Doch dann siegt meist – um ehrlich zu sein: nicht immer – die Seemannschaft. Die härtere in diesen Dingen ist bei uns Carla, die auch diesmal nur mißmutig sagte: „Also, zieh mich rauf!"

Es ist *ein* Ding, im Hafen in den Mast hochgehievt zu werden, um dort ein Fall neu einzufädeln. Ein ganz anderes ist es, auf dem Indischen Ozean bei Kreuzsee und sieben Windstärken im Mast zu arbeiten. Denn in erster Linie ist man damit beschäftigt, sich wie ein Affenkind an seiner Mutter festzuklammern. Wenn man losläßt, fliegt man zwar nicht gleich aus dem Bootsmannsstuhl und aufs Deck, sondern man wird erst ein paarmal gegen den hin und her peitschenden Mast gedonnert, bis man das Bewußtsein und den Halt verliert. Danach ist es ziemlich gleichgültig, ob man erst aufs Deck knallt oder gleich in die See fällt. So oder so hat man keine Chance. Denn ein einfacher Knochenbruch ist unter diesen Umständen schon tödlich, erst recht aber ein Schädel- oder Wirbelsäulenbruch. Fliegt man in die See, ist die Chance gleich null, daß man wieder rausgefischt wird, selbst wenn man mit einer ohnmachtsicheren Rettungsweste nicht gleich absäuft. Denn innerhalb weniger Sekunden ist man aus dem Gesichtskreis des an Bord Zurückgebliebenen verschwunden. Und mangels irgendwelcher Orientierungspunkte auf See besteht keine Hoffnung mehr, den Unglücksort wiederzufinden. Selbst dann nicht, wenn die Yacht unter Selbststeueranlage nur wenige Sekunden weitergesegelt ist.

Carla schaffte es. Innerhalb weniger Minuten hatte sie den Block mit Kriechöl bearbeitet, worauf er sich wieder drehte. Eine endgültige Lösung war das nicht, im nächsten Hafen würden wir den Block runterholen müssen. „Vergiß nicht, ihn auf die Pflichtenliste zu schreiben!" hieß es.

Das nächste Unheil: Als ich die Toilette reparieren wollte (ein besonderes Vergnügen unter diesen Umständen!), flog ich gegen die Porzellanschüssel, die darauf zerbarst. Ab jetzt mußten wir mit dem Plastikeimer im Cockpit vorliebnehmen. Doch die schlimmste Überraschung kam am fünfzehnten Tag unserer Überfahrt. Ein regelmäßig wiederkehrendes Geräusch vom Ruderschaft ging mir so auf die Nerven, daß ich fast in Panik geriet. Ich hatte Angst, das Ruder würde brechen. Deshalb beschloß ich trotz meiner Furcht vor Haien zu tauchen, um nach dem Rechten zu sehen.

Das ist eine riskante Angelegenheit. Denn die Fahrt muß aus dem Schiff restlos raus sein, sonst besteht keine Möglichkeit, unters Heck zu schauen und wieder an Bord zu kommen. Wer das schon einmal versucht hat, weiß, wovon ich rede. Schon die Geschwindigkeit von einem Knoten ist dabei zuviel. Wenn aber eine Yacht bei Seegang keine Fahrt mehr macht, dann hoppelt sie wie ein Schaukelpferd auf der Stelle, was heißt: Das Heck knallt mit furchteinflößendem Krach aufs Wasser. Wehe, wenn da der Kopf drunter ist! Der Taucher muß schon mindestens einen Meter tief sein, um nicht getroffen zu werden.

Auch besondere Sicherungen wie Lifelines kann man bei einer solchen Aktion nicht tragen, denn das Risiko wäre viel zu groß, daß sich die Leine irgendwo verheddert. Dann wäre der Schwimmer ganz eng an die Yacht gefesselt, was die Gefahr erhöht, von ihr erschlagen zu werden. Also ging ich durch den Wind, bis die Fock back stand und die THALASSA allmählich stehenblieb. An einem Tampen, der ins Wasser hing, konnte ich genau den Moment abpassen, in dem die Yacht aufhörte, Fahrt voraus zu machen. Dann kam der Sprung ins Wasser. Als ich neben dem Heck auftauchte, sauste der Spiegel gerade wieder klatschend in die See. Durch die Tauchermaske konnte ich zunächst gar nichts erkennen, denn der Schlag ins Wasser hatte soviel Sauerstoff aufgewirbelt, daß um mich herum alles weißgrau war. Es half nichts, ich mußte tiefer tauchen, um überhaupt sehen zu können.

Es wäre übertrieben zu behaupten, ich sei innerlich vollkommen ruhig gewesen. Tatsächlich war ich nahe an einer Panik und wollte den Job so schnell wie möglich erledigen. Ich merkte nun, daß die Yacht keineswegs auf der Stelle stand, sondern seitwärts auf mich zutrieb. Bei jedem Auftauchen hielt ich die Hände über mich, um nicht vom Heck getroffen zu werden. Mit den Flossen strampelte ich ganz schön, um in die richtige Position zu kommen. Endlich stampfte das Ruder ein paar Sekunden lang unmittelbar vor meiner Maske. Der Anblick erschreckte mich. Das Ruderblatt schien zwar in Ordnung zu sein, aber der Propeller ragte viel zu weit heraus. Mit der großen Sicherungsmutter stieß er schon gegen das Ruder. Nur der Tatsache, daß mit dem Ruder in letzter Zeit keine großen Ausschläge nötig geworden waren, hatten wir es zu verdanken, daß Propeller und Welle noch nicht auf 2000 Meter Tiefe gegangen waren.

In wenigen Sekunden war ich im Cockpit, wo Carla mit dem Revolver in der Hand – zu meinem Schutz vor Haien – über den Heckkorb spähte. Ich sauste nach unten und riß den Deckel vom Motorraum. Im Schein der Taschenlampe blickte ich nach hinten. Mein Gott, die Welle ragte nur noch wenige Millimeter aus der Stopfbuchse! Ich sprang zum Werkzeugkasten um die große Gripzange. Glücklicherweise griff sie nach mehreren vorsichtigen Versuchen, und ich konnte – auf dem Bauch liegend – die Motorwelle wieder zurückziehen. Glück gehabt! Dieses Loch wäre schwer zu dichten gewesen, ganz abgesehen davon, daß wir in dieser Ecke der Welt niemals eine passende Welle mit Schraube bekommen hätten.

An eine Benutzung des Motors war im Moment nicht zu denken, denn die Verbindung zwischen dem Schaft und dem Flansch am Getriebe, ein kleiner Eisenkeil, war zermalmt worden. Aber wir brauchten den Motor nicht. Wind hatten wir mehr als genug. Mit einer zweiten Gripzange sicherte ich die Welle so, daß sie nicht mehr herausrutschen, aber auch nicht benutzt werden konnte.

Der Zwischenfall gab unserer Moral den Rest. Wir waren deprimiert und sprachen offen darüber, daß wir das Schiff im nächsten Hafen verkaufen oder ganz einfach liegen lassen würden. Wie schön mußte es sein, alle technischen Probleme – die Toilette, die Bilgepumpe, den Propellerschaft – einfach zurückzulassen und sich in einen Jet nach Hause zu setzen! Wir beneideten alle Chartersegler, die wir die „wirklich freien" nannten.

Nur mit besonders hartem Sundowner bewältigten wir in den nächsten Tagen dieses seelische Tief. Ein Sundowner ist auf der THALASSA eine fast heilige Sache. Jeden Abend, ob wir die Sonne untergehen sehen oder nicht, gibt es diesen alkoholischen Drink, meist mit Rum oder Gin gemischt. Er half uns, für ein paar Stunden unser Elend, die Einsamkeit und die weite Entfernung nach Afrika zu vergessen. Wenn man so was mal durchgemacht hat, dann versteht man, warum in der englischen Navy jeder Sailor Anspruch auf eine Pint Rum pro Tag hatte. Mit fast einem halben Liter Alkohol im Bauch konnte man die Leute ruhigstellen (auch wenn manche von ihnen dadurch zu Alkoholikern gemacht wurden).

Diese Gefahr bestand bei uns bald nicht mehr, denn die Ginmengen im Sundowner wurden geringer, je mehr sich das Wetter besserte. Und bald waren auch die bösen Gedanken an einen Verkauf der THALASSA vergessen. Der Wind nahm ab, das Meer wurde ruhiger, nur der Himmel heiterte nicht auf. Eine tiefe graue Wolkendecke verwehrte uns mehrere Tage lang den Blick auf die Sonne.

Zum ersten Mal auf der Weltumsegelung hatten wir wirkliche Schwierigkeiten mit dem Messen der Sonne. Schon häufig war der Himmel den ganzen Tag über wolkenverhangen gewesen, doch noch nie hatten wir die Sonne gar nicht messen können. Wenn das Wetter navigatorische Schwierigkeiten dieser Art versprach, dann hatte ich den Sextanten meist schon mit der ungefähren Winkeleinstellung vorbereitet. Carla beobachtete derweil draußen den Himmel. Fast immer erwischte sie den richtigen Augenblick, wenn die Wolkendecke etwas aufriß oder auch nur dünner wurde und die gelbe Scheibe für ein paar Augenblicke randscharf sichtbar wurde. Wenn Carla mich dann aus der Koje rief, blieben mir wenige Sekunden Zeit, die Sonne zu schießen. Wir konnten die Klagen anderer Segler zu diesem Thema nur so interpretieren, daß sie eben nicht stundenlang aufmerksam den Himmel nach einer Lücke absuchten und deshalb zu keiner Sonnenmessung kamen.

Zum ersten Mal machte uns aber jetzt der graue Himmel nervös. Denn 600 Seemeilen voraus lag Diego Garcia, und wir hatten noch keinen Standort. Tag um Tag, fünf Tage lang, war der Himmel dicht. Wir befaßten uns schon mit dem Gedanken an Beidrehen, um jede Gefahr auszuschließen, daß wir auf das Riff von Diego Garcia brummten – so, wie es dem berühmten französischen Segler Moitessier ergangen war. Der hatte zwar gutes Wetter gehabt, aber keine Uhrzeit, denn sein Wecker ging falsch. So konnte er auch nicht feststellen, wie nahe er schon an diesem Eiland war.

Wir überlegten uns einen anderen Ausweg. Sollten wir nicht lieber durch das Rote Meer segeln und Südafrika sausen lassen? Der Gedanke schien verlockend. Wir würden erheblich eher nach Hause kommen und direkt ins Mittelmeer (sozusagen das Heimatrevier der bayrischen Segler) einlaufen. Ob diese Passage schwieriger war, wußten wir nicht. Wir hielten es ein wenig mit Sepp Herberger, für den immer das nächste Fußballspiel das schwierigste war. Das Rote Meer genoß einen denkbar schlechten Ruf, nicht nur wegen der starken Gegenwinde, sondern auch wegen der großen Gefahr von Seeräuberüberfällen. Das Kap der Guten Hoffnung, auch Kap der Stürme genannt, war dagegen berüchtigt wegen seiner „Freak Waves", seiner Wellenungeheuer also, die in ihrer Vernichtungskraft mörderisch sein konnten. Sogar einen Achtzehntausend-Tonner hatten sie dort unten schon verschluckt.

Die Entscheidung wurde uns von der BBC London abgenommen, die von ernsten Spannungen, ja Kampfhandlungen zwischen Ägypten und Israel berichtete. Damit wäre es zu riskant gewesen, sich auf den Engpaß Suez zu verlassen. Uns blieb nur Diego Garcia.

Aber wo war Diego Garcia? Lag es noch 350 Seemeilen weit weg oder nur 250 Seemeilen? Wieviel Strom hatten wir in den letzten Tagen gehabt, wieviel jetzt? Die Antwort darauf hätte uns nur die Sonne geben können, und die ließ sich nicht blikken. An andere Gestirne, die genausogut zur Ortsbestimmung getaugt hätten, war ohnehin nicht zu denken. Allmählich mußten wir uns an den Gedanken gewöhnen, so lange beizudrehen, bis wir wieder zu einem guten Schiffsort kommen würden. Wir hörten einen starken Radiosender, der gut zu peilen war. Aber

228

die beste Peilung bringt nichts, wenn man nicht weiß, was man peilt. Die amerikanische Schlagermusik deutete auf einen Sender der US-Streitkräfte hin. Letzte Klarheit verschaffte er uns jedenfalls nicht. Wir gaben uns noch 24 Stunden. Dann mußten wir aufhören, nach Westen weiterzusegeln.

Am nächsten Vormittag riß der Himmel auf. Die Sonne stand als große gelbe Scheibe am Himmel, der Indische Ozean lachte endlich wieder. Weitere 25 Stunden später konnten wir am Horizont verschwommene Zacken sehen, die sich bei der Annäherung als Palmen entpuppten. Wir hatten das Sandkorn im Indischen Ozean gefunden!

Im klaren grünen Wasser einer riesigen Lagune fiel unser Anker. Palmen und Sandstrand, so weit das Auge reichte! Am Ufer stand wie auf Stelzen ein ausgebranntes Flugzeug. Hundert Meter weiter erkannten wir zwischen den hohen Palmen eine verlassene Koprastation. Der starke Passatwind rauschte durch den tropischen Wald, die alten verrosteten Wellblechdächer klapperten, die Türen schlugen knarrend. Es war fast ein wenig unheimlich, ja geisterhaft. Denn Menschen waren nicht zu sehen. Es lebten aber Tausende von ihnen auf der Insel.

Diego Garcia war ein amerikanischer Militärstützpunkt in englischem Besitz. Die Amerikaner, deren graue Bunkerdächer wir auf der anderen Seite der Lagune ausmachten, unterhielten diese Marinebasis zur Unterstützung der freien Welt – wie üblich. Die Einheimischen hatte man aus Gründen der Geheimhaltung verjagt.

Der eigentliche Herr der Insel, der König sozusagen (zumindest führte er sich so auf), war der englische Polizist, der hier für alles zuständig war, also auch für die Einklarierung. „Yachten sind auf der Insel nicht erwünscht", teilte er uns mit. „Ich gebe Ihnen 48 Stunden Zeit. Und Ihre Frau darf nicht an Land gehen, denn auf der Insel leben nur Männer!"

„Wir haben viele Reparaturen, könnten wir nicht eventuell...?"

„Kann ich mir denken, Sie sind ja bereits in den ersten Zyklon der Saison gekommen. Gut, vier Tage, aber keine Stunde länger!"

Das war ein schlimmer Empfang nach unserem Horrortrip über den Indischen Ozean. Aber immerhin war unser Ankerplatz ruhig, und wir konnten die notwendigsten Reparaturen erledigen.

Leider nicht so gründlich, wie ich es erhofft hatte, denn um unsere THALASSA wimmelte es nur so von riesigen Haien, und ich hätte nicht für viel Geld auch nur eine Zehe ins Wasser gehalten.

Exakt 96 Stunden später verließen wir niedergeschlagen diesen schönen Platz. Ein kräftiger Passat schob uns die nächsten 1500 Seemeilen weiter nach Madagaskar. Das Wetter war gut, und wenn wir nicht schon so spät in der Saison gewesen wären, hätten wir die Passatsegelei sogar genossen. So aber beobachteten wir jede Stunde den Verlauf des Luftdrucks auf dem ölgedämpften Barographen. Mühselig nahm ich täglich die gemorsten Wetterberichte auf und verarbeitete den FM-46-Code zu einer fertigen Wetterkarte.

30 Die Austernbucht

Wir hatten uns die nördlichste Insel von Madagaskar zum Ziel gewählt, wollten wir doch etwas abseits der üblichen „Ozeanstraßen" bleiben. Aus dem Grund hatten wir schon die Neuen Hebriden, die Salomonen, Neuguinea und Bali angelaufen, während viele Blauwassersegler die südliche Route von Neuseeland nach Christmas Island und Mauritius bevorzugten. Das Einlaufen auf der Reede von Nosse Be war sicher das schönste Ankommen auf unserer gesamten Weltumsegelung. Das mochte in erster Linie daran liegen, daß uns der Indische Ozean psychisch fast geschafft hatte und wir dieses so unfreundliche und feindliche Meer endlich hinter uns hatten. Darüber hinaus konnte dieser vom Tourismus kaum berührte Platz, was landschaftliche Schönheit anlangte, den Vergleich mit allen Südseeinseln bestehen. Nach sechs Wochen ohne frische Nahrung stürzten wir sofort ins Restaurant und genossen fünf Stunden lang die französische Küche. Die Aussicht von der Terrasse dieses kleinen Lokals gehörte wohl zu den schönsten der Welt. Steil aufragende grüne Gebirge beherrschten kleine Mini-Inseln mit wenigen, aber hohen Palmen; elfenbeinfarbene Sandstrände hoben sich scharf vom strahlend blauen Meer ab, über das die Einheimischen in kleinen Segelbooten ihre Waren mit einem Hauch von Wind brachten. Über der ganzen Insel lag ein stiller Frieden.

Die Gastfreundschaft war groß, was sicher zum Teil daran lag, daß es – bis auf einige Südafrikaner – ganz selten Gäste hierher verschlug. Wir durften uns zwischen die Fischerboote an die einzige Pier im Hafen legen, wo wir allerdings gegen einen enormen Tidenhub kämpfen mußten. Manchmal kamen wir an Land, indem wir einfach über die Reling stiegen, sechs Stunden später mußten wir in den Mast klettern, um von der Saling auf die Pier zu springen.

Vormittags, wenn die Tide niedrig war und wir es im Glutofen Madagaskar wegen des fehlenden Windes hinter der Pier vor Hitze kaum noch aushalten konnten, hörten wir gelegentlich über uns den Sportwagen des Restaurantbesitzers kommen. Und jedes Mal hatte er für uns ein kleines Mitbringsel. Mal waren es ein paar Blumen für Carla, mal war es eine riesige Silberschale mit Austern, die er uns vorsichtig herunterreichte. Der Sektkübel mit einer kalten Flasche folgte nach.

In dem kleinen Hafen fühlten wir uns trotz der mörderischen Hitze sehr wohl. Die Madegassen schienen zufrieden, daß es uns bei ihnen gefiel, und niemals wurde eine Beschwerde darüber laut, daß wir zwei Wochen lang einen der drei Plätze an der Pier einnahmen, die sonst nur für Fischer bereitgehalten wurden.

Mit Ausflügen in die nahen Tauchgründe vertrieben wir uns die Zeit. Die Fische schienen hier besonders zutraulich zu sein. Lag das vielleicht an den Schildern überall auf den Riffen, die den Einsatz von Harpunen verboten? Welche Voraussicht, auf einer abgelegenen Insel mit so wenigen Touristen daran zu denken!

Ein bei den Komoren vorbeiziehender Zyklon schreckte uns aus der Idylle auf. Wir wurden an die Realität erinnert, und die hieß (wieder einmal): Hurrikansaison! Noch bevor wir die madegassischen Gewässer endgültig hinter uns ließen, mußten wir schon vor dem nächsten Zyklon Schutz suchen. Zufällig befanden wir uns vor der riesigen Bucht Ambanatovy, die auf der Karte einen guten Eindruck machte. Als wir dann noch im Handbuch lasen, daß dort zu Beginn dieses Jahrhunderts schon eine russische Flotte vor einem Orkan Zuflucht gesucht hatte, liefen wir bedenkenlos ein und fanden auch im letzten Winkel einen guten Ankerplatz. Jedenfalls hielten unsere drei Anker im sumpfigen Boden so gut, daß wir schon sorgenvoll ans Raufholen der „Schlammhaken" dachten.

Als Carla am nächsten Morgen an Land ruderte, um die Gegend zu erkunden, kam sie aufgeregt zurück und schrie schon von weitem: „Alles voller Austern!" Tatsächlich waren alle Felsen, die bei Niedrigwasser aus dem Wasser lugten, dicht bewachsen mit mittelgroßen Austern. So packten wir die notwendigsten Utensilien ins Beiboot: Zitronen, Ketchup, Schraubenzieher, Hammer, Gabel, Tabascosauce, Pfeffer und Brot aus der Dose. Dann gingen wir an die Arbeit. Einen Austernöffner besaßen wir nicht, an so ein Werkzeug hatten wir bei der Planung der Weltumsegelung nicht gedacht. Aber der Schraubenzieher mit dem Hammer funktionierte fast ebensogut. Wir machten uns nicht die Arbeit, die Austern erst vom Felsen abzuschlagen. Schließlich konnten wir sie ja gleich an Ort und Stelle verzehren. Zum Frühstück kamen wir so auf die beachtliche Zahl von 200 Stück.

Die Austern nur mit Zitrone oder Tabasco zu essen, wurde uns bald langweilig. So blätterten wir in einem Feinschmekkerbuch des großen deutschen Kochkünstlers Walterspiel. Früher hatten wir diese Rezepte etwas abfällig abgetan: „Austern sind so fein, daß sie der Kenner nur roh ißt!" Wenn jedoch unbegrenzte Mengen davon zur Verfügung stehen, haben andere Rezepte doch ihre Berechtigung. Und so probierten wir sie alle durch, von Austernsuppe bis zu „Reitenden Engeln". Man sagt Austern eine ganz bestimmte Wirkung nach. Aber obwohl wir uns in den wenigen Tagen fast ausschließlich von Austern ernährten, konnten wir das nicht feststellen.

Die Straße von Mozambique, also das Meer zwischen dem afrikanischen Festland und der Rieseninsel Madagaskar, gehört zu den gefürchtetsten Gewässern der Welt. Nicht nur Segler, sogar Kapitäne der Großschiffahrt haben einen gehörigen Respekt davor. Die Ursache ist der Agulhas-Strom, der

233

mit bis zu fünf Knoten an der Küste entlang zum Kap der Guten Hoffnung setzt. Wenn dann die gefürchteten Südweststürme auf den starken Strom treffen, kann sich eine böse, steile See entwickeln, die auch der Großschiffahrt gefährlich wird – wie geschehen. Das größte Problem besteht jedoch darin, daß diese Südweststürme ohne große Ankündigung aufkommen und binnen weniger Stunden draußen in der Seestraße ein Chaos anrichten. Die wenigen Häfen an dieser ungastlichen Küste – Durban, Port Elizabeth, East London und Mossel Bay – liegen viel zu weit auseinander, um als Schutzhäfen zu gelten. Alles, was wir bisher über diese Gewässer gehört hatten, war furchterregend. Und wie immer hatten die Yachties widersprüchliche Patentrezepte. Meinten die einen, man solle in einem Zug durchsegeln, schwörten die anderen auf die Hafenspringerei. Gaben die einen den Rat, bei SW-Sturm sofort auf die offene See hinaus zu halten, bezeichneten die anderen das als ausgesprochenen Kunstfehler. „Bei SW-Sturm sofort unter Land gehen, höchstens fünf Meilen darf die Küste entfernt sein, dann fällst du nicht in eines der berüchtigten Wellenlöcher!" hieß es.

Wir waren zu sehr verwirrt, um uns für eine dieser Theorien zu entscheiden. Lieber verließen wir uns auf die bisher bewährte Technik, alles auf uns zukommen zu lassen. Und so machten wir uns auf den Weg. Wohin? So genau wußten wir das nicht. Wir wollten mal unsere Nase in die Straße von Mozambique stecken und danach weitersehen.

Kaum hatten wir die flachen Gewässer von Madagaskar verlassen, begann es auch schon in den Wanten zu pfeifen. Das war aber nicht das einzige, was uns erschreckte. Viel mehr Angst flößten uns die vielen Lichterbäume rundum ein. Wir waren mitten in der Großschiffahrtslinie, und hier herrschte dichter Verkehr. Ob die Biggies unsere schwachen 12-Volt-Funzeln in Rot und Grün auch sehen würden? Als Yachty ist man nachts in einer schlimmen Zwickmühle. Setzt man nur Rot und Grün sowie das weiße Licht am Heck, ist die Gefahr außerordentlich groß, daß diese Lichter von der hohen Brücke eines Tankers aus schlicht übersehen werden. Denn mit Seglern rechnen die Kapitäne heute nicht mehr. Schaltet man statt dessen auch das weiße Dampferlicht ein, dann wird man zwar leichter ausgemacht, gibt aber andererseits fälschlicherweise zu erkennen, daß man unter Maschine läuft, also auf das Vorfahrtsrecht des Seglers gegenüber allen anderen Motorschiffen, auch den Riesentankern gegenüber, verzichtet. Wenn man dann noch unter Segeln in seiner Manövrierfähigkeit behindert ist, geschieht leicht ein Unglück. Wie jenem Segler, der vor der Küste Nordamerikas als spurlos verschwunden galt, bis eines Tages ein Containerschiff in den Hafen einlief und der Kapitän beim Vonbordgehen den Mast des Seglers in seiner Ankerklüse hängen sah.

Jedenfalls hielt uns nicht nur der Sturm in Atem, sondern in erster Linie die Großschiffahrt. Nachts, wenn die Entfernungen so gut wie gar nicht zu schätzen sind, fuhren wir ein Wendemanöver nach dem anderen, um der Großschiffahrt aus dem Weg zu gehen. Der Regen verschlimmerte die Sicht so stark, daß wir manchmal nicht wußten, ob wirklich kein anderes Schiff in der Nähe war oder ob wir es nur wegen des dichten Regens nicht sehen konnten. Gegen zwei Uhr morgens waren jedenfalls alle Lichter um uns herum verschwunden. Doch der Wind nahm weiter zu, und wir gingen abwechselnd Ruder, denn die Selbststeueranlage schaffte es einfach nicht mehr. Eigentlich hätten wir die Fock nun herunternehmen und die Sturmfock setzen müssen, aber die war im Vorschiff so gut weggepackt, daß ich allein beim Gedanken an die notwendige Suchaktion die Lust verlor. Auch der Kurs, der anlag, stimmte nicht mehr mit unseren Wünschen überein, aber ich wagte es einfach nicht, durch den Wind zu gehen. Bei einer Wende hätte sich die THALASSA sicherlich in der kurzen Hacksee festgestampft, und bei einer Halse wäre das Tuch aus den Lieken geflogen. Also liefen wir auf dem falschen Kurs weiter und hofften auf Sichtbesserung bei Tageslicht. Unseren Standort kannten wir längst nicht mehr. Das war eine jener Situationen, in denen man nicht die geringste Lust verspürt, sich an den Kartentisch hinunter zu quälen, um mit dem Funkpeiler mehr oder weniger nutzlose, weil viel zu ungenaue Spielereien zu veranstalten. Dabei wäre es gerade jetzt überlebenswichtig gewesen, einen guten Standort zu erhalten. Tatsache war eben: Wir navigierten nicht, sondern ließen uns vom Wind treiben, wohin er wollte. Die See hatte den „Seemann" in der Hand. Genauso sollte es *nicht* sein!

Als der Morgen graute, reckten sich die weißen Wellenkämme am Horizont zwar noch gen Himmel, doch der Wind hatte seine nächtliche Kraft eingebüßt. Oder schien es uns nur so? Jetzt, da wir sahen, daß die Tanker in der Schiffahrtsstraße viel zu weit östlich waren, um mit uns in Konflikt zu kommen, fühlten wir uns besser.

Die Farbe der See war nun nicht mehr das leuchtende Blau des offenen Ozeans, sondern ein schmutziges Graubraun. Ich stürzte zum Echolot, das tatsächlich nur noch eine Tiefe von 33 Metern anzeigte. Wir waren also schon auf den Bänken vor der afrikanischen Küste. Und jetzt sahen wir auch am Horizont deutlich flaches Land. Der Sturm der vergangenen Nacht hatte die Luft gereinigt, und so konnten wir am Horizont an einer bestimmten Stelle sogar hohe Gebäude ausmachen. Nach ein paar Peilungen stand fest: Wir waren unmittelbar auf den Bänken vor Lourenço Marques, der Hauptstadt vom Mozambique!

Der nächtliche Sturm hatte uns mürbe gemacht. Wir gaben alle Gedanken an Südafrika auf und holten die Ansteuerungskarten von Lourenço Marques heraus. Aber es dauerte noch einen ganzen Tag, bis wir die Umwege durch die zahlreichen Sandbänke hinter uns hatten und nachts endlich in den Hafen einliefen.

31 Im Land der guten Leute?

Der nächste Morgen brachte uns einen ziemlichen Schock. Nach zwei Jahren Südseeherrlichkeit fanden wir uns bei regnerischem Wetter in einem großen Industriehafen wieder: riesige Piers, zu denen man aufblicken mußte, Dutzende von Biggies, die mit Schleppern herumbugsiert wurden, und das Wasser voll schlammigem Öl. Doch bald motorte eine Acht-Meter-Yacht aus Holz vorbei, die ein wenig nach Eigenbau aussah („Schäkel im Rigg", stellte ich Wohlstandssegler überheblich fest). „Ich erledige schnell die Formalitäten für Sie", rief der Skipper herüber, „und zeige Ihnen dann einen ruhigen Platz im Fluß!"

Zwei Stunden später lag die Thalassa an einer Mooring vertäut, und wir saßen frisch geduscht in der Villa unseres neuen portugiesischen Freundes bei einer Riesenportion Gambas à la Lourenço Marques, der Seafood-Spezialität des Landes. Wir waren im „Land der guten Leute", wie man Mozambique nannte, als es noch nicht sozialistisch war.

Die schmutzig-braune Brühe, in der die Thalassa in den nächsten drei Monaten lag, war der Matolafluß. Seine Farbe rührte nicht von künstlicher Verschmutzung her, denn an seinem Oberlauf gab es keine Industrie, die Unheil hätte anrichten können. Es war natürlicher „Dreck", der da von oben angeschwemmt wurde: Lehm und Sand. Ein paar Kilometer weiter flußaufwärts sollte es noch Flußpferde geben, hatten wir gehört; manchmal glaubten wir abends, wenn wir im

Cockpit saßen, ein Prusten zu hören, und rechneten jeden Moment damit, daß ein Flußpferd – oder, wie die Portugiesen sagten, ein „Hippo" – auftauchen würde. Aber diese Geräusche kamen von dem Dorf an Land, wo vielleicht hundert Schwarze von ein paar Kühen ein paar Liter Milch zu erwirtschaften hofften. Die meisten von ihnen hätten gern etwas anderes gemacht, aber Arbeit war Mangelware in Mozambique. Außer für die Weißen.

Weil der Matolafluß so trübe war, traute ich mich nicht zu tauchen. Der deutsche Generalkonsul, Baron von Keudell, der uns offensichtlich ins Herz geschlossen hatte, riet uns, die THALASSA doch hier in Lourenço Marques für die Heimreise vorzubereiten, denn Arbeitskräfte seien billig, und in der Werft im Hafen gebe es sicher eine Gelegenheit zum Aufslippen oder Trockenfallen. Er hatte recht, dachten wir.

Ein Termin wurde vereinbart, und wir besprachen am Vorabend mit dem weißen Vorarbeiter, einem Portugiesen von höchstens einem Meter fünfzig Körpergröße, die Arbeiten. Der Mann wollte uns beeindrucken, indem er wahllos seglerische Fachausdrücke gebrauchte, aber ich merkte bald, daß er keine Ahnung von Segelyachten hatte. Nebenbei ließ er durchblicken, daß er gegen Bezahlung einer kleinen Extraprämie sich ganz besonders um unsere THALASSA kümmern und Spitzenarbeit liefern würde. Er sei schon 30 Jahre in diesem Job und wisse, wie man mit den faulen Schwarzen umspringen müsse.

Ich bat aber nur um einen vernünftigen Platz zum Trockenfallen mit Süßwasseranschluß. Zwei Arbeiter sollten uns beim Abkratzen etwas helfen. Der weiße Vorarbeiter schien damit nicht einverstanden zu sein. Warum, war klar. Wenn die Arbeit voll über ihn gelaufen wäre, hätte er sicher manchen Hunderter für die eigene Tasche verdienen können. Wir sprachen kein Portugiesisch und hätten nicht überprüfen können, ob uns ein korrekter Betrag auf der Rechnung präsentiert

238

wurde. Wenn wir aber nur zwei Arbeiter zur Verfügung gestellt bekamen, wie es auch bei einheimischen Seglern gemacht wurde (das hatte mir Baron von Keudell erzählt), dann hatte ich lediglich den niedrigen Stundenlohn für Schwarze, nämlich umgerechnet 80 Pfennige, zu bezahlen. Unsere Reisekasse war leer, wir waren jetzt drei Jahre unterwegs und konnten uns keine Extraausgaben leisten.

Der nächste Tag hätte unsere Weltumsegelung beinahe vorzeitig beendet. Früh um sechs Uhr liefen wir bereits den Fluß hinunter, um pünktlich am vereinbarten Platz zu sein, rechtzeitig für das Hochwasser. Alles war genau berechnet. Zehn Zentimeter vor Hochwasser waren wir an der Pier, brachten Fender und Leinen aus. Alles hätte wunderbar geklappt, wenn der kleine Portugiese nicht mit einer Horde Schwarzer aufgetaucht wäre, alle Leinen wieder ins Wasser geschmissen und mit eigenen Leinen nochmals von vorn angefangen hätte. Das Ganze passierte mit Verspätung, und als die THALASSA zum ersten Mal aufsetzte, war sie keineswegs fest im Griff der Festmacherleinen. Noch aber schien alles in Ordnung zu sein, denn zu viele Leinen sehen vielleicht schlecht aus, schaden aber nicht.

Doch gerade bei den letzten Stößen vor dem endgültigen Aufsetzen – das Wasser stand noch genau an der Wasserlinie – kam ein bulliger Hafenschlepper mit Höchstfahrt vorbei. Ich ahnte sofort, was das bedeutete. Die THALASSA wurde vom Schwell nochmals angehoben, knallte dann mehrfach auf den Beton und blieb schließlich zitternd stehen – aber leider nicht in der Position, wie wir sie sorgfältig angebunden hatten, nämlich mit fünf Grad Lage zur Pier hin.

Das gefiel mir gar nicht. Der Portugiese machte hingegen keine Anstalten, nochmals Hand an die THALASSA zu legen, sondern besah sich nur selbstgefällig die Arbeit, die seine Schwarzen mehr schlecht als recht erledigt hatten, und verabschiedete sich zu meiner Verblüffung mitsamt den Leuten. Ich wunderte mich, denn so ein Job ist eigentlich erst erledigt, wenn eine Yacht so fest aufsitzt, daß sie auch von keinem noch so hohen Schwell versetzt werden kann, wenn also das Wasser bereits zwanzig Zentimeter unter die Wasserlinie abgesunken ist. Außerdem gefiel mir nicht, daß das Schiff sich nun viel stärker als mit fünf Grad zur Pier hin neigte.

Wir warteten nervös auf das weitere Absinken des Wassers. Auf dem Krängungsmesser in der Kajüte hatte ich mir mit Bleistift markiert, wo der Zeiger stand, als die THALASSA zum ersten Mal aufgesetzt hatte. Nun schien sie mir langsam, aber sicher auf dem schmierigen und harten Betonboden weiter wegzurutschen. Ich wollte ein paar Fender zusätzlich an der inneren Bordwand ausbringen, um die THALASSA etwas aufzurichten, aber der Druck durch die Schräglage war schon zu groß. Wie natürlich ist auf hoher See eine Krängung von 20 oder auch von 30 Grad. An Land aber wirkten schon diese 10 Grad bedrohlich.

Immerhin waren sie so angsteinflößend, daß ich Carla losschickte, um den kleinen Portugiesen zu holen. Der kam, begriff endlich den Ernst der Situation, verschwand wieder und tauchte erneut mit einer Horde von vielleicht 30 Schwarzen, mit Leinen und Fendern in großen Mengen auf. Er brüllte mit durchdringender Stimme herum, die bei seiner geringen Körpergröße unerwartet kam, und machte damit das Chaos um die THALASSA nur noch größer. Quer durch den Hafen wurden Leinen gespannt, fünf oder sechs Arbeiter sprangen mit ihren genagelten Schuhen von der Pier herunter an Deck, einer kroch ins Vorschiff und kam triumphierend mit der Ankertrosse heraus, eine andere Gruppe sprang ins Wasser und stemmte sich mit dem Rücken gegen den wegrutschenden Rumpf, und der Vorarbeiter lief von Gruppe zu Gruppe, wild gestikulierend und offensichtlich pausenlos portugiesische Flüche ausstoßend.

Ich wandte mich ab. Denn statt die Krängung zu verkleinern, rissen weitere fünf Arbeiter von Land aus an den Wanten der THALASSA, so daß es nur noch eine Frage von Minuten sein konnte, bis der Mast quer über die Pier ragte und die THALASSA auf dem Bauch lag. Endlich war es dem kleinen Portugiesen gelungen, auf der anderen Seite die langen Leinen, die sie in Salinghöhe am Mast befestigt hatten, auszubringen, worauf sich die Schwarzen sofort ins Zeug legten. Weil nun auf beiden Seiten Zug auf die THALASSA ausgeübt wurde, mußte ich Schäden befürchten und mischte mich in die Operation ein. Aber niemand beachtete mich. Die Schwarzen hatten offensichtlich solchen Respekt vor ihrem Vorarbeiter, daß sie nur ihm zuhörten. Schließlich richtete sich die THALASSA für einen Moment auf – ich bin sicher, daß dies reiner Zufall und keineswegs beabsichtigt war –, worauf einer der Schwarzen an der Pier geistesgegenwärtig einen großen Lastwagenreifen zwischen Bordwand und Pier warf. Die THALASSA stand aufrecht, sie war gerettet.

Sämtliche Leinen wurden jetzt um unser Boot geschlungen, so daß es mehr wie ein Paket als wie eine Yacht an der Pier aussah. Trotzdem war ich erleichtert. Der Portugiese allerdings hatte wegen dieses Nahezu-Unglücks keineswegs seine Selbstsicherheit verloren. Triumphierend wies er auf die THALASSA und erlaubte uns gnädig, anzufangen. Als wir an die beiden bestellten Arbeiter erinnerten, meinte er nur hochmütig: „Heute sind keine Arbeiter frei, die sind alle eingeteilt!" Das war die Rache des kleinen Mannes.

Sie traf uns. Denn es ging nicht allein darum, daß uns die billigen Hilfskräfte fehlten; vor allem hatten wir zu zweit keine Chance, das gesamte Unterwasserschiff rechtzeitig abzukratzen und zu reinigen. Jedenfalls nicht während einer einzigen Tide. Und für einen längeren Zeitraum hatten wir den Platz nicht bestellt. Mißmutig versuchten wir, die Arbeit einigermaßen zu erledigen, obwohl wir von vornherein wußten, daß das nichts Gescheites werden konnte. Und genauso kam es. Als die Flut wieder anfing zu steigen, hatten wir noch nicht das Unterwasserschiff gereinigt. Wir gaben auf. Doch eines wollte ich unbedingt noch erledigen: mein Ruder endlich richtig reparieren. Dazu mußte noch Gelegenheit sein. Ich brauchte nur schnell ein Loch in den Schaft zu bohren und ein passendes Gewinde schneiden zu lassen. Das würde zusätzliche Sicherheit bedeuten.

Es blieb mir nichts anderes übrig, als mich nochmals an den gemeinen Vorarbeiter zu wenden, der seine Machtposition sichtlich auskostete: „Ich schicke Ihnen beizeiten einen Boy mit einer Bohrmaschine vorbei", versprach er.

Er sagte wirklich „beizeiten", obwohl die Tide schon wieder im Steigen war. Es würde später ein großes Risiko sein, mit einem Starkstromgerät in der Hand im Wasser zu stehen. Auf dem glitschigen Boden rutschte man leicht aus, und wenn dann Kontakt vom Strom zum Wasser hergestellt wurde... Ich mochte gar nicht daran denken. Die zahlreichen Haushaltsunfälle mit einem Fön in der Badewanne schossen mir durch den Kopf.

Als der junge Schwarze mit Bohrmaschine und Kabeltrommel endlich erschien, war es schon zu spät. Das Wasser stand achtzig Zentimeter unterhalb der Stelle, wo das Loch hingehörte. Ich schickte ihn weg, doch der Junge protestierte und machte mir klar, daß er mit dem Vorarbeiter bösen Ärger bekommen würde, wenn er die Arbeit nicht ausführte. Angst stand in seinem Gesicht, aber nicht vor einem tödlichen Stromschlag, sondern vor dem Portugiesen. Ich konnte ihn nicht aufhalten. In wenigen Minuten mußte die Sache ja erledigt sein.

Aber leider hatten wir nicht mit Nirosta von solcher Härte gerechnet. Es dauerte und dauerte. Der Schwarze holte einen neuen Bohrer nach dem anderen. Mehrfach forderte ich ihn auf, Schluß zu machen, doch er schüttelte verzweifelt den Kopf. Verbissen drückte er den sirrenden Bohrer gegen den

Ruderschaft unterm Heck. Das Wasser stieg und stieg und stand dem Jungen buchstäblich bis zum Hals. Mir war bewußt, daß sein Halt mit steigendem Wasser immer unsicherer wurde, weil das Wasser seinen Körper leichter machte. Mir war schlecht, als der Junge endlich die Maschine ausschaltete und mit erhobenen Händen durch das kinntiefe Wasser an Land watete. Soviel Menschenverachtung hatte ich noch nie erlebt. Später erzählte ich dem Generalkonsul von diesem Vorarbeiter. Mit versteinertem Gesicht hörte er mir zu und bemerkte kurz: „Dieser Mann fliegt morgen raus!" So geschah es.

Den Heiligen Abend feierten wir im Haus des Generalkonsuls. Wir hatten viel zu lachen, so über die Gastgeberin, die sich ständig darüber aufregte, daß ihr schwarzer Diener sich nicht an das hielt, was sie ihm beigebracht hatte: nämlich Damen beim Essen nach der Rangordnung oder zumindest nach dem Alter zu bedienen. In seiner Vorstellung gab es bei Frauen nur eine Rangordnung, und zwar die der Schönheit. So legte er den hübschesten Mädchen an der Tafel – und das waren eben nicht die ranghöchsten oder ältesten – das Essen zuerst auf. Dem Generalkonsul, einem Mann mit viel Humor, gefiel das.

Dies war das letzte Weihnachtsfest in Mozambique, an dem die Weißen etwas zu lachen hatten. Nur acht Wochen später eroberten die schwarzen Frelimos – damals „Terroristen" oder „Freiheitskämpfer" genannt, je nach politischem Standort – Lourenço Marques und übernahmen die Macht.

32 Afrika rund

10. Januar – drittes Jahr der Weltumsegelung

Wir machten uns auf den Weg nach Süden, denn wir hatten ausgerechnet, daß der Januar, spätestens der Februar, die beste Zeit für das Kap der Guten Hoffnung waren. Unsere portugiesischen Freunde hatten in den letzten Tagen mehrfach mit dem Wetteramt telefoniert, um einen günstigen Absprungtermin für uns zu finden. Aber als wir durch die zahlreichen Sandbänke vor dem riesigen Hafen von Lourenço Marques nach draußen navigierten, pendelte sich die Windrichtung auf Südwest ein. Auch Radio Durban sprach von zehn bis zwanzig Knoten aus Südwest. Da brauchten wir gar nicht erst weiterzusegeln. Wir gingen in Lee der niedrigen Insel Inhaca vor Anker und warteten auf besseren Wind.

Am 11. Januar versuchten wir es nochmals, morgens um sechs Uhr unter Maschine. Um zehn Uhr standen wir am Cape Inhace. Der Wetterbericht von Durban klang gut, zehn bis zwanzig Knoten aus Nordost. Das war unser Wind. Wenn alles stimmte, was wir gehört hatten, dann mußte dieser Wind uns bis Durban reichen. Also nichts wie los!

Mit dreifach gerefftem Groß und Genua lag die THALASSA so weich auf dem Ruder, daß die Selbststeueranlage keine Probleme hatte, den eingestellten Kurs zum Wind zu halten. Der Wind behielt seine Richtung bei, wir brauchten die Automatik nicht mehr zu verändern. Selbst als er im Lauf der nächsten Stunden zunahm, benötigte die Selbststeueranlage keine weiteren Gummizüge zur Entlastung.

Abends um 19 Uhr hatte ich Schwierigkeiten mit einem

Leuchtfeuer, das ich mit der Stoppuhr zu bestimmen suchte: zwei grüne Blitze mit einer Pause von sechs oder sieben Sekunden. Weder im Leuchtfeuerverzeichnis noch in der Karte fand sich eine solche Kennung. Zwar ließ es sich mit dem Kompaß gut peilen, doch konnte ich die Peilung nirgendwo einzeichnen. Also wertlos!

Um uns herum war alles grau in grau. Es sah nicht so aus, als ob der Nordost durchstehen würde. Warum? Ich konnte es nicht erklären, es war so ein Gefühl. Der Himmel gefiel mir eben nicht. Oder war dieser Eindruck nur Zweckpessimismus? Wir fühlten uns sehr angespannt, aber sonst nicht schlecht. Diesmal litten wir nicht so unter dem Gefühl der Einsamkeit wie sonst bei Ozeanpassagen fern jeder Schifffahrtslinie. Hier konnten wir die Küste peilen, und die Großschiffahrt zog wie eine endlose Karawane zum oder vom Kap der Guten Hoffnung an uns vorbei. Der gesamte Seeverkehr der Welt schien sich hier zu konzentrieren. Seit Schließung des Suezkanals war dies für Öltanker der einzige Seeweg nach Europa und Amerika.

Wir gingen wieder Wachen im Rhythmus von zweieinhalb Stunden. Immer öfter mußten wir jetzt die Selbststeueranlage nachstellen. Am Kompaß konnten wir zuschauen, wie der Wind drehte.

Bis zum 12. Januar hatten wir das Groß fünfmal gerefft. THALASSA konnte noch einigermaßen Kurs halten, aber lange ging das nicht mehr gut. Wir hatten nur fünf bis sechs Windstärken, die Seen waren nicht hoch, aber steil. Das deutete auf einen Strom hin, der gegen den Wind setzte. Aber ich war mir da nicht sicher, zu oft hatte ich mich bei derartigen Schätzungen getäuscht. Es führt eben kein Weg daran vorbei: Strom kann man nicht sehen!

Die Mittagsposition ergab ein Etmal von 154 Meilen. Ich hatte doch recht mit dem Strom: immerhin ein Knoten.

Dann passierte es! Durban meldete bereits Südwestwind

von zehn bis dreißig Knoten. Möglicherweise waren wir nur zehn Stunden zu spät gekommen. Das deprimierte uns, denn wir rechneten mit der Möglichkeit, von einem starken Südwest wieder nach Lourenço Marques zurückgeblasen zu werden. Aber solange der Wind noch richtig stand, machten wir weiter.

Als er stärker wurde, bargen wir alle Segel und ließen uns treiben. Eine Stunde später fiel die erste Bö ein, mit mindestens acht Windstärken. Dazu kam ein Gewitter, wie wir es bis dahin noch nie erlebt hatten. Die Nacht war rabenschwarz gewesen, jetzt wurde sie grell erleuchtet durch Blitze, die sich mit kuriosen Umwegen und Verästelungen ihren Weg ins Wasser suchten. Ich warf noch schnell die vorbereiteten Blitzableiter aus Kupferdraht an Wanten und Stagen ins Wasser, dann sprang ich nach unten in die Kajüte. Nach draußen konnten wir nicht mehr sehen, wir wären blind geworden. Pausenlos krachten die Blitze ins Wasser, die See blieb so hell wie von einer riesigen Flutlichtanlage ausgeleuchtet. Nun konnte uns kein Großer mehr übersehen.

Das Gewitter dauerte fast eine Stunde. So was hatten wir noch nicht erlebt. Wir konnten nicht mal den Kopf nach draußen halten, wir wurden zu sehr geblendet.

13. Januar, frühmorgens. Ein kleines Wunder war geschehen. Der Himmel war blau, das Barometer schoß nach oben, und wir hatten nur noch zwei Windstärken aus Südwest. Und: Der Wetterbericht meldete für Durban bereits wieder Ost bis Südost von fünfzehn bis zwanzig Knoten. Wir warfen die Maschine an und versuchten, Raum in Richtung Durban gutzumachen. Um fünfzehn Uhr kam Land in Sicht, um Mitternacht standen wir bei gutem Wetter vor der Hafeneinfahrt. Die Lichter stimmten zwar nicht mit den Eintragungen in meiner Seekarte überein, doch war ich sicher, den richtigen Hafen erwischt zu haben. Hier konnte man einfach nicht in einen

„falschen" Hafen einlaufen, dazu lagen diese an der gefährlichen Küste viel zu weit auseinander. Leider! Während wir noch zwischen den Molen nach weiteren Lichtern suchten, kam ein Polizeiboot angerauscht, das uns einen Platz an einer großen Tonne zuwies. Wir hatten starkes Kopfweh, als wir uns erschöpft in der Kajüte den gewohnten Ankommensdrink genehmigten. Endlich waren wir in Südafrika! Den Grund für unser Kopfweh bemerkten wir am nächsten Tag: Der Auspuff war mal wieder gebrochen. Kein Problem in einer Industrie- und Hafenstadt wie Durban! Vom Point Yacht Club, wohin wir verlegt hatten, waren es nur ein paar hundert Meter zu den Werkstätten, wo auch geschweißt werden konnte. Wir fühlten uns wie in einem Paradies. Alles, was wir zwei Jahre lang vermißt hatten, konnten wir hier kaufen. Nicht nur die Lebensmittel, sondern auch die riesige Auswahl an Werkzeugen faszinierte mich. Stundenlang streifte ich durch die Werkzeugabteilungen der großen Kaufhäuser. Wir wollten THALASSA, die Weitgereiste, fit machen für die Schlußetappen, standen wir doch jetzt kurz vor der letzten Hürde unserer Weltumsegelung. Wenn wir um das Kap herum waren, hatten wir es so gut wie geschafft.

Ein besonderes Problem war die südafrikanische Hafenbürokratie. Zuerst verlangten die weißen Polizisten eine horrende Gebühr für die Aufbewahrung meines Revolvers am anderen Ende der Stadt, statt ihn an Bord zu versiegeln. Nicht daß ich großen Wert darauf legte, den Revolver bei mir zu haben. Aber wir wären dadurch unbeweglicher geworden, hätten nicht beim ersten Anzeichen für günstigen Wind lossegeln können, sondern erst mit dem Taxi quer durch die Stadt fahren müssen. Und am Wochenende wäre uns ein Auslaufen gar nicht möglich gewesen. Schließlich konnten wir den Beamten von unserer Zuverlässigkeit überzeugen. Doch eine Schwierigkeit blieb: Wir mußten unmittelbar vor dem Ablegen ausklarieren. Und das konnte stundenlang dauern.

Aus dem Logbuch:

31. 1. 0500: Leinen los. In der Hafenausfahrt holt uns noch eine Polizeiwache ein, obwohl ich mich eine Stunde vorher telefonisch abgemeldet habe. Hohe Dünung vor der Einfahrt, aber kein Wind. Die anderen Schiffe auf der Reede zeigen nach SW, aber das liegt am Gegenstrom. Groß und Maschine bis 17 Uhr. Groß, Genua, NE 2 bis 3.

1. 2. Carla bemerkt auf ihrer Wache, daß sich die Logleine vertörnt hat.

0610: NE 1–2.

1000: SW 3–4, Regen, Groß, Genua.

1200: SW 4–5, Regen, Groß fünffach gerefft, Fock 1. Den ganzen Tag bolzen wir gegenan. Position verschwommen durch zahlreiche starke Funkfeuer. Wetterbericht verheißt S-SE 15–25 Knoten.

2. 2. Morgens East London querab. Viele Schiffe. Einmal zählt Carla sieben.

0900: E 4–5, F 1. Groß holen wir runter, weil dauernd die Fock abgedeckt wird.

Mittagsposition: 33 Grad 55 Minuten Süd, 27 Grad 15 Minuten Ost. Anscheinend starker Strom, der uns nach Süden abdrängt. Baro fällt rapide! Wir werden trotz des Stroms versuchen, Port Elizabeth zu erreichen.

Mit Rückenwind in die Bucht von Algoa. Gegen 2000 schläft der Wind etwas ein. Um 2300 in der Einfahrt. Barkasse führt uns längsseits an einen Schlepper.

Damit hatten wir schon die Hälfte des Weges zum Kap geschafft. Bis jetzt hatten wir mit unserer Taktik der kleinen Schritte richtig gelegen. Aber wir waren deshalb nicht etwa stolz, denn wir wußten genau, daß man für dieses Stück Weg auch Glück haben mußte, um heil durchzukommen. Das ist ja einer der Reize der Seefahrt, daß es absolute Regeln nicht gibt. Möglicherweise hatten wir einen Fehler gemacht, als wir nach Port Elizabeth einliefen und nicht durchgesegelt waren. Vielleicht warteten die nächsten Monsterseen schon auf uns, um uns bei der nächsten Etappe eine aufs Dach zu geben.

Am nächsten Nachmittag motorte die ARD SCHOLAS herein, die wir bereits in Port Moresby getroffen hatten. Es gab ein riesiges Hallo. Abends fielen wir in eine Kneipe ein, wo mindestens 300 volltrunkene englische Matrosen grölten und das Lokal abzubrechen drohten. Das war die Besatzung der HMS ARGONAUT, eines englischen U-Boot-Jägers, der auf Flottenbesuch hier war. Wir kamen ins „Gespräch" mit einigen Matrosen, falls man das Grölen der Briten überhaupt als solches bezeichnen konnte. Einer der Männer wollte uns immer wieder stolz von der Elektronik der ARGONAUT berichten, bekam aber jedesmal von seinem Nachbarn, einem bulligen Matrosen mit schrecklichen Tätowierungen, einen harten Schlag in den Bauch. Der Tätowierte lächelte dazu und entschuldigte sich, während sein Nachbar nach Luft japste: „Sorry, ist alles top secret!" Und der Geschlagene nickte zustimmend. Bis er wieder anfing: „Mindestens 28 Knoten..." Weiter kam er nicht. Immerhin brachte er zwischen den Schlägen genug heraus, um uns zu informieren, daß täglich in regelmäßigen Abständen auf der ARGONAUT das starke Sonar für ein paar Sekunden eingeschaltet wurde. Damit sollten mögliche Spione, die sich als Froschmänner an dem Schiff betätigen wollten, getötet werden. Ob das stimmte? Ich erinnerte mich an den Froschmann Crabb, der nach dem Besuch eines Schiffes mit Chruschtschow an Bord tot im Wasser aufgefunden worden war.

Bis fünf Uhr dauerte es, ehe die Matrosen (und wir) aus der Bar rausgeschmissen wurden. Vollkommen übermüdet (und alkoholisiert) fielen wir in die Kojen. Uns schienen nur ein paar Minuten vergangen zu sein – tatsächlich war es sieben Uhr früh –, als harte Schläge gegen den Rumpf der Thalassa uns aus dem Schlaf rissen. Verkatert stieg ich ins Cockpit und sah unsere Saufkumpane im Schlauchboot neben der Thalassa stehen. Alle waren jetzt im Froschmannlook, mit Flaschen auf dem Rücken. Höflich fragten sie mich – sie waren kaum wiederzuerkennen –, ob sie unser Unterwasserschiff säubern sollten?

Eine Stunde lang hörten wir ihr Prusten und Schrubben unter der Thalassa, das erst durch das Aufheulen ihres starken Außenborders beendet wurde. Als ich wieder im Cockpit war, sah ich nur noch das Kielwasser des Tenders mit den kernigen harten Engländern, die uns freundlich zum Abschied winkten. Many thanks to the British Navy!

Täglich erschienen Besucher und versuchten, mit uns ins Gespräch zu kommen. Eine Reporterin brachte ein Tonbandgerät und bat mich um einen kurzen Bericht über unsere Weltumsegelung. Ich war ziemlich aufgeregt, schließlich war es mein erstes Interview in englischer Sprache. Nur das Wort „Circumnavigation" vermied ich strikt, denn in meinen Augen waren wir keine Weltumsegler – noch nicht!

Auf dieses Interview hin hagelte es Einladungen bei den lokalen Seglergrößen, meist Jollenseglern. Ich hatte große Hochachtung vor ihnen, denn im Gegensatz zu uns mußten sie ständig mit diesen rauhen und unberechenbaren Gewässern fertig werden. Ich bekam den Eindruck, daß wir vielleicht die Schwierigkeiten dieses Reviers etwas dramatisierten, wenn wir trickreich versuchten, möglichst schnell durchzusegeln, während hier kleine zerbrechliche und vor allem kenterbare Jollen tagaus, tagein ihre Regatten austrugen.

Ist man in die Häuser der Südafrikaner eingeladen, wird man immer mit dem südafrikanischen Problem der Apartheid und allen damit zusammenhängenden Fragen konfrontiert.

Auch wenn man sich noch so sehr im Gespräch davor drücken möchte. Da sind die Südafrikaner hartnäckig. Nach spätestens fünf Minuten kommt in jedem Gespräch mit einem Weißen unweigerlich die Frage: „Was halten Sie von unserer Situation?"

Dann windet man sich so durch. Denn – das war unsere Erkenntnis in Südafrika – die Lösung dieser Probleme läßt sich nicht mit ein paar Sätzen wiedergeben. Zu vielschichtig sind die Schwierigkeiten und die Menschen. Einer unserer neuen Freunde fuhr uns mit dem Auto durch Port Elizabeth, wo nur Weiße wohnten. Dann durch ein Kafferndorf. Dann durch ein Inderdorf. Zuletzt durch ein „Coloured"-Dorf. Außer in der „weißen" Stadt durften wir nirgendwo anhalten oder aussteigen. Das war für Weiße verboten. Und zu gefährlich.

Eines lernten wir dort trotz aller Vorbehalte: In Südafrika wird es niemals eine einzige Lösung geben. Es existiert keine Schwarz-weiß-Wahrheit. Und wie überall auf der Welt leben dort in erster Linie Menschen, gute wie schlechte.

Wieder begann die Telefoniererei mit dem Wetterbüro. Dann bekamen wir grünes Licht und liefen nach nur 48 Stunden in den kleinen Hafen von Mossel Bay. Als der Anker fiel, hörten wir es schon im Rigg pfeifen. THALASSA zerrte an ihrer Ankerkette. Das Meer draußen war innerhalb von Minuten weiß geworden. Der gefürchtete Südweststurm sollte uns tagelang hier festhalten. Wäre er nur eine Stunde früher aufgekommen, hätten wir Mossel Bay nicht mehr erreicht. Ein Zurücklaufen nach Port Elizabeth wäre die defensive Antwort auf den Sturm gewesen.

Auf dem Weg nach Mossel Bay hatten wir über Amateurfunk Willi (ZS 1 ON) kennengelernt. Kaum hatten wir angelegt, stand er schon auf der Pier, um uns abzuholen. Er zeigte uns das Fischerstädtchen und den Leuchtturm; abends waren wir zu Gast bei ihm zu Hause. Seine nette Frau zauberte ein

251

kleines Festessen auf den Tisch, und seine Töchter spielten uns auf ihrer Orgel eine Musik vor, wie sie die Südafrikaner lieben. Vielleicht segeln wir morgen schon weiter, dachten wir wehmütig, dann werden wir diese reizende Familie wohl nie wiedersehen.

Daß ich auf dieser Reise zum HAM, zum Amateurfunker, wurde, hat uns einen neuen Horizont eröffnet. Überall, wo wir hinkamen und früher Tage, ja Wochen benötigten, um Bekannte zu finden, da hatten wir jetzt bereits Freunde vom Radio her. Und es stimmte uns auch nicht mehr so traurig, wenn wir Abschied nehmen mußten. Wir würden uns ja wieder treffen. Vielleicht schon morgen oder erst in einem Jahr, am Radio, das die ganze Welt verbindet, Ost und West, Schwarz und Weiß.

Jetzt kam es darauf an, daß wir nochmals Glück mit dem Wetter hatten. Aus dem Logbuch der THALASSA:

13.2. Baro hoch: 1021. Ich rufe in P.E. beim Wetter an: „Mindestens ein Tag frischer E-Wind, keine Sturmwarnungen."
0900: Unter Maschine die ersten 7 Meilen. Dann kommt Wind auf, E 3. Wir baumen Fock 1 aus. Wind wird stärker, SE 5–6. Dann ein Knall: Reihleine im Baum durchgescheuert. Baum hängt im Wasser. Sonst nichts passiert. Abends Stärke 7.
14.2. Viele Schiffe um uns rum. Ansonsten stockfinstere, drohende Nacht. 0600 Cap Agulhas querab. Wir sind am südlichsten Punkt der langen Reise. Jetzt geht es wieder bergab! Mit elektrischem Strom müssen wir sparen. Als ein Dampfer auf uns zuhält, schalte ich die Positionslampen ein. Aber zu dumm, Rot brennt nicht. Das gibt dem Dampfer ein ganz falsches Bild, er sieht ja nur Grün. Nach mehreren Mickymaus-Manövern sind wir frei! Gott sei Dank. Eine Reparatur ist

jetzt ausgeschlossen. Schöne Bescherung, im Haupt-
schiffahrtsweg am Kap der Guten Hoffnung ohne
Backbordlaterne rumzusegeln.
1000: E 4. Fock wird ausgebaumt. Läuft gut.
In der Abenddämmerung kommt das Kap in Sicht.
Toll, wir schauen in den Atlantik hinein. Dann wird es
nebelig. Das hat uns gerade noch gefehlt, so kurz vor
dem Ziel. Eine Menge Schiffe um uns herum. Sie sind
gut zu hören, sogar das Plätschern der Schrauben.
Wind wird sehr stark. Ich laufe aus dem Großschiff-
fahrtsweg raus Richtung Süden, das nächste Land
vorm Bug ist jetzt die Antarktis. Da möchten wir am
wenigsten hin. Aber es hat unter diesen Umständen
keinen Sinn, im Schiffsverkehr zu bleiben.
Der Nebel lichtet sich wieder, wir kehren in den Kreis
der zahlreichen Schiffe zurück. Ein Verkehr ist das
hier, wie am Stachus in München! Ein Tanker drängt
mich nahe an einen Unterwasserfelsen, so glaube ich –
bis dann ein anderer Biggy zwischen mir und dem Fel-
sen durchläuft. Dann der nächste auf Kollisionskurs.
Ich hole Carla wieder rauf. Zusammen reißen wir den
Fockbaum runter. Sehr starker Wind (7 Bft.), sehr
kalt, sehr naß.
15.2. Gegen 0300 können wir wieder auf Selbststeuer-
anlage gehen. Viele Schiffe trennen sich von uns,
schippern geradeaus nach Südamerika, zum anderen
großen Kap, dem Horn, ein paar tausend Meilen weit
weg. Aber sie haben schon den Kurs anliegen, denn
jede Meile Umweg kostet teure Energie – und Zeit. In
der Dämmerung stirbt der Wind. Nichts wie Maschine
an und auf Kurs Kapstadt gehen! Kurz danach laufen
wir in den riesigen Hafen von Capetown ein. Er scheint
noch zu schlafen. So ruhig ist es plötzlich um uns, daß
wir es gar nicht glauben können. Noch vor ein paar

*Stunden Kampf mit Wind und Kälte und auf einem der
großen Seewege der Welt – und jetzt diese friedliche
Stille! Die* THALASSA *schiebt sich in den letzten Winkel
des Hafens, wo die Yachten liegen: beim berühmten
Royal Cape Yacht Club. Wir sind todmüde, aber
glücklich. Neben der* ARD SCHOLAS *machen wir fest.
Sheila bringt uns eine Tasse heißen Kaffee. Wir blicken
zum Tafelberg hinauf, dessen berühmte Wolke, das
„Tischtuch", wie die Leute hier sagen, in der Morgen-
sonne zu glühen scheint. Zufrieden sitzen wir auf der
Kante der Cockpitumrandung, schweißgebadet in unseren fünf Pullovern und im Helly Hansen, und schlür-
fen den heißen Kaffee „Dort drüben sind die Du-
schen", sagte Sheila. Als Seglerin weiß sie, was uns
jetzt zum Glück noch fehlt. Fahrtensegeln kann herr-
lich sein!*

33 Heimatkurs Nord

März – drittes Jahr der Weltumsegelung

Nun hatte wirklich die Heimreise begonnen. Aber wir waren
nicht traurig, denn unser eigentliches Ziel war noch nicht
erreicht. Wir hatten uns beim Auslaufen im Mittelmeer vor-
genommen, um die Welt zu segeln. Jetzt waren wir fast rum,
aber eben nur fast. Ein anderer deutscher Segler in einem

Schwesterboot hatte um die gleiche Zeit ebenfalls um die Welt segeln wollen. Er war schon weiter gekommen als wir, als er nördlich von Kapstadt sein Schiff an einer Boje festmachte, deren Qualität ihm unbekannt war. Im Sturm riß die Kette, das Schiff wurde ein Totalverlust. Sein Traum von einer Weltumsegelung war zerstoben. So kurz vor dem Ziel mußte das besonders bitter gewesen sein. Ich habe diesen Seglerkameraden nie kennengelernt, habe auch nie gehört, daß er sich nach dem Unglück als „Weltumsegler" bezeichnet hätte. Alle Achtung! Denn ein moralisches Recht hatte er sicherlich dazu, nach einer so langen Reise um den Globus und dem Durchstehen der gefährlichsten Situationen. Ein Gentleman auf dem Wasser also, ganz anders als diejenigen, die sich ungeniert schon als Weltumsegler bezeichnen, wenn sie noch in einem Mittelmeerhafen rumgammeln oder gar erst ihr Schiff kaufen.

Zum ersten Mal seit zwei Jahren zeigte unser Kompaß nicht Kurs West, sondern die THALASSA pendelte so um die 350 Grad. Der Tafelberg vor Kapstadt verschwand achteraus, während uns Wellenberge aus dem Westen entgegenrollten. Der Abschiedsschmerz wich schnell der bekannten Übelkeit in Magen und Kehle, und der fette Nordsee-Aal, den uns – tiefgefroren – unsere Freunde in Kapstadt als Reiseverpflegung in die Hand gedrückt hatten, lag unbeachtet auf dem Schlingertisch. Wir mochten gar nicht hinsehen!

Bis hierher hatte uns die Reise mehr gegeben, als wir je erwartet hatten. Jetzt war alles nur noch Pflichtübung. Aber ein Funkfreund hatte mir so mit der Schönheit von „Deutsch-Südwestafrika" (wie er es nannte) in den Ohren gelegen, daß wir uns doch noch entschlossen, die paar hundert Meilen an der Skelettküste hochzusegeln.

„Zet Es Drei Bravo ruft Ypsilon Jot Acht Foxtrott Sierra Micky Mouse!" Seit Tagen schon quäkte Gerts Stimme aus

255

meinem kleinen japanischen Amateurradio im zweckentfremdeten Ölzeugschrank (das war der wirklich einzige Platz auf der THALASSA, wo es trocken blieb). Er wollte immer wieder das wissen, was kein Segler gern verrät, nämlich den genauen Ankunftstag.

Ich drückte mich um diese Auskunft, denn wir hatten andere Sorgen. Die schroffen Felsen der Skelettküste, an der wir entlangsegelten, waren gespickt mit Wracks. Dahinter begann die Namib-Wüste, für Schiffbrüchige auch nicht gerade ideal zum Überleben. Die berüchtigte Gegend trug ihren Namen zu Recht. Mochte Gert noch so häufig fragen, wir ließen uns nicht aus der Ruhe bringen und segelten riesige Umwege, um nur ja von dieser gefährlichen Küste freizubleiben. Bloß jetzt, kurz vor Vollendung der Weltumsegelung, keine seemännischen Fehler mehr machen!

Erst 50 Meilen vor der Lüderitzbucht ließ ich mich von Gert am Radio breitschlagen: „Ankunft gegen drei Uhr morgens!"

„Okay, ich hole euch um 0800 zum Frühstück. Ihr legt an der linken Pier in Höhe der Feuerwehr an, Wind ist Nordost, zehn Knoten, Ende."

Ausnahmsweise pünktlich, tasteten wir uns, von hellen Richtfeuern sicher geleitet, in den Hafen von Lüderitz. Wie versprochen war ein Platz frei, und während ich die Persenning über das Großsegel zurrte, wärmte Carla schon die Rinderbrühe auf.

Stunden später folgte ein Schock. Denn die ersten Sonnenstrahlen machten uns bewußt, wo wir waren: mitten in der Wüste! Soweit man schauen konnte, nur Sand und Steine, dazwischen standen verloren die braunen Häuser an den staubigen Straßen von Lüderitz. Was hier um die Jahrhundertwende der deutsche Kaufmann gleichen Namens gesucht hatte, ist mir heute noch rätselhaft.

Als uns Gert, den ich bis dahin nur über Funk kannte, gegen acht Uhr mit dem Landrover abholte und beim Betreten seines Hauses begeistert auf einen Blumenkasten mit ein paar Gräsern wies und dabei ausrief: „Schaut nur, wie alles grünt und blüht!", da sah ich Carla fassungslos an. Aber Gerts junge Frau Toeki vertrieb unser Befremden. Während sie uns Toast reichte und dampfenden Kaffee eingoß, strahlte sie uns an: „Schön, daß ihr endlich da seid!"

Gegen Mittag kam Herbert (ZS 3 H T) aus Windhoek, mit dem wir auf der Fahrt um Afrika herum schon zahlreiche QSOs (=Funkkontakte) gefahren hatten. Er nutzte die Gelegenheit, uns persönlich kennenzulernen. Das war ihm 850 Kilometer Fahrt durch die Wüste wert. Abends gab der Lüderitz Yacht Club uns zu Ehren ein Fondue-Essen mit anschließendem Tänzchen – Walzer, Polka und so. Die Frau des Kommodore organisierte Damen, die sich unserer Wäsche annahmen, und der Kommodore selbst legte uns das Gästebuch vor: „Hier ist der richtige Platz für Sie, gleich neben Prinz Louis Ferdinand!"

Wir waren damals die erste deutsche Yacht und die vierte Besucheryacht überhaupt, die Lüderitz anlief. Die Gastfreundschaft war entsprechend herzlich. Im Nu stand für die ganze Woche ein detaillierter Zeitplan wie für einen Politiker fest. Für den nächsten Tag war ein Abendessen in Swakopmund vorgesehen, 500 Kilometer entfernt.

Mit Gerts zweimotoriger Piper Twin Comanche flogen wir über die Wüste nach Norden, nur dreißig Meter hoch („sonst seht ihr ja nichts!"). Wir sahen Gemsen vor dem dahinrasenden Schatten flüchten, während die höchsten Sanddünen der Welt neben uns vorbeihuschten. Hier ein verlassener Ochsenkarren, dort ein Schiffswrack, dreihundert Meter landeinwärts, versandet. Der skurrilste Anblick aber war ein Toilettenhäuschen. Gert flog im Tiefflug darüber, so daß wir die Aufschrift auf dem Schild lesen konnten: „Keep your desert clean!" („Halte deine Wüste sauber!"). Wenn das kein Umweltbewußtsein war?

Wolfgang Woker, Kommodore des Yachtklubs Swakopmund, schwerreicher Farmer und geradezu enthusiastischer Segler, war begeistert von unserem Besuch. Allen Bekannten hämmerte er ein: „Endlich an unseren Gestaden eine richtige deutsche Yacht mit schwarz-weiß-roter Flagge!" Natürlich hatten wir die schwarz-rot-goldene gesetzt, aber so paßte es eben besser in Wolfis Weltbild.

Er war nicht zu bremsen: „Gert, ihr müßt auch nach Windhoek kommen, auf meiner Farm könnt ihr landen." – „Ja, aber ich brauche 800 Meter, Ihre Piste ist nur 600 Meter lang." – „Macht nichts, meine Caterpillars verlängern die Landebahn!" Also flogen wir nach Windhoek.

Gert hatte sich das Flugzeug aus beruflichen Gründen angeschafft, denn als Elektroniker versorgte er die Radaranlagen der Fischereiflotten in Swakopmund und Walvis Bay. Wenn ein Radargerät ausfiel, ließ man ihn einfliegen. Diese Kosten waren erheblich niedriger als ein Extratag im Hafen.

Manchmal konnte Gert seine Maschine auch selbst gewinnbringend einsetzen. Gelegentlich flog er Langusten nach Kapstadt und verkaufte sie dort mit Profit. Ohne Bezahlung aber erledigte er ein anderes Problem, das nur in Südafrika vorstellbar ist. Auf einem der Fischerboote aus Lüderitz war ein Besatzungsmitglied tödlich verunglückt: ein Chinese, der nun beerdigt werden sollte. Doch in Lüderitz fand man für ihn keine letzte Ruhestätte. Nicht daß es dort keinen Friedhof gegeben hätte. Es gab sogar zwei, einen für Weiße, den anderen für Schwarze. Einen Friedhof für Asiaten aber gab es nur in Kapstadt. Ein kaum lösbares Problem. Gert half schließlich aus, indem er mit seiner Maschine nach Kapstadt flog, den toten Chinesen auf dem Copilotensitz – in einer großen Plastiktüte.

Das Straßenschild von Windhoek wurde beherrscht von stolzen Hererofrauen in malerischen Kleidern der viktorianischen Zeit. „From where do you come?" fragte mich eine von ihnen, als ich meine große Kamera auf sie richtete. Ich sagte es ihr. „Von München?" antwortete sie. „Dann kannst du mit mir auch deutsch reden, gell, und sagst deinen Freunden in München, daß die Schwarzen in Südwestafrika deutsch sprechen!" Das war in der „Bismarckstraße", gleich neben der „Reichsapotheke", und als ich kurz darauf im „Café Kranzler" die Windhoeker Allgemeine aus dem Zeitungsständer nahm und bei der dunkelhäutigen Bedienung ein Eis bestellte, fragte diese lächelnd: „Mit oder ohne Schlagrahm?"

Anfang April war es dann soweit. Gert schenkte mir zum Abschied einen wertvollen Sichtfunkpeiler, den er von einem gestrandeten japanischen Thunfischfänger abgeborgen hatte. Seine Frau Toeki brachte uns mit Tränen in den Augen die Abschiedsgeschenke. Jedes Paket war gekennzeichnet: „Osterhase", „Bobbies Geburtstag", „Carlas Geburtstag". Alle diese Festtage würden wir auf hoher See verbringen, denn 5600 Seemeilen lagen vor uns. Mit hundert Seemeilen pro Tag darf der Segler bei der Planung rechnen, also waren es voraussichtlich 56 Tage oder acht Wochen – für einen „normalen" Arbeitnehmer zwei Jahresurlaube am Stück – ohne Landsicht, doppelt so weit wie über den Atlantik und ungleich schwieriger. Zunächst mußten wir durch die Nebelfelder der Skelettküste. Dann kam zum letzten Mal das Rollen und Wiegen vor Doppelfock im Passat. Aber es war nicht mehr so schlimm wie bei unserer ersten Ozeanüberquerung. Wir kannten jetzt das Schiff und glaubten, auch die See zu kennen. Unsere Ehrfurcht vor ihr war mit jeder Meile gewachsen.

Aber eines hatte sich seit unserer ersten Ozeanüberquerung geändert: Die Einsamkeit wurde durch tägliche Funkverbindungen zu unseren Freunden gemildert. Anfangs war noch ein Hauch von Sensation für Herbert in Windhoek, für Olaf in Vancouver und für Konrad in Frankfurt dabei, als ich unsere täglichen Fortschritte meldete. Später gab es kritische Rückfragen: „Was, nur 108 Seemeilen?" oder: „Du kommst viel zu weit nach Westen!"

Langweilig wurde es uns auf See nicht. Einmal trafen wir die Yacht Rᴋ mit Skipper Claess. Nein, nicht auf dem Wasser, sondern auf den Ätherwellen. Claess hatte den Wind verloren und trieb vor der Küste von Sierra Leone in der Flaute. Wir spielten ein Partie Fernschach, bis mir der Strom ausging und ich seinen nächsten Zug nicht mehr hören konnte. Auf fünf Grad Süd blieben – wie erwartet – Passat und Strom weg. Das Thermometer kletterte in der Kajüte auf 35 Grad. Keine der drohenden Gewitterwolken erwischte uns, auch keine Bö. Nach zehn Tagen hatten wir uns durch die Doldrums gequält.

12. Mai – viertes Jahr der Weltumsegelung

Mein Geburtstag. Das vorletzte Päckchen von Toeki wurde geöffnet. Carlas neuester Versuch eines Geburtstagskuchens war einigermaßen geglückt. Wir erinnerten uns, daß wir vor zwei Jahren, auf dem Weg nach den Marquesas, den Kuchen zum Scheibenschießen benutzt hatten. Das schönste Geschenk jedoch blieb aus: Ich hatte mir zu meinem Geburtstag die Vollendung der Weltumsegelung gewünscht, aber das hatten wir nicht ganz geschafft.

13. Mai – der große Tag! Doch bei der Mittagsposition auf 19 Grad 48 Minuten Nord, 31 Grad 29 Minuten West hatten wir immer noch nicht unseren Auslaufkurs von vor drei Jahren gekreuzt. Ich war so fixiert auf den damaligen Kurs nach Barbados, daß ich ihn fast zu sehen glaubte – wie man die Spur eines Skiläufers sieht –, als wir um 13 Uhr Greenwichzeit tatsächlich über ihn drübersegelten. Aber das Meer zeichnet keine Spuren. Nichts, keine Markierung wie ein Kreuz auf dem Berggipfel, zeigt an, daß man sein Ziel erreicht hat. Lediglich zwei Bleistiftstriche in unserem Logbuch zeugen von der wahrscheinlich wichtigsten Minute unseres Lebens. Obwohl wir damit viele Jahrhunderte zu spät kamen, waren wir

insgeheim stolz darauf, daß uns der Beweis gelungen war: Die Erde ist rund!

Der Rest der Reise wurde fast zur Routine und war nicht mehr aufregend. Dafür dauerte der letzte Schlag schon zu lange. Sieben Wochen auf See hatten uns mürbe gemacht. Jetzt ging es gegenan, um die letzten paar hundert Meilen nach den Azoren zurückzulegen. Trotz der dreißig Grad Lage gab es jeden Tag warme Mahlzeiten. Die Navigation war in ein paar Minuten an der frischen Luft erledigt, die Zubereitung des Essens fand auf dem Kajütboden statt. Die Luft wurde kälter, denn in Europa war es noch Frühling. „Mit Stürmen ist am Rande des Azorenhochs um diese Zeit zu rechnen", stand in meinen Handbüchern für die Berufsschifffahrt.

Nach 55 Tagen und mit 5600 Seemeilen im Kielwasser holte mich Carla aus der Koje: „Du, ich rieche Land." Tatsächlich, ganz deutlich ließ sich der Duft nach Laub und feuchter Erde wahrnehmen. Der Wind war fast eingeschlafen. Mit drei Knoten zuckelte die brave, weitgereiste THALASSA dem Stall entgegen. Inniger denn je genossen wir den letzten Sundowner und verabschiedeten uns so von der Sonne, die uns drei Jahre lang den Weg nach Westen gezeigt hatte.

Aus der Dämmerung blinkte uns ein Leuchtfeuer entgegen. Für uns bedeutete das viel: richtiges Land!

Gegen ein Uhr nachts standen wir vor der Hafeneinfahrt. Acht lange Wochen waren wir unterwegs gewesen, also konnten wir jetzt auch noch ein paar Stunden warten. Deshalb saßen wir beide mit einer Dose Bier im Cockpit, bis der Tag langsam zu grauen anfing.

Mit leise tuckernder Maschine schlichen wir dann in den verschlafenen Hafen von Horta.

34 Café Sport – Treffpunkt der Seglerwelt

Juni – viertes Jahr der Weltumsegelung

Abschiednehmen vom Leben in Freiheit fiel uns nicht so schwer, wie wir es uns vorgestellt hatten. Carla und ich wußten, daß wir beide wieder in unsere alten Berufe einsteigen konnten. Das gab uns viel innere Ruhe und ließ uns die letzten Tage in Freiheit als eine Art vorgezogenen Urlaub betrachten. Ja, wir freuten uns auf die Annehmlichkeiten zu Hause, auf die gute Versorgung mit Nachrichten (die uns unterwegs am meisten abgegangen war), auf mein geliebtes bayrisches Essen und auf unsere Freunde.

In Horta trafen wir schon die ersten. Manni und Erwin waren uns entgegengekommen, um uns die letzten Seemeilen nach Hause zu begleiten. Über Horta pfiff der Wind, daß die Hunde winselten, wenn sie vor die Tür getrieben wurden. Die Yachties verbrachten fast den ganzen Tag im Café Sport und den Abend im Graciosa, sicher die beiden bemerkenswertesten Lokale, die wir auf der ganzen Welt kennengelernt hatten.

Peter Azevedo hieß der Besitzer, der in den zwanziger Jahren dieses „Café" eingerichtet hatte. Es ist seitdem zum berühmtesten Treffpunkt von Blauwasserseglern aus aller Welt geworden. Peters Café Sport liegt an der Straße, die zum Ha-

262

fen hinunterführt, und wenn ein Yachty ankommt oder auch nur in die Stadt einkaufen geht, muß er unweigerlich dort vorbei. Auf dem Hinweg und auf dem Rückweg.

Als wir zum ersten Mal in die Stadt gingen, lehnte Peter schon an der Tür und forderte uns auf, mit ihm einen Sherry zu trinken – zum Empfang sozusagen. Damals war ich mir über die ungeheure Bedeutung dieses Lokals noch nicht im klaren, so daß ich die Einladung zu einem Sherry am frühen Morgen nicht gerade begeistert annahm. Denn wichtiger war mir natürlich – jedem Yachty geht es so – erst mal unsere Post.

Über Funk hatten wir mit Erwin schon Kontakt aufgenommen, um unsere Postzustellung zu organisieren. Er hatte mich über die quäkende Kurzwelle fragen lassen, ob er die Post ans Café Sport senden lassen solle. Ich protestierte, denn rund um den Erdball hatten wir schlechte Erfahrungen mit Postsendungen an irgendwelche Lokale oder Yachtklubs gemacht. Am zuverlässigsten arbeiteten immer noch die staatlichen Poststellen.

Als Peter mir dann nach dem ersten Sherry ein Bündel über die Theke zuwarf – „hier, deine Post!" –, ärgerte ich mich ein wenig über Erwin, der sie entgegen den Abmachungen ans Café Sport gesandt hatte. Doch ein Blick auf die Adressen belehrte mich eines besseren. Überall stand brav: „SY THALASSA, Horta, General Delivery, poste restante!"

Besser läßt sich die Bedeutung des Café Sport nicht veranschaulichen. Peter war eben für alles da. Er nannte mir einen Mechaniker, der meine Lichtmaschine reparieren konnte (für vier Mark, und sie funktioniert heute noch!), er wechselte uns Reiseschecks ein, bestellte das Trinkwasser, versorgte uns mit einheimischem Wein, organisierte für die Mannschaft der THALASSA einen Besuch bei Oton, dem Spezialisten in Walbein-Schnitzerei, meldete uns auf einem Thunfischer für einen Tag Arbeit an und verhandelte mit dem Bürgermeister wegen unserer Teilnahme am Walfang.

263

Trotzdem blieb es uns ein Rätsel, woher die Faszination dieses Lokals kam. Wie in jeder billigen Kneipe der Welt hing Reklame für Coca-Cola herum; wenn es draußen regnete, wurde es drin ungemütlich kalt, und auf den rohen Tischen standen halbvolle Aschenbecher. Tischtücher waren keine drunter.

Zu essen gab es nichts, nur alkoholische Getränke aller Art und ein paar Säfte. Nicht mal Kaffee konnte man in diesem Café trinken. Ein alter ergrauter Yachty, der schon zum vierten Mal auf einer Atlantiküberquerung hier vorbeikam, erzählte, daß tatsächlich mal Kaffee aus der verchromten Kaffeemaschine hinter dem Tresen geflossen sei. Das war aber noch vor dem Krieg gewesen. Dann ging die Maschine kaputt, das defekte Teil sei mit dem Schiff nach Lissabon zur Reparatur geschickt worden, aber niemals zurückgekehrt.

Gleich neben dem Café Sport lagen zwei weitere Cafés, die von außen sehr gemütlich wirkten. Wie es drin aussah, konnte niemand von uns sagen, denn es hatte noch keiner reingeschaut. Yachtleute gingen eben nur ins Café Sport. Wenn dann abends die Mägen zu knurren anfingen, wechselten die Sailors das Lokal; die gelbe Horde schlenderte ein paar hundert Meter weiter und betrat durch einen alten Torbogen eine versteckt gelegene Nebengasse. Vor dem Graciosa dort saßen meist schon fünf bis zehn drahtige Katzen, die dann mit den Yachties das Lokal betraten. Nur wenn die Fußballmannschaft von Horta in die Verlängerung mußte, dann hatten sich die Herren der sieben Meere etwas zu gedulden, bis der Wirt, seine Frau und Tochter, sowie sein Kellner endlich kamen und das Lokal aufsperrten.

Auf mehreren rohen Tischen standen schon Brotkörbe und Weingläser sowie leere Weinflaschen. Die Prozedur, die jetzt ablief, hätte besser in eine Kantine gepaßt. Denn je nach Geschmack nahm man sich eine Weinflasche und ging in die Ecke, wo zwei riesige Holzfässer mit Zapfhähnen dran aufgebockt waren. In einem war der Weißwein, im anderen der Rotwein.

Mit der gefüllten Flasche zwängten sich die Gäste zwischen Bank und Tisch auf ihren Platz. An Fußballtagen wurde es im Graciosa etwas gefährlich, denn dann dauerte es mindestens eine Stunde, bis das Essen fertig war, und diese Zeit mußte mit Rotweintrinken totgeschlagen werden. Was es zum Essen gab? Filetsteak oder Fisch – jeden Tag! Viele äußerten den Verdacht, daß die Einfachheit der Speisekarte auf den Ober zurückging. Der war nämlich von Geburt an taubstumm. Vielleicht konnte er die Worte noch von portugiesischem Munde ablesen, doch bei seinem internationalen Yachtpublikum war das ein Ding der Unmöglichkeit. Also wurde die Bestellung einfach gehalten. Wollte man Fisch, dann ahmte man mit den Fingern die Flossenbewegungen nach; bei Fleisch mimten die Gäste Schläge mit dem Hammer, was bewies, daß sie sich mit der natürlichen Zähigkeit von Azorenkühen abgefunden hatten.

Der taubstumme Kellner, der die Insel noch nie verlassen hatte, ja noch nicht mal mit der Fähre die fünf Meilen zur Nachbarinsel Pico gefahren war, besaß ein wundersames Talent: Er konnte das Wetter prophezeien. Wahre Wunderdinge hatten wir schon über seine meteorologischen Fähigkeiten gehört. Die Salzbuckel dachten deshalb nicht im Traum daran, bei der Wetterstation am Flugplatz anzurufen; nicht mal Peter, der Wirt, wurde gefragt, sondern man glaubte dem taubstummen Kellner.

Mit weitausholenden Armbewegungen deutete er uns das Wetter für die nächste Zeit an: fünf Tage Starkwind aus West, zwei Meter hohe Dünung und Regen, dann Wetterbesserung. Das war nicht gerade optimal zum Auslaufen, aber Manni und Erwin brannte die Zeit auf den Nägeln. Für uns waren zwei Wochen mehr oder weniger kein Problem, wir lebten jetzt im vierten Jahr unseres langen Segeltörns und rechneten nicht nach Tagen, sondern nach Jahren. Also hätten wir uns den Luxus erlauben können, auf gutes Wetter zu warten. Dabei wurde mir bewußt, daß Urlauber manchmal unter schwereren Bedingungen segeln müssen als wir Blauwassersegler. Wir liefen aus, und es kam wie erwartet. Die Prophezeiung des Taubstummen war so präzise wie noch selten eine Wettervorhersage. Mir war nicht gerade gut, und Manni lag in den ersten Tagen auf der Nase. Nur Carla arbeitete, als ob dieses rauhe Wetter für Küchendienst geradezu ideal sei.

Erwin war seekrank, was er bestritt. Tatsache ist aber, daß er genauso regelmäßig kotzte, wie andere Menschen essen. Die Art, wie er das machte, nötigte mir große Achtung ab, und ich wünschte mir, daß ich – wenn es mich mal erwischte – ebensolche Haltung zeigen könnte. Sobald Carla eine Schüssel Suppe nach oben ins Cockpit reichte, wo Erwin zusammengesunken in seinem triefnassen Ölzeug lag, nahm er ihr die Schüssel ab, bedankte sich artig, schlürfte ein, zwei Eßlöffel voll und reichte die Suppe dann formvollendet wieder hinunter: „Danke, geradezu hervorragend. Hat wunderbar geschmeckt!" Dann hängte er sich über die Reling, und man konnte bis in die Vorschiffskoje unten sein Gurgeln und Würgen hören.

Nach fünf Tagen war alles vorbei, das schlechte Wetter und die Seekrankheit. Und nach elf rauhen Tagen lief die THALASSA ins Mittelmeer. Tanger, Malaga, Mallorca und Beaulieu waren die letzten Stationen auf unserer Weltumsegelung.

Wir nahmen Abschied von der großen Freiheit, die wir – ehrlich gesagt – nie gespürt hatten. Aber als Carla und ich unsere schöne Yacht festgezurrt auf dem Laster sahen, der sie an den Chiemsee zurückfahren sollte, da war uns klar, daß die nächsten Jahre uns mehr Enge bringen würden, als wir in der drei Quadratmeter großen Kajüte der THALASSA je gespürt hatten.

Epilog

Die unsichtbare Spur, die THALASSA um den Erdball zog, betrug ziemlich genau 32000 Seemeilen, die Reise dauerte fast vier Jahre. Das sind nüchterne Zahlen, die unseren großen Törn nur unvollständig beschreiben.

Was kostet eine Weltumsegelung? Das werden Carla und ich leider häufig gefragt. Um mal ganz ehrlich zu antworten: Wir wissen es nicht. Wir haben über unsere Geldausgaben nicht Buch geführt, das war uns zu mühsam, entsprach nicht unserer Mentalität. Ich kann jedoch einen Anhaltspunkt geben, der besser ist als jede Zahl: Das Leben auf dem Wasser kostet ungefähr genausoviel wie das Leben zu Hause, den Anschaffungspreis für die Yacht nicht mitgerechnet. Haben wir in den Städten Miete zu zahlen, so kostet es unterwegs – gelegentlich - Liegeplatzgebühren. Muß zu Hause das Auto zur Inspektion, so kommen auf einer Yacht die Kosten für Treibstoff und gelegentlich neue Batterien auf uns zu.

Zunächst scheint das Leben auf dem Wasser billiger zu sein. Denn häufig kosten die Ankerplätze nichts, man kann Fische angeln, Obst und Gemüse gibt es manchmal sogar umsonst. Und verbringt man nicht viele Wochen, ja Monate auf hoher See, wo man keine Möglichkeit hat, auch nur einen Pfennig auszugeben? Richtig! Aber was hier gespart wird, geht schnell wieder durch erhöhte Kosten in den Häfen drauf. Schließlich ist man fremd, man kennt keine preiswerten Einkaufsmöglichkeiten, und viele Plätze, vor allem Polynesien, sind erheblich teurer als Deutschland.

Die größten Einschnitte in den Geldbeutel machen die Unterhaltskosten für die Yacht aus, da läßt sich kaum etwas einsparen. Ein gelegentliches Aufslippen auf einer Werft ist unumgänglich, wenn am Unterwasserschiff etwas repariert werden muß. Dann wird man leicht den Geldbetrag los, den man zu Hause für eine Halbjahresmiete ausgeben müßte. Selbst wenn die Yacht niemals Ärger macht (was man selten erlebt), müssen regelmäßig sehr teure Spezialfarben, zumindest für das Unterwasserschiff, angeschafft werden. Ein Posten, der häufig bei der Planung vernachlässigt wird, sind Porto- und Telefonkosten. Wenn am Ende der Welt ein komplizierter Ausrüstungsgegenstand kaputtgeht, besteht meist keine Möglichkeit, ihn an Ort und Stelle zu reparieren. Er muß zum Hersteller gesandt werden, wobei die Fracht häufig ein Vielfaches der Reparaturrechnung ausmacht. Kurzum: Man spart auf dem Wasser viel Geld durch einfacheres Leben fernab der Zivilisation, aber das Ersparte muß wieder in die Erhaltung der Seetüchtigkeit der Yacht investiert werden.

Unsere Ersparnisse reichten für die Weltumsegelung so gerade eben. Schließlich sind wir nicht reich. Als wir Südafrika erreicht hatten, teilte uns die Bank mit, daß das Geld nun zur Neige gehe, jetzt auf unserem Konto die roten Zahlen hochkämen. Aber das war nicht schlimm, denn wir waren ja schon auf dem Heimweg. Wir konnten das Konto ruhig etwas überziehen, in ein paar Monaten würden wir wieder jeden Monat unsere Gehaltsüberweisung gutgeschrieben bekommen.

Das war jedenfalls damals, 1974, so. Wer eine gute Berufsausbildung hatte, konnte sofort wieder einen Job finden. Unsere Berufe waren unser Kapital. Wir kamen abends in München am Hauptbahnhof an, und am nächsten Morgen saßen wir schon an unserem Arbeitsplatz. Das waren herrliche Zeiten.

Ansonsten hat sich auf den Ozeanen seit unserer Weltumsegelung nicht viel geändert. Die See und die Palmen sind die gleichen geblieben. Polynesien ist nach wie vor ein Paradies mit kleinen Fehlern, nämlich den hohen Preisen. Die Salomon-Inseln sind unabhängig geworden, ebenso die Neuen Hebriden. Die frühere portugiesische Kolonie Mozambique hat sich vom Mutterland gelöst, ist frei und sozialistisch geworden. Sie gehört heute zu den ärmsten Ländern der Erde.

Carl Angermeyer besuchte uns in München und berichtete, daß sich auf den Galapagos-Inseln nichts geändert habe, alle Angermeyers seien gesund. Fritz, der Bruder (und Schwiegersohn) Carls, sei vor ein paar Jahren schwer erkrankt, er habe einen Blinddarmdurchbruch erlitten. Als man ihn mit seinem Gepäck liegend auf das Schiff nach Guayaquil schaffen wollte, sei er am Strand von der Tragbahre geklettert, um aus eigener Kraft an Bord zu steigen. Trotz der Gewalttour in die Hauptstadt Ekuadors habe er die nachfolgende Operation gerade noch überlebt.

Schon kurz nach unserer Weltumsegelung begannen wir, ein neues Leben auf dem Wasser vorzubereiten. 1979 segelten wir wieder los und verbrachten nochmals vier Jahre auf hoher See, vor allem in Polynesien.

Der Wiedereintritt ins Berufsleben war danach nicht mehr so leicht, aber wir schafften es, noch einmal Fuß zu fassen. Über gelegentliche Schwierigkeiten sowie über die manchmal spürbare Enge in Deutschland halfen uns die Erinnerungen an insgesamt acht Jahre Leben auf dem Wasser hinweg.

Noch einmal werden Carla und ich wohl nicht so lange wegfahren können. Jetzt müssen wir mit dem jährlichen Urlaub von sechs Wochen haushalten.

In Tahiti habe ich meinen Pilotenschein gemacht, der es uns – in einem kleinen Sportflugzeug – ermöglicht, die Sehnsucht nach dem Meer zu stillen. Vor zwei Jahren haben wir im Café Sport in Horta auf den Azoren wieder die weltreisenden Yachties (es sind einige mehr geworden) getroffen. Der taub-

stumme Kellner vom Graciosa, der mit den genauen Wetter-
vorhersagen, lebt nicht mehr. Auf die Idee, mir vom Flugplatz
den Wetterbericht für den Weiterflug nach den Kanaren zu
besorgen, bin ich erst gar nicht gekommen. Peter telefonierte
mit dem Luftwaffenstützpunkt der Amerikaner und ließ sich
für uns die beste Vorhersage geben: „Keine Probleme auf
dem Flug zu den Kanaren."

Dort leben die Weltumsegler Elga und Ernst-Jürgen Koch.
Sie machten auf uns einen ungewohnt zufriedenen Eindruck.
Sie segeln nicht mehr. Das heißt, sie haben kein Schiff. Aber
von ihrem herrlichen Haus hat man eine wunderschöne Aussicht auf den Atlantik. Wenn man über den Horizont blicken
könnte, wäre vielleicht Barbados zu sehen. Aber das sind
Träume. Ernst-Jürgen hat jedenfalls auf der Veranda ein
Fernglas immer griffbereit stehen. Lange unterhielten wir uns
an den lauen Abenden, ob es die Freiheit hinterm Horizont
wohl gebe. Wir waren uns einig: Die große Freiheit finden wir
nicht irgendwo an einem bestimmten Ort, sie ist in uns drin.
Oder auch nicht.

Vor kurzem kauften wir uns ein neues kleines Flugzeug mit
nur einem Propeller, aber großer Reichweite. Wenn der Sprit-
verbrauch genau berechnet wird, wenn das Gepäck drastisch
auf das Notwendigste (allein die Rettungsinsel wiegt schon 18
Kilogramm) beschränkt wird, dann könnte es reichen, um auf
den Spuren der früheren Postflugzeuge (das waren allerdings
Wasserflugzeuge, sie konnten auf dem Atlantik landen) von
den Kapverden nach Südamerika zu fliegen. Gegenwind darf
allerdings keiner herrschen, sonst bleibt der einzige Motor
noch vor Natal stehen. Von da soll es nach Süden weitergehen.

In Feuerland wollen wir mit einer Stahlyacht die Gewässer
Patagoniens erforschen und den größten Schiffsfriedhof der
Welt an der Stateninsel in der Nachbarschaft Kap Horns auf-
suchen. Der Rückflug ist über die Karibik geplant. Vielleicht

270

landen wir in Barbados. Ich möchte einmal von Land aus die Ankunft eines Atlantiküberquerers erleben. Dieses kleine Flugzeug gibt uns die Freiheit, jederzeit bei den Yachties vorbeizuschauen.

Fliegen ist eine Art zu reisen. Segeln ist eine Art zu leben.

Die Deutsche Bibliothek – CIP-Einheitsaufnahme

Schenk, Bobby:
Freiheit hinterm Horizont: die klassische Weltumsegelung/
Bobby Schenk. (Fotos: Carla und Bobby Schenk). – 5. Aufl. –
Bielefeld: Delius Klasing, 1999
(Segeln & Abenteuer)
ISBN 3-7688-0609-X

5. Auflage
ISBN 3-7688-0609-X
© Copyright by Delius, Klasing & Co., Bielefeld

Fotos: Carla und Bobby Schenk
Umschlaggestaltung: Buchholz / Hinsch / Hensinger, Hamburg
Druck und Bindung: Clausen & Bosse, Leck
Printed in Germany 1999

Delius Klasing Verlag, Siekerwall 21, D-33602 Bielefeld
Tel.: 0521 / 559-0, Fax: 0521 / 559-113
e-mail info @ delius-klasing.de
http://www.delius-klasing.de